KB267414

명리입문

雲情 秋一鎬 著

도서출판 청 연

| 발간에 부쳐,!! |

모처럼 책을 한권 읽었다. 신경숙의 엄마를 부탁해.

　책을 덮고 나니 잔잔한 파장이 내 가슴속에서 일렁이며 한동한 나를 침묵하게 했다.어느 가족인들 애환이 없고 희생이 없을까? 문제는 엄마가 해왔던 그런 희생을 그냥 당연시 하며 우리는 살아 왔다는 것이다. 그 주름진 엄마에게도 소중한 꿈이 있고 가지고 싶은 여유와 시간이 있다는 것을 망각이 아니라 모른체하며 다들 살아 왔다는 것이다. 무엇으로 옆구리를 세게 찔린 듯 잔득 움추린 내게서 미안함과 부끄러움이 내 얼굴을 뜨겁게 했다.

　한참을 나를 생각하게 했다. 왜? 그의 희생을 당연시 했을까? 왜? 많이 아파하고 힘겨워 할거란 생각을 해보지 못했을까? 아비도 어미도 아닌 형이고 오빠란 이름, 장남이란 이름에 그렇게 무거운 무게는 누가 지워놓은 것일까?

　이기적이고 욕심많은 동생들을 바라보며 웃곤 하던 그 다정한 웃음은 마음을 몇 번이나 죽이고 추스르고 체념하고 체념한 후에야 생겨난 것일까? 그냥 운명이란 이름으로 자리매김된 자신의 굴레에 저항하고 좌절하며 얼마나 많은 밤들을 뒤척였을까? 그런 사람을 하늘은 또 왜 그렇게 빨리 데려가 버린 것일까?

절로 한숨이 나온다.

명리대요 상·중·하, 명리비전 상·하, 합충의 특비, 운정특비, 용신비법,그리고 작명대비전을 손보고 이제 마지막으로 명리입문을 손봐서 다시 내어 놓는다. 애시당초 명리비전이 먼저 출간이 되었고 명리학에 처음 입문하는 초학자들에게 명리비전이 조금은 어려워 좀더 쉬이 접근할수 있는 입문서를 발간해 달란 독자들의 요청에 최대한 쉽게 서술한 책이 명리입문이다. 순서로 따지자면 명리입문을 먼저 손봐서 내어 놓는게 순서이겠으나 이런저런 사정으로 입문을 맨 나중에 손봐서 내놓게 되었다. 결국 명리입문을 마지막으로 운정시리즈 전 10권을 모두 손봐서 다시 내 놓게 되니 홀가분한 마음보단 미안하고 죄스러운 마음이 앞선다. 받은 은혜는 태산보다도 큰데 우매하기 그지없는 내가 하는 일이란게 내 스스로를 바라봐도 한심하기 그지없다.

세월은 참으로 빠르게도 흐른다.그러고 보면 한 사람의 인생이라는 것도 생각하기에 따라선 그리 긴 시간만도 아닌것 같다. 짧은 삶에 사람이 살아가는 모습이란게 큰 그림을 그려보면 별것도 아닌것이 하루 하루를 쳐다보면 뭐가 그리 지지고 볶을것도 많은지! 시시각각 변하는 인간의 마음에서 빚어지는 사람의 일상은 참으로 변화무쌍하다. 어쩌면 명리학은 삶을 살아가는 우리에게 좀더 느리고 큰 시각의 틀을 제공해 줄수 있는 학문이 아닐까 하는 생각을 해본다. 누가 말했던가! 지혜로운자, 때를 알고 기다릴줄 아는자라고! 운정선생님의 유작인 이 운정시리즈가 그 때를 읽어 내고 기다릴줄 아는 지혜의 눈을 키워주는 밑거름이 될수 있길 빈다. 이젠 이미 내 말을 들어줄 이도 곁에 없지만 받은 은혜가 너무나 크고 진 죄가 또한 너무나 큰지라 지면을 통해서라도 한마디만 하고싶다.

형님 감사했습니다.

2015년 1월 5일
김 경 렬

┃일 러 두 기┃

　본 서 命理入門은 이미 1998년에 출간하였던 命理秘典 上권과 下권에 발맞추어서 그 맥락을 같이 하고 있는데 사실상 命理秘典은 역학의 중급정도 수준에 있어야 만이 독파할 수 있는 성질로서 약간 초심의 학자가 대면하기에는 난이한 문제가 없지않아 있었던 것도 사실이다.

　따라서 사실상 그동안 본 저자는 그러한 학자들의 의견과 충고를 귀담아 듣고 命理秘典 上권을 독파하기 위한 초학자를 위한 책자를 발간 하려고 약 2년동안 연구를 거듭하여 오늘에 그 결실을 보게 된 것이다.

　하지만 본 저자가 생각하고 있었던 본래취지는 命理入門의 틀을 사실상 용신의 부분까지는 생각하지 않고, 글자 그대로 초학자들이 접하는 것이니 오행의 상생과 상극 및 각종 살성(殺星)을 분류하여 체계적인 정리를 하여 되도록 초학자들이 가장 부담을 갖지 않고 명리학을 접할수 있도록 되도록 그 분량이 적고 쉬우며, 단순하게 엮어 볼려고 생각하였다.

　그러나 여러 학자들의 견해와 본 운정역리학회의 회원일동 모두 이구동성이 되어 용신의 부분을 상세하게 기술하지 않고는 별의미가 없다는 것에 일치하였으므로 그에 발맞추어 命理秘典 上권인 용신부분을 인용해서 정리를 하게 된 것이다.

　그동안 命理秘典을 접하면서 그 문맥정도가 초심의 학자수준을 벗어난 성질이 대다수 포함되어 있는 것을 중점적으로 선별하여 조금 난이한 부분은 완전히 실제인물의 사주명조를 예로 들어가며 중점적으로 기술하였다.

또한 命理秘典에 들어있지 않은 음양오행의 체계적인 해설과 각종 살성(殺星) 및 십이운성 암기를 도우기 위하여 왼쪽 수장(手掌)도표를 삽입하였으며 십이운성에 대해서는 命理秘典에 없는 실제인물을 적용해서 해당되는 기운에 따라 완전히 사실적인 간명을 하였으므로 학자의 이해에 도움이 가도록 엮은 것이 특징이라 하겠다.

더하여 용신의 부분을 복수적 및 단식판단으로 곧 바로 잡아낼 수 있겠금 일간의 강약에 기준하여 용신을 선택할 수 있는 일간강약판단에 따른 용신법은 지금까지 어느 역학자도 기술하지 않았던 본 저자의 비법으로서 약 25년동안 집대성한 실제인물의 사주목록표에 준하여 선별하였으니 아마도 그동안 초심 학자나 중급학자들이 자기가 용신을 선택하고도 이것이 맞는 것인가 아니면 틀리는 것인가를 대단히 고민하였던 것이 완전히 해결될 수가 있을 것이라 감히 자부한다.

또한 고서(古書)나 원서에 불확실한 문제와 난이한 부분을 실제간명에 비추어 적용할 것은 취용하였으며 배척할 부분은 완전히 사주강의에 의하여 어떻게해서 오류가 되는 것인가를 명백히 밝혀 놓았는데 아마도 그동안 타 역학서적에 의존하여 명리를 공부하였던 학자는 본 서 命理入門을 접하게 될 때 고민하고 애쓰던 부분이 속시원히 풀어헤쳐져 있으니 대단한 환희감과 기쁨을 가질 수가 있을 것이다.

사주추명학은 역학의 대가(大家)들만이 점유하고 강점할수 있는 소유물이 절대 아니다.우리 사회와 문화가 역학이나 사주명리학을 터부시 하다보니 일평생에 걸쳐서 연구되어오던 이 소중한 연구의 성과들이 줄기 줄기 그 맥을 건실하게 이어오지 못하고 널리 알려져 일반화 되지를 못했다.어렵게 어렵게 전해지고 배워지는 동안 비법이니 비전이니 하는 이름으로 개인에게서 개인으로 극히 일부에게만 전해져 그 명맥을 유지 해 왔던 것이 사실이다.

이러한 어려운 와중에 사주 명리학의 서책들이 헌신적이고 용기있는 저자들의 피땀어린 노력으로 이제야 겨우 일반인들도 가까운 서점에서 깊이있고 짜임새있게 정리된 명리학의 책들을 접할수 있는 사회환경에까지 이르게 된 것이다.

사뭇 기쁘고 바람직한 모습들이 아닌가....
본 저자가 처음 책을 낼때만해도 그랬다. 주위의 우려와 근심이 이만저만이 아니었다.명리학책을 낸들 누가 읽고 어디서 팔리겠는가.어느 출판사에서 책을 찍어주고 누가 있어 선생의 서책에 눈과 귀를 열어 보겠는가....하는 우려들이었다.

많은 대가 선생님들이 그랬던 것처럼 나도 내 스스로 쓰고 찍어서 볼품없지만 ,,,,그렇게 세상에 내어 놓았다.

나름대로 내가 노력하고 애쓰고 느끼고 한 것을 솔직하게 그렇게 내어 놓았다.잘못되고 부족한 부분은 비판받고 검증되면서 그렇게 우리 명리학이 조금씩 발전해 가기를 바라는 그 심정 하나로,,,,,,

내 비록 지금은 젊은 나이이나 언젠가는 늙고 시들어가는 한 늙은이에 불과할 것이며 더 나아가서 언젠가는 인생수명이 다되어 말년에는 쓸쓸히 죽음을 맞이 할 것이다.

그렇다면 역학의 발전을 계승하여,
오늘날에 미신이라는 소리와 함께 역학자가 천대받는 이나라에서 조금이라도 역학의 발전을 이룩 할 수 있는 길은 그래도 역학의 제자들이 많이 배출되어 더욱 더 본 저자보다 앞선 명리학을 발전시켜 나가야 후대에 역학자가 상류사회에 자리를 잡는 시기를 앞당길 수가 있다고 본다.

인간은 무소유이다.!
내 지금 비록 이렇게 젊어 역학의 한부분 틀속에 자리매김을 하는 저자지만 언젠가는 늙고 병들어 지금의 비법을 전수하려고 해도 그 때는 이미 몸과 마음이 망가진 상태라 모든 것이 역부족이 될 것이다.

결국 본 저자가 이룩한 결실은 그나마 조금이라도 젊음이 있었기에 가능한 것이며 아울러 역학의 발전을 담당하는 전국의 역학도와 본 命理入門 및 命理秘典 그리고 命理大要를 가지고 공부를 하는 역학자는 마땅히 본 저자의 비법을 자기 것으로만 생각하지 말고 후대 역학의 발전을 위하여 후학자에게 미련없이 계승할 수 있는 스승의 미덕을 모두다 가져주었으면 더 이상 기쁨이 없겠다.

천대받는 이땅의 이 위대한 학문이 그져 애처러워 가슴 아프고 내 젊음이 이렇게 시들어가고 있는 것이 또 한 구석을 여미게 한다.....부디 이땅의 이 위대한 학문이 다시 한번 찬란히 꽃피길 바라면서,,,,

집필을 마치며, 雲　　情

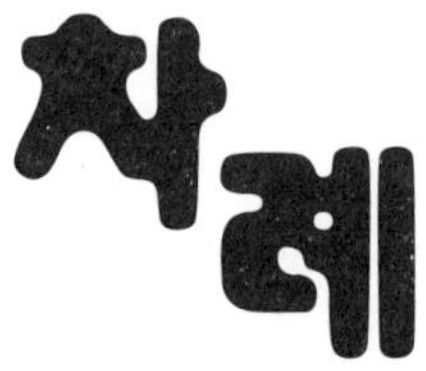

命理入門

제4장. 십이운성(十二運星)　　　　　209

제1장

역(易)의 구성

*.인간의 사주팔자를 나열하여
천간, 지지의 오행을 대조하고
다시 오행의 상생, 상극를 보아
숙명적인 운로을 파악하는 것
이다.

제 1 장

역(易)의 구성

1. 오행의 생성(五行 生成)

사주 운명학에서는 우주의 근본과 삼라 만상의 진행 과정을 담아 그것을 태극이라는 성질로 나타내어 그것이 발전 및 서로간에 변화하는 부분을 아래와 같이 표시하고 있으며 따라서 오늘날의 우주 변화의 원리는 태극이 발전하여 음양으로 변천 하였고 이것이 곧 오행으로 발전된 것이다.

결국 한마디로 오행의 생성 과정은 태극이 발전하여 오행이 생성된 것인데 이와 같은 오행을 인간의 사주팔자에 대입하여 천간 지지의 변화와 상극 및 상생의 작용으로 숙명적 운기를 파악할 수가 있다.

도표에서 보면 이상과 같이 최초의 태극(太極)이 변화되어 음양 (陰陽)으로 분리 되었으며 그 음양(陰陽)이 다시 진보되어 오늘날의 오행(五行)으로 변천 되었음을 알 수가 있다.

*. 오행(五行)의 도표

오 행	계 절	오 방	간 지	오 색	오 장
木	봄	동	甲乙,寅卯	청	간
火	여름	남	丙丁,巳午	적	심장
土	계절말기	중앙	戊己,辰戌,丑未	황	위장
金	가을	서	庚辛,申酉	백	폐
水	겨울	북	壬癸,亥子	흑	콩팥

도표에서 보면 오행을 기준을 하여 방위와 색깔 및 인체를 구성하 는 장기 및 봄, 여름 등 계절을 나타내고 있는데 이상의 부분은 대단 히 중요한 것으로 오행의 하나 하나에 많은 의미를 부여하고 있다.

후장에 들어가서 더욱 더 자세하게 기술하겠지만 이와 같은 기본 적인 오행은 그 성질 자체가 사주팔자의 운기에 절대적인 영향력을 행사하는 것이 되어 주인공의 길흉을 좌지우지 할 수가 있으므로 절 대로 소홀히 취급을 하여서는 아니 된다.

더하여 도표에서 보면 같은 목의 기운이라도 양목인 갑목(甲木)과 음목인을 목(乙木)이 존재하여 각각 음양이 구별되어 있는 것을 알 수가 있을 것이며 또한 이것은 항상 가만히 있는 것은 아니고 수시로 움직이고 있는데 그렇다면 운로인 세운이나 대운 및 계절의 영향에 따라 수시로 변화가 이루어지고 있다.

학자들 중에는 이상의 부분을 별 중요하지 않게 취급하는 학자도 있겠으나 사주 추명학을 공부하려면 오행은 기본이고 절대적인 부분이다.

따라서 비록 더욱 더 세밀하게 오행의 부분 부분을 파고들지는 않더라도 이상의 도표에 기술되어 있는 것 만큼은 필수적으로 암기를 하여야 후장에 나오는 용신(用神)이나 희신(喜神)의 부분을 공부할 때 고생을 하지 않으니 본 저자가 중요하다며 설명하고 있는 부분은 조금 노력이 들더라도 독파를 하여야 된다.

*. 용신(用神)과 희신(喜神)이란 무엇인가,?

사주팔자를 나열시켜 놓고 오행의 균등을 도모하는 것이 추명학의 근본인데 이것을 사주팔자 내 오행이 서로 상생과 상극을 도모하여 중화의 원칙을 세우는데 그 뜻이 있다.

따라서 사주팔자 내 다수의 오행을 일간과 대조하여 강, 약을 정한 뒤 사주에 제일 필요한 오행을 선정한 것을 용신이라 칭하고 더하여 용신의 기운을 생조하거나 차길로 사주에 필요한 기운을 희신이라고 칭하는 것이다.

※참고로 지금 단계가 기초에 입문하는 과정이니 이상의 설명은 조금 이해가 가지 않는 것이 되겠으나 계속하여 본 명리입문을 지속적으로 살펴 본다면 자연스럽게 사주추명학이 터득이 될 것이다.

2. 오행의 상생과 상극(五行 相生 相剋)

태극이 발전되어 음양 오행이 성립되는데 그 중에서 오행은 木, 火, 土, 金, 水를 말하는 것이며 (원래 순서는 수, 화, 목, 금, 토이나 설명의 편의상 목, 화, 토, 금, 수로 설명한다.)

더하여 이와 같은 음양 오행 역시 서로 상생,상극하는데 이는 오행의 변화가 이루어짐으로 해서 물질의 생성을 의미하기도 하며 결국 오행의 상생과 상극은 오행끼리 새로운 탄생과 소멸을 반복하는 현상을 나타나는 것임을 알 수가 있다.

***. 오행 상생과 상극의 도표**

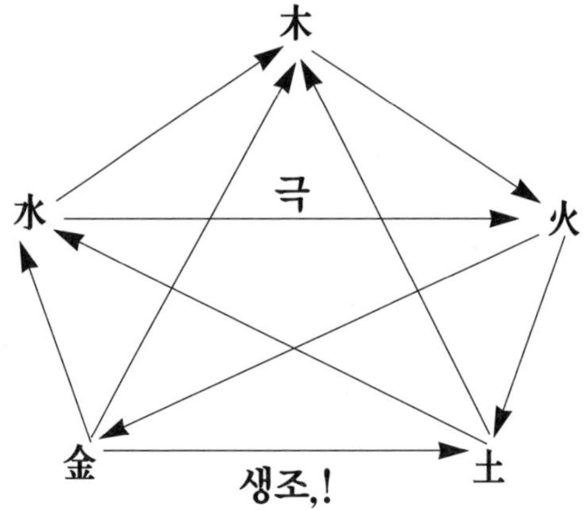

(1). 상생(相生)

"木生火", "火生土", "土生金", "金生水", "水生木"을 상생(相生)이라고
한다.

나무는 불을 일어나게 하며 불은 땅을 자양시키며 땅은 쇠를 만
들고 쇠는 물을 생성하며 물은 초목을 키운다.

(2). 상극(相剋)

"木剋土", "土剋水", "水剋火", "火剋金", "金剋木"을 상극이라고 하는
데 나무는 땅을 파헤치며 땅은 물의 흐름을 정지시키고 물은 불을
꺼지게 만들며 불은 쇠를 녹여 버리고 쇠는 나무 뿌리를 잘라 못쓰
게 만든다.

(3). 모자멸자(母子滅子)

오행상생의 원리에 따라 생조가 있으면 힘을 받아 강해지고 튼튼
해 지지만 생조하는 오행이 너무 많을 때는 오히려 반대로 약해진다.

이와 같은 현상은 우리 일상 생활에 비추어 보면 나무에 물이 너
무 많으면 나무가 강해지는 것이 아니고 오히려 뿌리가 썩어 나무가
고사하는 것이 될 것이고 더하여 더욱 더 물이 많으면 홍수가 나서
나무뿌리 채 강물에 둥둥 떠내려 가는 이치이다.

난초는 아주 여린 식물이다. 사랑스런 마음에서 너무 물을 많이
주면 오히려 죽는다. 자식에 대한 사랑도 마찬가지다.

(4). 상모(相侮)

"土剋水",!하면 흙은 물을 상극해서 물의 흐름을 정지시키고 억제하는 현상이다.

하지만 이와 반대로 물이 강하게 되어 홍수가 나게 된다면 흙의 존재를 흙탕물로 만들어 그 흔적조차 없어지게 만드는데 이것은 상극하는 오행이 비등하게 있어야 상극이 되는 것이지만 상극받는 오행이 너무 강하면 오히려 반대로 상극하는 오행에게 극을 당하게 된다.

따라서 "상모"(相侮)나 "모자멸자"(母子滅子)의 법칙은 모든 오행에 적용된다.

(5). 상모(相母)

"木生火"하여 나무는 불을 생조하고 있는데 나무가 많아서 불을 생조하는 현상이 되고 있다면 별 문제가 없지만 이와 반대로 불이 강하고 나무가 쇠약 하다면 많은 불에 나무의 힘이 심하게 손상을 당하고 결국에는 나무의 흔적조차 없어지게 된다.
이 "상모"(相母)의 법칙 역시 모든 오행에 적용된다.

※참고로 이상의 5가지인 오행 상생 상극의 법칙은 사주추명학에서 필수적으로 파악 응용되어야 된다. 결론적으로 말하면 기초를 소홀히 취급하게 된다면 가깝게는 본인의 운명은 물론이고 나아가서는 남의 운명도 결코 완전히 판단할 수가 없게 된다.

따라서 본 저자가 집필한 命理大要에서도 이상의 기초 부분을 완벽하게 터득하지 못하면 용신이나 희신이 거꾸로 선정 될 수 있는 소지를 다분히 안고 있으니 학자는 절대 소홀히 취급을 하여서는 아니된다.

3. 천간과 지지(天干 地支)

천간은 글자 그대로 하늘의 "간"(干)이라고 말하는 것이며 지지는 땅의 "지"(支)이라고 나타 내는데 음양 오행의 대변자로서 하나의 부호 내지는 상징이라고 칭하는 것이다.
따라서 하늘의 간을 나타내는 천간은 "10간"으로 나누고 지지는 "12지지" 로 분리된다.

(1). 천간 지지의 음양

천 간 : 甲 乙 丙 丁 戊 己 庚 辛 壬 癸
지 지 : 子 丑 寅 卯 辰 巳 午 未 申 酉 戌 亥

양 천간 : 甲　丙　戊　庚　壬
오 행 : 목　화　토　금　수

음 천간 : 乙　丁　己　辛　癸
오 행 : 목　화　토　금　수

양 지지 : 子　寅　辰　午　申　戌
오행 : 수　목　토　화　금　토

음 지지 : 丑　卯　巳　未　酉　亥
오행 : 토　목　화　토　금　수

　이상의 도표에서 보듯이 천간지지 음양이 모두 나열되어 있는 것을 볼 수가 있다.

　그런데 천간 십간과 지지 십이지지 중에서 오행별로 보면 모두 뚜렸이 구별 되어 나타나고 있지만 그 중에서 辰, 戌, 丑, 未는 오행상 모두 土로서 대별이 되고 있을 것이다.

　하지만 이 부분은 역학의 대가(大家)들도 이상 辰, 戌, 丑, 未의 오행상 성질을 완벽하게 파악하지 못해 무조건 土로서 간명하고 있는데 사실은 이상의 土에도 각각 그 성질이 달리 표현이 되고 있다.

　따라서 辰, 戌, 丑, 未 중에 "辰","丑"은 습토(濕土)로서 "물과 같은 土"이므로 水의 기운에 부합하니 물의 성질에 동조하는 현상이 강력하게 작용하고 "未","戌"은 조토(燥土)이니 불의 기운을 강력하게 받아들이는 성질이므로 "火의 기운에 동조"하게 된다.("이상 대단히 중요함"!)

　이와 같은 것은 대단히 중요한 부분으로서 오행의 성질을 단편적으로 간명하여 무조건 土라 판단하면 간명상 중대한 오류가 발생되고 있음을 본 저자는 많이 보고 있다.

후장에 들어가서 실제 인물의 사주팔자를 간명하는 절차에 계속하여 반복 설명하겠지만 본 저자가 중요하다고 강조하는 부분에는 조금 힘이 들더라도 암기를 하면 훗날에 도움이 많이 될 것이다.

또한 여담이 되겠지만 사주팔자의 천간지지 오행의 성질은 아주 중요한 사안으로 이것은 사주팔자를 나열시켜 놓고 곧 바로 오행을 표시하거나 알 수가 있을 정도로 숙달이 필요하다.

(가). 천간의 성질

*. 갑목(甲木)

陽木이니 강한 나무를 나타냄으로 큰 소나무, 밤나무, 대나무등을 표시하며 "火"를 생조하는 힘이 강하다.

*. 을목(乙木)

陰木이나 약한 나무를 나타 내는데 낙엽송, 수양버드나무 등을 표시하며 "火"를 생조하는 힘이 甲木보다 약하다.

*. 병화(丙火)

陽火이므로 강한 불길을 나타내고 휘발유, 전기등 급속적으로 붙는 불길을 표시한다.

*. 정화(丁火)

陰火이므로 쇠약한 불길을 나타 내고 금시 꺼질 정도의 약한 불길을 말한다.

*. 무토(戊土)

陽土이므로 높은 산이나 많은 흙을 나타내고 그 성질은 대단히 강력하다.

*. 기토(己土)

陰土이므로 낮은 산이나 아주 부드러운 입자가 고운 흙을 나타 내는데 그 힘이 陽土인 戊土보다 쇠약하다.

*. 경금(庚金)

陽金으로서 대단히 강한 강철을 나타 내기도 하며 그 성질은 매우 강력하다.

*. 신금(辛金)

陰金으로서 쇠약한 쇠를 나타 내는데 구리나 납등 부드럽고 강하지 않는 철물을 표시한다.

*. 임수(壬水)

陽水로서 대단히 많은 물을 나타 내는데 바다물이나 강물을 표시하고 그 성질은 陰水인 癸水보다 강하다.

*. 계수(癸水)

陰水로서 적은 물을 나타 내는데 개울물이나 냇가의 물을 의미하고 그 힘은 陽水인 壬水보다 매우 약하다.

※참고로 천간의 성질은 사주일간의 기운을 파악하여 주위 오행에 상극이나 상생의 부분에 민감하게 미치는 현상이 크게 되니 천간의 성질을 면밀히 파악 하여야 된다.

또한 사주팔자에 일간을 중심으로 하여 사주천간의 기운이 일간에 직접 영향력을 행사하므로 본 장 천간의 성질을 모르고서는 그 성정을 완벽히 해독하지 못함이 되니 학자는 천간의 성정을 면밀히 파악 하여야 될 필요가 여기에 있는 것이다.

(2). 육십갑자(六十甲子)

*. 육십갑자(六十甲子)의 도표

甲子	乙丑	丙寅	丁卯	戊辰	己巳	庚午	辛未	壬申	癸酉
甲戌	乙亥	丙子	丁丑	戊寅	己卯	庚辰	辛巳	壬午	癸未
甲申	乙酉	丙戌	丁亥	戊子	己丑	庚寅	辛卯	壬辰	癸巳
甲午	乙未	丙申	丁酉	戊戌	己亥	庚子	辛丑	壬寅	癸卯
甲辰	乙巳	丙午	丁未	戊申	己酉	庚戌	辛亥	壬子	癸丑
甲寅	乙卯	丙辰	丁巳	戊午	己未	庚申	辛酉	壬戌	癸亥

위의 도표에서 보면 육십갑자는 천간과 지지가 서로 짝이 이루어진 것을 말하는데 이와 같은 것은 우리 일상 생활에서 남녀가 결혼을 하여 부부를 이루는 것과 같다고 볼 수가 있다.

따라서 도표에서 보듯이 양의 "甲"과 음의 "子"가 합을 하여 있는 것을 "甲子"라고 하는데 이렇게 천간 십간과 십이지지가 전부 한 쌍을 이루는 것을 육십갑자라고 한다.

결국 사주추명학의 숙명적 운기를 풀이 하는데는 이와 같은 육십갑자를 대별하여 오행의 변화를 살펴보고 더하여 숙명적 암시를 판단하는 것으로 이것이 바로 역학의 대변자라고 할 수가 있다.

본 장에 설명하는 육십갑자는 사주팔자를 간명할 때 숙달되게 암기를 하여 대단히 빠르게 짚고 넘어가는 실력이 필요하다.

이 부분에 대하여 본 저자는 일부 학자들이 육십갑자가 중요하다며 무조건 암기를 하려고 아주 고생을 많이 하고 있음을 수없이 보고 있는데 약간의 요령을 참고 삼아 설명한다.

따라서 지금부터 본 저자가 설명 하는데로 학자는 따라만 하게 된다면 별 고생이 없이 자연스럽게 육십갑자는 통달을 하고 또한 암기도 될 것을 미루어 의심치 않는다.

*. 육십갑자 수장(手掌)도표

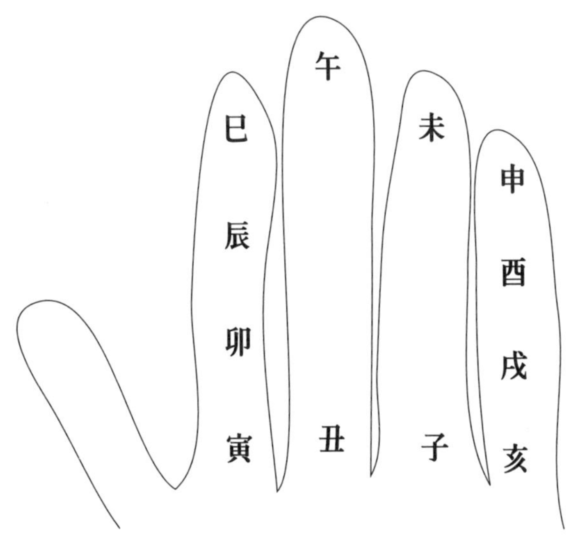

위의 수장(手掌)도표에서 볼 때 왼손 바닥의 그림을 그려놓고 네 번째 손가락 처음부터 지지의 첫 자인 子를 중심으로 나열하면서 쭉 손바닥을 한바퀴 마디마디 마다 子, 丑, 寅, 卯, 辰, 巳, 午, 未, 申, 酉, 戌, 亥하여 지지를 붙쳐 본다.

이상의 지지의 부분은 모두 12곳이 되니 12지지 모두 왼손바닥에 나열이 되었음을 알수있다.

다음에는 천간이 문제인데 천간은 甲, 乙, 丙, 丁, 戊, 己, 庚, 辛, 壬, 癸하여 전부 10개를 왼손 처음 지지인 "子"에부터 천간 "甲"을 붙치면 "甲子", 다음 "丑"자에 있는 곳에 "乙"을 붙치면 "乙丑",하여 순차적으로 "酉"자리에 까지 하면 "癸酉"가 되어 끝이 난다.

그렇다면 다음 나머지 지지가 "戌"과 "亥"자리가 남아 있는데 이것을 다시 처음 천간인 "甲","乙","丙",으로 시작하여 순차적으로 계속 돌리기 시작하면 "甲戌","乙亥","丙子" 순으로 갈것이고 역시 마지막 지지가 두자리인 "申"과 "酉"가 남겠으나 이것 역시 천간 "甲","乙","丙" 하여 다시 시작해서 모두 6바퀴만 돌리면 제일 처음 시작한 "甲子"가 나올 것이다.

이렇게 하여 모두 총 60개 천간지지 모두 나열을 시킬 수가 있는데 그래서 지금 환갑을 60세로 정하는 것도 모두 육십갑자가 끝이 나는 것을 보고 환갑 잔치를 하여 새로운 인생을 설계한다는 의미도 또한 여기에 부수되어 나온 것임을 알 수가 있다.

※참고로 이상과 같이 육십갑자를 암기하는 법을 기술하였는데 학자는 여기서 끝을 내는 것이 아니고 처음에는 조금 서툴겠으나 자기 본인의 왼손 바닥에 볼펜으로 각각 12지지만 써가지고 천간 10간을 부치면서 아침 저녁으로 2번씩 반복학습 한다면 어느새 자기도 모르게 육십갑자는 자연스럽게 암기가 되니 너무 고민하지 말고 본 저자가 하라는 데로만 하면 어느새 성큼 역학에 다가 서

게될 것이다.

(3). 납음 육십갑자(納音 六十甲子)

*. 납음 육십갑자(納音 六十甲子)도표

갑자 을축	海中 金	병인 정묘	爐中 火	무진 기사	大林 木	경오 신미	路傍 土	임신 계유	劍鋒 金
갑술 을해	山頭 火	병자 정축	間下 水	무인 기묘	城頭 土	경진 신사	白蠟 金	임오 계미	楊柳 木
갑신 을유	泉中 水	병술 정해	屋上 土	무자 기축	霹靂 火	경인 신묘	松柏 木	임진 계사	長流 水
갑오 을미	沙中 金	병신 정유	山下 火	무술 기해	平地 木	경자 신축	壁上 土	임인 계묘	金箔 金
갑진 을사	覆燈 火	병오 정미	天河 水	무신 기유	大驛 土	경술 신해	叉釧 金	임자 계축	桑自 木
갑인 을묘	大溪 水	병진 정사	沙中 土	무오 기미	天上 火	경신 신유	石榴 木	임술 계해	大海 水

  도표에서 보면 육십갑자에 납음오행(納音五行)을 붙쳐서 표시하는 방식인데 예를 들면 갑자, 을축은 海中金하여서 갑자, 을축이 모두 金으로 표기하는 방법이다.

  이와 같은 납음육십갑자는 고대부터 풍수지리학이나 방위, 남녀의 궁합, 하루일진, 등의 길흉을 감정할 때 간편하기 때문에 곧 잘 이용 하기도 하지만 그 근거와 적중 여부가 불투명하다.

제2장

역(易)의 응용

＊.사주팔자의 천간지지를 상호 대조하여 육친의 숙명적인 암시와 추명을 하고 각 구성과 여러 절차를 이용하여 부분과 전체을 해석한 것이 역(易)의 응용이다.

제 2 장

역(易)의 응용

1. 사주의 구성법

(1). 사주의 정립

사주추명(四柱推命)은 사람의 년, 월, 일, 시를 대조하여 각 천간 지지의 오행을 나열 시키고 그에 변화되는 법칙에 따라 운명을 해설 감정하는데 천간지지의 여덟글자의 구성에 따라서 천가지 만가지 길흉이 있다는 것을 명심하여야 한다.

더하여 사주팔자라는 것이 소위 여덟 글자에 의해 좌우가 되겠지 만 실제 감정에 들어가 보면 팔자 외 붙쳐지는 육신 즉 "비견","겁재

"," 식신"," 상관" 등을 함께 붙쳐 감정을 해야 되고 아울러 지지의 지장간도 표출시켜야 올바른 추명을 할 수가 있는 것이다.(중요 개념들은 하나씩 설명되고 해설 되어질 것이다.)

*. 비견(比肩), 겁재(劫財)란 무엇인가,?

사주팔자에 일간을 기준하여 일간과 같은 오행이 비견(比肩)이라고 하는데 예를 들면 일간이 "甲"일 경우 사주에 "甲"이 있을 때 "비견"(比肩)이 있다고 말하며 만약 "乙"이 있을 경우는 일간과 음양이 틀리니 "겁재"(劫財)라고 칭하는데 모두 일간의 동기이므로 일간의 힘을 강하게 만든다.

*. 식신(食神), 상관(傷官)이란 무엇인가,?

사주팔자에 일간을 기준하여 일간의 힘을 누출시키는 기운을 말하는데 일간과 음양이 같은 것은 "식신"(食神)이 되며 이와 반대로 일간과 음양이 틀리는 것을 "상관"(傷官)이 되며 공히 일간의 기운을 빼므로 일간의 기운이 약해진다.

(2). 사주의 분석

(가). 년주(年柱)

*.태어난 해를 말하며 인생 총운을 담당하고 있는데 육친의 운명
 을 볼 때 조부님 및 조모님등의 조상들을 나타내며 선산묘지까
 지 살펴볼 수가 있다.

*.본인의 유년부터 15세까지 소년 시절에 해당하고 유년길흉을
 담당한다.

(나). 월주(月柱)

*.태어난 달을 말하며 부모궁을 보며 또한 형제 및 자매들도 포함
 된다.

*.15세부터 30세까지 청년 시절에 해당하며 부모 유산도 알아볼
 수가 있다.

*.사춘기 학업관계 및 군복무와 결혼등을 파악할 수가 있다.

(다). 일주(日柱)

*.태어난 날을 말하고 자기 자신을 보며 일지는 배우자 및 남편,
 애인, 가정궁을 나타낸다.

*.30세부터 45세까지 장년에 해당하며 사업, 대인관계 및 본인의
 건강관계를 담당한다.

*.남자는 처가의 형편 유, 무 및 여자는 시가의 형편을 보며 부귀
의 길흉을 알 수가 있다.

(라). 시주(時柱)

*.태어난 시를 말하며 부귀, 명예를 보며 육친으로는 아들, 손자
및 딸, 손녀, 부하, 형제, 말년 자식을 나타낸다.

*.45세부터 80세까지 노년시절이며 늙어서 직업관계, 노후건강,
및 질병등을 나타낸다.

*.본인의 단명, 장수를 담당하며 본인의 묘지를 나타 내기도 한다.

(3). 사주(四柱)의 작성법

(가). 년주(年柱)

보통 띠라고 말하는데 여기서 주의를 기울려야 하는 일이 있는데
그것은 년과 년의 경계의 지점에서 판단을 잘못하여 실수를 종종 하
는 일이 있다.

예를 들면 금년이 1999년 기묘년인데 기묘년에 태어난 사람이 월
건이 입춘이 지나지 않았다면 전년인 무인년생으로 표기를 하여야

하는 등을 말함인데 보통 만세력의 생년은 음력을 표준하여 정한 것이며 전년과 신년의 경계는 정월 초하루를 표준해서 정하는 것이 아니라 절기, 즉 "입춘"(立春)으로 기준 한 것이다.

※만세력이란 사주를 볼때 반드시 참고해야 하는 것으로 일종의 달력이라 보면 된다. 양력과 음력 절기 등이 모두 같이 정리되어 있는 calenda이다.

따라서 비록 기묘년에 출생을 하였더라도 절기인 "입춘"(立春)이 넘지 않았으면 전년인 무인년으로 표시를 하여야 된다.

더하여 같은 입춘당일 출생을 하였더라도 절입시각이 밤 12시라면 12시 이후는 기묘년이 되지만 밤 12시전에 태어 났다면 무인년으로 표기를 하여야 된다.

※참고로 보통 자시를 기준하여 보면 밤 11시부터 새벽 1시 까지인데 밤 12시를 기준하여 12시를 넘었으면 기묘년, 넘지 않았으면 무인년으로 표시를 하면 별무리가 없을 것이지만 우리나라 시간이 영국 그리니지 천문대를 기준하여 볼 때 한국 시간하고 일본 시간이 약 "30분"정도가 한국 시간이 뒤지고 있다.

따라서 현재의 시간은 일본 시간과 한국 시간이 같이 되고 있는데 사실상 지구의 거리가 약 "30분"이 한국 시간이 뒤지고 있으므로 학자는 시간의 갈림길이 불분명할 때 이와 같은 현상을 참고하여 시간을 판단하면 큰 착오는 없을 것이다.

(나). 월주(月柱)

생월의 간지는 만세력에 있는 각 월의 월건(月建)에 준하여 판단하는데 생월의 간지를 정함에 있어 특히 주의해야 할 것은 년의 간지를 정할 때 "입춘"을 기준하여 정하듯이 각 월의 간지를 정함에 있어서도 월건 및 절입시기를 표시한다.

이것을 자세하게 예를 들면 기묘년 양력 2월 3일이라면 월건이 입춘을 지나지 않았기 때문에 전년인 무인년이며 월건은 12월인 계축월로 표기를 해야 한다.

*. 24절기(節氣)의 도표

월지	1월	2월	3월	4월	5월	6월	7월	8월	9월	10월	11월	12월
절기	입춘	경칩	청명	입하	망종	소서	입추	백로	한로	입동	대설	소한
절기	우수	춘분	곡우	소만	하지	대서	처서	추분	상강	소설	동지	대한

*. 12달의 지지도표

월지	1월	2월	3월	4월	5월	6월	7월	8월	9월	10월	11월	12월
절지	寅	卯	辰	巳	午	未	申	酉	戌	亥	子	丑

이상의 도표에서 설명되어 있듯이 지지는 변함이 없으나 천간은 십간이기 때문에 행운마다 달라지게 된다.

따라서 다음 월주 결정기준도표를 참조하면 알 수가 있는데 처음 역학을 입문하는 학자는 필히 시중에서 만세력을 구입하여 같이 대조를 하면서 공부를 하면 도움이 갈 것이다.

*. 월주(月柱)간지 도표

절기	입춘	경칩	청명	입하	망종	소서	입추	백로	한로	입동	대설	소한
甲 己년	丙寅	丁卯	戊辰	己巳	庚午	辛未	壬申	癸酉	甲戌	乙亥	丙子	丁丑
乙 庚년	戊寅	己卯	庚辰	辛巳	壬午	癸未	甲申	乙酉	丙戌	丁亥	戊子	己丑
丙 辛년	庚寅	辛卯	壬辰	癸巳	甲午	乙未	丙申	丁酉	戊戌	己亥	庚子	辛丑
丁 壬년	壬寅	癸卯	甲辰	乙巳	丙午	丁未	戊申	己酉	庚戌	辛亥	壬子	癸丑
戊 癸년	甲寅	乙卯	丙辰	丁巳	戊午	己未	庚申	辛酉	壬戌	癸亥	甲子	乙丑

이상의 도표에서 보면 생년이 "甲" 또는 "己"년이고 "寅"월이면 "甲", "己"년에 "寅"월을 찾아보니 월주는 "丙寅"이 된다.

따라서 정월이 "丙寅"이 되고 2월이 "丁卯"이며 3월은 "戊辰"의 순으로 월이 되는데 이와 같이 년이 바뀜에 따라 정월이 시작하는 월의 지지가 틀리게 작용하는 것을 알 수가 있다.

더하여 암기하는 방법은"갑기병인","을경무인","병신경인","정임임인","무계갑인"등으로 암기한다면 월의 육십갑자를 쉽게 파악할 수가 있다.

※ 참고로 이상의 월주 암기를 하면 좋겠으나 만세력을 볼 때 사주 주인공인 생년월일을 대조하여 찾아보면 곧 바로 월주가 나타나고 있으므로 구태여 암기까지는 생각하지 않겠지만 그러나 여기서 중요한 대목이 있다.

그것은 보통 사주추명학에서 천간의 기운과 지지의 기운을 비교 분석할 때 지지의 기운이 약 "3배"에서 "4배"정도 강력하니 천간의 기운을 무시한 채 단순히 지지만 가지고 판단하여 보아도 사주일지를 형, 충을 할 때 그 흉의가 대단히 강력하게 작용하는 것을 알 수가 있다.

더욱 더 이 부분을 자세하게 예를 들면 사주일지에 "寅"이 자리를 잡고 월지에 "巳"가 들어 있어 "寅-巳" 형이 되고 있는 중에 일간이 신약하여 다시 세운이나 대운에서 "申"을 맞이 하였을 때는 아주 대단한 흉이 돌출하게 되는 일례와 같은 것이다.

이와 같은 현상은 시중의 철학관이나 운명감정원에도 그대로 채택하여 간명하는 것을 알 수가 있겠는데 그렇다면 지지의 12달의 오행은 암기가 필수적으로 되어야 한다는 논리이다.

그러나 이 경우에도 물론 사주추명학상 천간을 논하지 않고 지지만을 언급하는 처사는 추명의 원리를 혼돈할 수 있는 염려를 다분히 안고 있다고 볼 수가 있겠으나 이상의 실례의 신약사주에서는 의외로 적중률이 대단하므로 이때는 운로인 천간에서 비록 길신을 업고 들어 온다고 가정 하여도 그 흉함을 절대로 피할 수가 없는 것을 강조한다.

따라서 천간지지 모두 인용하여 간명에 복수적으로 판단하여 결론을 내리는 것이 정석이지만 지금은 역학 부분에 처음 입문을 하는 시기이니 월천간의 부분에 대한 암기는 시간이 걸리는 관계로 간편하게 지지를 가지고 간명을 하는 것도 재미를 붙혀볼 수 있을 것이다.

*. 월지지 암기법,!

"일인", "이묘", "삼진", "사사", "오오"
"육미", "칠신", "팔유", "구술", "십해", "십일자", "십이축"

이상의 부분을 설명 한다면 한글로 읽어 내려가는 식으로 암송을 하는데 음력 9월달은 구술이니 "戌"월이 되고 음력 11월은 십일자이니 "子"월이 되는 것을 알 수가 있다.

왜,! 이와 같은 것이 중요 하느냐 하면 월의 지지 그 성질을 읽을 수 있는 장점도 있겠으나 그보다 지금 학자의 주위에 친한 사람이나 직계 가족중에서 이상하게 매년 음력 4월달이나 음력 7월달이 되면 부부간에 싸움이 일어 나거나 교통사고 및 관재로 인한 경찰서, 검찰청, 법원에 출입을 한다던지 그렇지 않으면 인간과 시비로 인한 싸움, 금전적 손재가 발생하고 있었던 일을 기억하고 있을 것이다.

이와 같은 현상은 사주 일지에 전자의 경우 예를 들면 일간이 신약한 중에 일지에 "寅"이 들어 있고 다시 월지에 "巳"가 중첩하여 있으니 "寅-巳" 삼형을 동반하고 있는 것을 다시 운로인 월운이 4월은 사사로서 "巳"가 되어 다시 중복 "寅-巳" 삼형이 되고 역시 7월은 칠신이므로 "申"월이니 완전한 "寅-巳-申" 삼형이 되어 대단히 큰 재화가 발생하는 것이다.

이상의 경우 비록 월운만 가지고 판단하는 것은 조금 무리가 있을 경우도 있겠지만 의외로 그냥 무사하게 넘어갈 수는 없는 것이며 조금의 흉의는 돌출되기 마련이고 그러나 이와 같은 "巳"나 "申"이 대운이나 세운이 되어 있을 때는 역시 음력 4월이나 7월은 그 흉의가 따블내지는 따따블이 되어 엄청난 재난을 피할 수가 없는 것이다.

결국 이상의 월운 암기법은 사주추명학상 명리의 중간 정도 학식이 뒷받침 되고 있을 경우 완벽한 이해를 할 수가 있겠지만 지금은 초심의 과정이라 본 저자가 말하고 있는 부분을 조금 이해하기 힘들겠지만 무조건 대단히 중요하니 필히 암기를 하여야 된다.

(다). 일주(日柱)

사주팔자의 생년이나 생월의 간지는 이상의 부분을 설명한 바와 같이 생년 및 생월의 도표를 보고 찾으면 바로 나타나기 때문에 용이하나 사주 운명의 주인공이 태어난 일주(日柱)는 만세력이 없이는 찾아 내기가 불가능하다.

따라서 제일 먼저 만세력에서 출생년을 먼저 찾아내고 생월을 찾아낸 다음 출생일을 보면 바로 나오는데 여기서 중요한 부분이 있다.
그것은 본인이 태어난 일부터 절입 일까지를 계산을 해두어야 한다는 점인데 이것이 바로 "대운세수"를 나타내고 있기 때문이다.

후장에서 자세히 설명하고 있지만 대운세수를 계산하기 위해 시중의 만세력 중에서 절입 일의 계산이 불분명하여 서로간의 책자마다 다르게 대운세수가 기록되고 있는 점이 왕왕 발견되고 있다.

이와 같은 것에 대해 시중 일부 만세력이 본 장 대운세수를 계산하는 부분에서 절입일까지를 셈하는 것이 태어난 날도 계산에 집어 넣고 절입 일도 계산에 삽입 ,삼분하여 대운세수를 기록하고 있는 만세력이 있는데 이것은 잘못된 것이다.

따라서 대운세수를 계산할 때는 태어난 날을 집어 넣는다면 "절입 "일을 빼고 계산을 하여야 될 것이며 만약 태어난 날을 넣지 않고 다음날부터 시작하면"절입"일까지를 넣어 삼분으로 나누어 계산을 하게 되면 착오가 없이 정상적인 대운세수가 될 것이다.(초일 불산입의 일반원칙에 따라 태어난 날을 넣지 않고 절입일까지를 넣어 세는 것이 정석이다.)

(라). 시주(時柱)

시의 간지는 월주와 같이 시의 지지도 항상 일정하게 공전하고 있는데 시간을 결정하는 것은 일간을 중심으로 하여 시간을 정한다.
오늘날 시간은 시침, 분침이 일정하게 표시 되지만 옛날은 시계가 없고 또한 음력으로 사용하기 때문에 현대 시간과는 조금 거리가 있는 것이 사실이다.

그러나 사주시간은 2시간을 기준으로 변화하기 때문에 자칫 잘못하면 경계점에서 시간상 오류를 범할 수 있으므로 좀더 자세히 시간을 파악해야 오차를 줄일 수가 있을 것이다.

실제로 본 저자는 시간 때문에 사주의 일간의 강, 약 및 용신을 정함에 있어 판단에 오류가 많이 나오고 있으므로 시간이 의심스러우면 사주주인공의 운로를 추적, 파악함으로 해서 시간의 오차를 줄일 수가 있다는 것을 참고 바란다.

*. 시주(時柱)결정도표

시간	23-01	01-03	03-05	05-07	07-09	09-11	11-13	13-15	15-17	17-19	19-21	21-23
甲己일	甲子	乙丑	丙寅	丁卯	戊辰	己巳	庚午	辛未	壬申	癸酉	甲戌	乙亥
乙庚일	丙子	丁丑	戊寅	己卯	庚辰	辛巳	壬午	癸未	甲申	乙酉	丙戌	丁亥
丙辛일	戊子	己丑	庚寅	辛卯	壬辰	癸巳	甲午	乙未	丙申	丁酉	戊戌	己亥
丁壬일	庚子	辛丑	壬寅	癸卯	甲辰	乙巳	丙午	丁未	戊申	己酉	庚戌	辛亥
戊癸일	壬子	癸丑	甲寅	乙卯	丙辰	丁巳	戊午	己未	庚申	辛酉	壬戌	癸亥

도표에서 보면 "甲","己"일에 "23시"에서 "새벽1시"내에 출생하면 "甲子"시가 되는데 이와 같이 출생일에 시간을 대조하여 시간의 간지를 결정한다.

이상과 같이 년, 월, 일, 시를 모두 파악하는 법을 기술하였는데 더욱 더 자세하게 이해 하려고 하면 시중에서 만세력을 구입하여 서로 대조를 하면서 판단하면 대단히 도움이 될 것이다.

※참고로 월건까지는 태어난 생년을 만세력에 볼 때 곧 바로 나타나 며 또한 태어난 날까지 찾으면 일주까지 무난하게 표출시킬 수가 있다.

그러나 태어난 시까지 판별 하려고 하면 다시 만세력이나 본 저자가 집필한 命理入門이나 命理秘典에 나오는 시주결정도표를 재차 보아야 하는 번거러움이 있으므로 반드시 시주판별하는 것은 암기를 하여 시간을 절약하여야 될 것이다.

이와 같은 것에 대해 본 저자는 학자의 암기에 대한 어려움을 조금이라도 돕고자 지금에 기술하는 것을 필히 숙지하여 명리의 간명상 보탬이 되었으면 한다.

첫째로 "출생한 일간을 기준하여 천간합을 인용한다",! 이것은 뒷장 천간합을 보면서 하여야 되고 만약 천간합이 암기가 되었으면 대단히 쉽다.

(1).일간이 甲이나 己일에 출생한 사람은 천간합은 "甲-己合土"가 된다.
그런데 처음 甲-己는 무조건 "甲子"로 시작하여 을축, 병인, 정묘, 무진, 기사...등으로 나열하면 되고,(육십갑자는 필수 암기사항이다.)

(2).일간이 乙이나 庚일에 출생한 사람은 천간합은 "乙-庚合金"이 된다.
그런데 金을 상극하는 것은 "火剋金"하여 "火"이므로 병자, 정축, 무인, 기묘, 경진......등으로 나열할 것이고,
이 때 火를 왜, 丙火로 보느냐 하면 시두가 子시로 나오기 때문에 丁火로 가정한다면 丁子시로 가는데 육십갑자에는 丁子라는 글귀가 없기 때문에 전부 양(甲, 丙, 戊, 庚, 壬)으로 판단 하여야 된다.

(3).일간이 丙일이나 辛일에 출생한 사람은 "丙-辛合水"가 나오므로 "水"를 상극하는 것은 "土剋水"이니 "土"는 戊, 己인데 방금 설명한 음간(乙, 丁, 己, 辛, 癸)은 사용하지 않고 양간(甲, 丙, 戊, 庚, 壬)이 되니 "戊"를 기준하여 무자, 기축, 경인, 신묘, 임진,...등으로 육십갑자를 나열하고,

(4).일간이 丁일이나 壬일간은 "丁-壬合木"이니 "木"을 상극하는 것은 "金剋木"하여 庚, 辛인 될 것인데 역시 양간인 "庚"을 취용하여 경자, 신축, 임인, 계묘, 갑진...등으로 육십갑자를 나열하고,

(5).일간이 戊일이나 癸일간은 "戊-癸合火"이니 "火"를 상극하는 것은 "水剋火"하여 壬, 癸가 되므로 역시 양간인 "壬"을 시작하여 임자, 계축, 갑인, 을묘, 병진,...등으로 육십갑자를 나열하면 모두 시간이 정렬이 된다.

(예1). 남자, 1963년 양력 3월 27일 낮 12시

시	일	월	년
庚	己	乙	癸
午	巳	卯	卯

(오 행) ⟶	金	(土)	木	水
	火	火	木	木

*. 만세력을 준비하고,!

남자 사주인데 만세력을 보고 1963년을 찾으면 "癸卯"년이 된다.
월건과 태어난 날을 만세력에서 찾으니 "乙卯"월 "己巳"일이 되며
시주는 "乙"일간 "午시"를 시주결정도표에서 대조하면 "庚午"시가 되
는데 본 저자가 방금 설명한 암기법 중에 "甲", "己"일간은 무조건 "甲
子"로 시작하여 육십갑자를 순차적으로 짚어가면 갑자, 을축, 병인,
정묘, 무진, 기사, 경오하여서 "庚午"시가 되는 것을 알 수가 있다.

※참고로 학자는 그냥 만세력을 보고 사주 생년월일시를 막연히 나
  열시킬 것이 아니라 이상의 사주원국을 나열시킬 때 얼마나 빠르
  게 표기하는 가를 시계를 놓고 측정하는 습관을 들이는 것이 좋다.

또한 사주팔자를 나열하고 난 후 반드시 그 아래에 이상과 같은
오행인 목, 화, 토, 금, 수를 표기하여 오행에도 익숙해 있어야 만이
앞으로 나오는 육신과 용신의 기운도 빨리 판가름 할 수가 있는 것
을 참고 바란다.

(예2).남자, 1953년 음력 4월 12일 새벽 2시

시	일	월	년
丁	乙	丁	癸
丑	亥	巳	巳

(오 행) ⟶	火	(木)	火	水
	土	水	火	火

***. 만세력을 준비하고,!**

만세력을 대조하여 1953년이면 "癸巳"년이 되고 음력 4월은 "丁
巳"월이 될 것이며 12일은 "乙亥"일이 되는데 시주결정도표에서 "乙"
일간 새벽 2시는 "丑"시이므로 "丁丑"시가 된다.

※참고로 이상의 시주판별법은 전장 본 저자가 암기법에 적용하여
   볼 때 "乙"일간이니 "乙-庚合金"하여 "金氣"를 상극하는 것은 "火
   剋金"이므 "火"를 주동하면 양火인 "丙火"이므로 병자, 정축하여서
   "丁丑"시가 되는 것이다.

(예3). 여자, 1927년 음력 5월 22일 아침 6시

	시	일	월	년
	辛	丙	丙	丁
	卯	戌	午	卯
(오 행) ⟶	金	(火)	火	火
	木	土	火	木

***. 만세력을 보면서,!**

만세력에 1927년을 보면 출생년이 "丁卯"생이 되며 음력 5월은 "
丙午"월이고 22일은 "丙戌"일이 되는데 "丙"일간을 주동하여 시주결
정도표에 보니 "卯"시는 "辛卯"시가 된다.

※참고로 시주판단법에는 방금도 설명 하였지만 시주결정도표를 재 차 보게 될 경우 그만큼 시간이 많이 소요되게 된다.

따라서 이상의 사주팔자도 일간이 "丙"이니 "丙-辛合水"하여 "水" 를 상극하는 것은 "土剋水"하므로 양토인 "戊"를 기준하여 무자, 기축, 경인, 신묘하여 "辛卯"시가 되는 것을 알 수가 있다.

(예4). 여자 1998년 음력 1월 7일 저녁 10시

시	일	월	년
己	辛	癸	丁
亥	巳	丑	丑

(오 행) ⟶	土	(金)	水	火
	水	火	土	土

*. 만세력을 보면서,!

만세력에 1998년은"戊寅"년이 되지만 음력 정월 7일이니 월건이" 입춘"이 넘지 않았으므로 전년인 1997년인 "丁丑"년으로 표기하며 월건은 "癸丑"이 될 것이고 음력 7일은 "辛巳"일이 된다.

더하여 일간 "辛巳"를 주동하여 시주결정도표에서 대조하니 "亥" 시는 "己亥"시가 될 것이다.

※역시 사주일간이 "辛巳'이니 丙, 辛일간은 "丙-辛合水"하여 "水"를
상극하는 것은 "土剋水"이므로 양토인 "戊"를 기준하여 무자, 기
축, 경인, 신묘, 임진, 계사, 갑오, 을미, 병신, 정유, 무술, 기해하
여 "己亥"시가 되는 것이다.

(예5). 여자, 1958년 음력 11월 12일 아침 10시

	시	일	월	년
	丁	癸	甲	戊
	巳	酉	子	戌
(오 행) ──▶	火	(水)	木	土
	火	金	水	土

***. 만세력을 보고,!**

여자 사주로서 만세력에 1958년을 찾으니 "戊戌"년이 되고 다시
음력 11월의 월건은 12일이 되고 있으므로 대설절기에 해당하여 "甲
子"월이 된다.

더하여 음력 12일은 "癸酉"가 되며 癸酉일에 시주결정도표에서
사시는 "丁巳"시가 되는 것을 알 수가 있다.

※여자 사주로서 태어난 날이 癸酉일이니 남, 녀를 불문하고 "戊", "
癸"일주는 "戊-癸合火"하여 "火"를 상극하는 것은 "水剋火"이므로

양수를 기준하여 임자, 계축, 갑인, 을묘, 병진, 정사하여 "丁巳"시
가 되는 것이다.

(예6). 여자 1950년 음력 1월 25일 오후 2시

시	일	월	년
丁	(丁)	己	庚
未	未	卯	寅

(오 행) ⟶ 火　(火)　土　金
　　　　　 土　　土　　木　　木

*. 만세력을 보면서,!

여자 사주로 만세력을 보면 1950년은 庚寅년이 되며 음력 1월은
정월달이 되나 절기가 음력 1월 18일로 기점하여 2월 절기인 경칩이
넘었으므로 음력 25일은 월주는 己卯월이며 태어난 일은 丁未일이
된다.

더하여 태어난 시가 오후 2시는 未시가 되는데 시주천간이 丁, 壬
일간은 시주결정도표에서 보면 丁未시가 되는 것을 알 수가 있다.

※역시 위 사주팔자도 시주 암기법에 적용하면 일간이 "丁", "壬"은 "
丁-壬合木"하여 木을 상극하는 것은 金剋木하여 "金"이 되는데 "

庚", "辛金"중에서 양간을 취용하여 "子"시를 붙쳐보면 庚子, 辛丑, 壬寅, 癸卯, 甲辰, 乙巳, 丙午, 丁未하여서 丁未시로 판단되는 것이다.

(예7). 남자 1958년 음력 11월 12일 아침 8시

<table>
<tr><td>시</td><td>일</td><td>월</td><td>년</td></tr>
<tr><td>丙</td><td>(癸)</td><td>甲</td><td>戊</td></tr>
<tr><td>辰</td><td>酉</td><td>子</td><td>戊</td></tr>
</table>

(오 행) ⟶
<table>
<tr><td>火</td><td>(水)</td><td>木</td><td>土</td></tr>
<tr><td>土</td><td>金</td><td>水</td><td>土</td></tr>
</table>

***. 만세력을 보면서,!**

남자 사주로 서기 1958년은 만세력을 보면 戊戌년이 되고 음력 11월은 甲子월이며 12일은 癸酉일이 된다는 것을 알 수가 있다.

더하여 태어난 시가 아침 8시이니 戊, 癸일간을 시주결정도표에 辰시를 찾아보면 丙辰시가 되는 것으로 나타나고 있다.

※역시 위 사주팔자도 본 저자가 시주암기법에 적용하여 판단하여 보면 "戊","癸"일간은 천간합을 이용하여 "戊-癸合火"하니 합을 하여 "火"가 나오는데 火를 상극하는 것은 "水剋火"하여 양간인 "壬"을 "子"시부터 붙여나가면 임자, 계축, 갑인, 을묘, 병진하여서 丙

辰시가 되는 것을 알 수가 있다.

(예8). 여자 서기 1949년 음력 4월 27일 밤 10시

	시	일	월	년
	乙	(甲)	己	己
	亥	寅	巳	丑
(오 행) ⟶	木	(木)	土	土
	水	木	火	土

***. 만세력을 보면서,!**

여자 사주로 서기 1949년은 만세력을 보면 己丑년이 되고 음력 4월 27일은 월주가 己巳월이며 태어난 일주는 甲寅일이 된다.

또한 시주를 판단하여 보면 밤 10는 亥시가 되는데 甲, 己일을 시주결정도표에 준하여 확인하니 乙亥시가 되는 것을 알 수가 있다.

※역시 위 사주팔자를 시주암기법에 준하여 판단하면 "甲","己"일은 갑자하여 무조건 "甲子"시로 시작하라고 하였으니 갑자, 을축, 병인, 정묘, 무진, 기사, 경오, 신미, 임신, 계유, 갑술, 을해하여서 乙亥시가 되는 것이다.

(예9).남자 1976년 음력 11월 20일 오전 11시30분

시	일	월	년
甲	丙	辛	丙
午	寅	丑	辰

(오행) ⟶	木	(火)	金	火
	火	木	土	土

***. 만세력을 보고,!**

　남자사주로 서기 1976년은 만세력을 보면 丙辰년이고 음력 11월 20일은 십일 자이니 월주는 子월이 되겠으나 태어난 날이 20일은 월건이 음력 11월 16일이 소한절기가 넘었으므로 월주는 辛丑월이 된다.

　또한 태어난 일주는 20일은 丙寅일이 되고 오전 11시 30분은 오전11시부터 오후 1시까지 午시가 되니 丙, 辛일간을 시주결정도표에서 午시를 찾으면 甲午시가 나오게 될 것이다.

　*.역시 위 사주팔자도 시주암기법에 준하여 시주를 판단하여 보면 일간이 "丙", "辛" 일간의 천간합은 "丙-辛合水"하여 "水"를 상극하는 것은 "土剋水"하여 양간인 "戊"를 "子"시로 붙쳐나가니 무자, 기축, 경인, 신묘, 임진, 계사, 갑오하여서 甲午시가 되는 것을 알 수가 있다.

(예10). 남자 1953년 음력 1월 14일 오전 8시

시	일	월	년
戊	己	甲	癸
辰	酉	寅	巳

(오행)⟶	土	(土)	木	水
	土	金	木	火

***. 만세력을 보고,!**

남자 사주로서 1953년은 "癸巳"년이 되고 음력 정월 14일은 "입춘 "절기가 넘었으므로 "甲寅"월이 되며 14일은 "己酉"일이 된다.

따라서 오전 8시는 "辰"시가 되는데 "己酉"일로 기점하여 시주결 정도표에서 辰시를 찾으니 "戊辰"시가 되는 것을 알 수가 있다.

※역시 남자사주에 "己酉"일주는 "甲", "己"일간은 무조건 "甲子"로 시 작하라 하였으니 갑자, 을축, 병인, 정묘, 무진하여 "戊辰"시가 되 는 것을 알 수가 있다.

※참고로 이상과 같이 만세력을 대조하여 사주팔자를 나열시켜 보 았는데 학자는 자기 본인과 집안 식구들의 사주도 같이 만세력을 보면서 빠르게 표기할 수 있는 실력을 요구하니 필수적으로 재차 연습과 복습이 필요하다.

(4). 대 운(大 運)

　운명의 길흉은 제일 첫째로 사주원국이 생생불식(生生不息)이 되어야 하겠고 다음으로 대운의 지배를 받는다.
　인간은 태어나서 희비가 교차되는 시점을 누구나 겪고 있는 것이고 그렇다면 이 희비의 힘이 대운에 의해서 판가름 난다고 해도 과언이 아니다.

　따라서 사주팔자에 대한 길흉은 선천성인 사주명조와 후천성인 대운의 흐름이 복수적으로 접목되어 과거, 현재, 미래의 운을 직접 지배하니 그 영향력은 절대적이라 할 수가 있겠다.

　그렇다면 사실상 사주 주인공의 앞으로 미래의 운기를 파악하여 또 어떠한 운로를 맞이하는 가에 따라 사주팔자 주인공의 발전 여부가 대운에 의하여 판가름 난다고 해도 과언이 아닌데 그렇다면 간명하는 절차에서 본 장의 대운의 흐름을 모르고서는 도저히 알 수가 없게 된다.

　따라서 언제 어느 때 길함이 들어오고 또 흉이 들어오는 시점을 파악하는 것이 좋을 것이며 命理入門에 기술하는 대운편은 이미 본 저자가 "命理秘典" "下"권인 "대운"편에 실제 인물에 준하여 고난도의 해석을 하였으나 여기서는 초심자를 위하는 부분이므로 기초 부분을 대단히 자세하게 기술한다.

*. 양남음녀(陽男陰女)　=　순　행,!
*. 음남양녀(陰男陽女)　=　역　행,!

위의 중요 도표에서 보듯이 암기가 필요한데 우선 "양남음녀"는 대운의 흐름이 "순행"(順行)하고 음남양녀는 대운의 흐름이 "역행"(逆行)한다는 법칙을 암기 하여야 된다.

따라서 대운을 나열할 때는 사주의 년, 월, 일, 시, 중에서 "월주"를 중심으로 하여 대운을 정돈하여야 되는데 만약 월주가 "甲子"월이면 양남인 경우는 "乙丑","丙寅","丁卯"순으로 또한 양녀인 경우는 "癸亥","壬戌", "辛酉"등으로 대운을 정리한다.

더 자세하게 기술하면 남자사주의 년주(年柱)천간이"甲""丙""戊""庚""壬"으로 "양"(陽)천간이라면 사주의 월주를 기준으로 하여 대운을"순행"시키고 만약 여자라면 "역행"이 된다.

또한 사주의 년주(年柱)가 "乙","丁","己","辛","癸"로서 남자라면 "월주"를 기준하여 대운을 "역행"(逆行)시키고 만약 여자라면 "양남음녀"는 "순행",!한다는 법칙에 따라 "월주"를 기준하여 대운을 순행시킨다.

(예1).남자, 1969년 음력 11월 23일 午 시

(대　운)

시	일	월	년		68	58	48	38	28	18	8
壬	庚	丙	己		己	庚	辛	壬	癸	甲	乙
午	辰	子	酉		巳	午	未	申	酉	戌	亥

水	(金)	火	土
火	土	水	金

***. 만세력을 보면서,!**

남자의 사주이기 때문에 년천간을 보니 음(陰)으로 되어 있어 음남양녀는 역행(逆行)한다는 법칙에 따라 월주 "丙子"를 중심으로 해서 대운을 나열하니 "乙亥","甲戌","癸酉".....순으로 나열되고 있다.

만약 여자 사주라면 년천간이 음(陰)이니 양남음녀는 순행(順行)한다는 법칙에 따라 월주 "丙子"를 기준하여 "丁丑","戊寅","己卯".....순으로 표기 하면 될 것이다.

(예2). 여자, 1951년 음력 2월 10일 오전 6시

(대   운)

시	일	월	년		66	56	46	36	26	16	6
辛	丙	辛	辛		戊	丁	丙	乙	甲	癸	壬
卯	辰	卯	卯		戌	酉	申	未	午	巳	辰

金	(火)	金	金
木	土	木	木

木 土 木 木 ←—————————— (오   행)

***. 만세력을 보면서,!**

여자사주이므로 양남음녀는 순행 한다는 법칙에 준하여 사주년간 "辛"은 음(陰)이니 월주 "辛卯"를 기준하여 대운을 나열하면 "壬辰","癸巳","甲午"...등으로 흐르고 있다.

만약 위 사주팔자가 남자라면 음남양녀는 역행한다고 하였으니 월주 "辛卯"를 기점하여 대운을 나열하면 "庚寅","己丑","戊子"....등으로 거꾸로 대운을 나열 하여야 될 것이다.(재차 강조하거니와 육십갑자는 필수암기 사항이고 그 운용이 자유로워야 한다.)

(5). 대운세수(大運歲數)계산법

방금 전장에 설명한 대운을 월주를 기준으로 하여 나열하는 법은 설명하였으나 대운세수가 어떡해 해서 계산 되었는지를 파악해 볼 필요가 있다.

따라서 우선 만세력을 보면서 사주주인공의 사주 년 천간을 기준으로 하여 양남음녀는 순행, 음남양녀는 역행, 한다고 했으니 예를 들어 보면 양남음녀의 사주를 타고난 사람은 자기 생일부터 다가오는 절입 날짜까지를 센 후 "3"등분을 하여 나눈 뒤 나오는 수가 "대운세수"이다.

이 때에 나머지가 "1"이 나오면 버리고 "2"가 나오면 반올림을 한다.

이와 반대로 음남양녀는 역행하니 태어난 생일부터 지나온 절입일 까지를 센후 역시 "3등분"으로 나누어 나오는 수가 대운세수인데 역시 이 때에도 나머지 가 "1"이 나오면 버리고 "2"가 나오면 반올림을 한다.

전장의 남자사주는 음년 己酉생으로 역행해서 만세력을 보니 태어난 날짜가 음력 11월 23일부터 "절입"까지 역행해서 세어보면 "대설"절기까지 24가 나오는 것을 알 수가 있는데 이것을 3등분하여 나오는 수가 8이 나오고 나머지가 0이니 대운세수가 8이 된다.(전장 남자사주 예1 참조)

(예1).여자, 1969년 음력 11월 23일　酉시

(대　운)

시	일	월	년		62	52	42	32	22	12	2
乙	庚	丙	己		癸	壬	辛	庚	己	戊	丁
酉	辰	子	酉		未	午	巳	辰	卯	寅	丑

木　(金)　火　土

金　土　水　金　⟵————————————　(오　행)

***. 만세력을 준비하고,!**

위의 사주는 여자사주로서 음년 "己酉"생이니 양남음녀는 순행이라는 법칙에 따라 태어난 날짜가 음력 11월 23일부터 다음 "절입"인 "소한"까지 세어보니 6이 나온다.

따라서 6을 3등분하니 2가 나오고 나머지는 0이기 때문에 대운 세수는 2가 된다.

(예2).남자, 1946년 음력 1월 22일 子시

(대　운)

시	일	월	년		64	54	44	34	24	14	4
壬	戊	庚	丙		丁	丙	乙	甲	癸	壬	辛
子	辰	寅	戌		酉	申	未	午	巳	辰	卯

水 (土) 金 火

水　土　木　土　◀─────────────　(오　행)

***. 만세력을 준비하여,!**

남자사주로서 사주 년천간이 양일간(甲, 丙, 戊, 庚, 壬)이니 양남 음녀는 "순행"한다는 법칙에 따라 음력 22일부터 다음 절기인 "경칩" 까지 세어보니 11이 나오는데 11을 3등분하니 3이 나오고 나머지가 2가된다.

따라서 나머지가 2가 되면 반올림을 하므로 대운세수는 4가 되는 데 사주월주 "庚寅"을 주동하여 대운을 나열하니 "辛卯","壬辰","癸巳 "등으로 대운이 흘러가고 있음을 알 수가 있다.

(6). 대운지배법

   이 부분을 아래 전장(예1) 사주팔자의 대운을 보면서 설명한다면,!

   이상으로 전장의 인물등을 중심으로 하여 사주원국을 감정해 볼 때에 대운세수가 각각 틀리게 나온 것을 알 수가 있을 것이다.

   전장의 대운세수편에 나오는 (예1)의 여자사주는 대운세수가 2, 12, 22,… 등으로 흘러가고 있는데 여기서 대운이 지배하는 간격을 설명하면 우선 2살부터 6세까지 5년간은 丁丑대운의 천간 "丁火"가 지배하고 7세부터 11세까지는 대운지지 "丑土"가 지배하므로 각각 "5년"씩 담당하는 것을 판단할 수가 있다.

(대 운)

시	일	월	년		62	52	42	32	22	12	2
乙	庚	丙	己		癸	壬	辛	庚	己	戊	丁
酉	辰	子	酉		未	午	巳	辰	卯	寅	丑

木	(金)	火	土
金	土	水	金

●2살부터 6살까지는 대운천간 丁火가 지배하고 7세부터 11세까지는 대운지지 丑土가 지배하고 있다.!

　위의 사주팔자를 자세하게 살펴볼 때 유년 2세는 丁丑대운이 지배하고 있는데 이상과 같이 대운천간 및 지지가 각각 5년씩 그 영향력을 행사하는 것을 엿볼 수가 있다.

　그러나 여기서 한가지 중요한 부분이 있는데 그것은 예를 들면 "丁丑"대운이라고 가정 할 때 처음 대운천간 "丁火"가 시작될 때에도 간접적으로 대운지지"丑土"가 영향력을 행사하며 대운지지 "丑土"가 끝날 시점에서는 12세 대운"戊寅"대운중에 대운천간 "戊土"가 간접적으로 영향력을 행사한다.

　따라서 참고로 위의 사주 용신은 "木","火"인데 11세 丑대운에서는 12세 戊土대운이 간접적으로 영향력을 행사하며 비록 현재에 丑대운이 흉이라고 가정 할 때 다음 12세 戊寅대운이 흉신이라고 볼 수가 있다면 그 때에는 흉함이 가중되어 더욱 더 흉하게 된다.

　또한 이와 반대로 12세 戊寅대운이 길신이라 할 때에는 비록 지금의 丑대운은 흉하게 된다고 볼 수가 있겠지만 다음 戊寅대운의 영향력이 간접적으로 행사되는 것이 되어 지금의 흉함이 소흉으로 전환 된다고 판단하여야 될 것이다.

　이상으로 대운지배법을 설명하였으나 모든 사주원국의 대운의 판단법은 대운지배법에 적용하여 판단할 것이며 이와 같은 것은 추명의 원리를 파악하는 하나의 전환점이 될 것인데 命理秘典 下권인 "간명비법"에서 실제 인물에 적용하여 대단히 자세하게 수록되어 있음을 참고 바란다.

제3장

천간지지(天干地支)

＊.천간지지(天干地支)는 하늘인 천간(天干)의 성질과 땅인 지지(地支)의 성질을 세밀하게 분석하여 사주팔자에 미치는 영향력을 중점 판단하는 것이다.

제 3 장

천간지지(天干地支)

1. 천간지지의 합충(天干地支의 合沖)

(1). 천간의 합과 충

사주추명학상 사주팔자의 길흉을 파악 하려면 천간의 합과 상충의 부분의 성질을 알아야 하는데 이는 곧 명리의 척도이기도 하고 기본이기도 하다.

그러므로 천간, 지지의 각각의 합, 충의 변화와 그 성질을 파악함으로 인하여 추명의 원리에 한걸음 더 다가서게 되는 것이니 학자는 이와 같은 합, 충의 변화를 소홀히 취급 하여서는 아니 된다.

(가). 천간의 상충(天干 相沖)

천간은 "甲","乙","丙","丁","戊","己","庚","辛","壬","癸"라 하여 십간으로 통칭되고 있다.

여기서 이 천간의 성질을 언급하면 부부유정인 "천간합(天干合)"이 있고 또한 배반 상극하는 "천간상충(天干相沖)"으로 나누는데 우선 천간상충을 보면 글자 그대로 충돌한다, 파괴시킨다, 라는 뜻을 지니고 있으므로 이것이 서로 만나면 충돌, 파괴되니 그 의미가 좋은 것은 아니다.

그러나 이와 같은 상충에도 陽의 상충은 강하게 일어나고 陰의 상충은 양의 상충에 비해 조금 그 강도가 약하게 일어난다.

※참고로 천간 상충은 일반적으로 볼 때 살(殺)이라고 취급하는 학자도 많음을 보고 있는데 그러나 그것은 잘못된 생각이다.
따라서 천간의 오행이 충돌이 일어나는 천간 상충은 오행 상 상극으로 이루어져 있으니 마땅히 오행상극으로 인한 흉을 동반하는 것이 타당한 견해이며 이것을 단순히 살(殺)로 취급하는 것은 오행의 원리상 맞지 않음을 학자는 판단할 필요가 있다.

*. 음(陰)천간 상충 도표

오 행	목	화	토	금	수
천 간	乙	丁	己	辛	癸
천 간	辛	癸	乙	丁	己
오 행	금	수	목	화	토

*. 양(陽)천간 상충 도표

오 행	목	화	토	금	수
천 간	甲	丙	戊	庚	壬
천 간	庚	壬	甲	丙	戊
오 행	금	수	목	화	토

※참고로 도표에서 보면 천간상충의 오행이 서로간 상극으로 구성되어 있음을 알 수가 있을 것이다.

더하여 이와 같은 상충의 오행이 사주 내 근접하여 있는 경우라면 더욱 확실하게 상충의 작용이 일어나고 그러나 원격하다던지 타 오행이 가로막아 있을 것 같으면 상충하는 힘이 쇠약해진다.

*. 천간 상충의 방위도

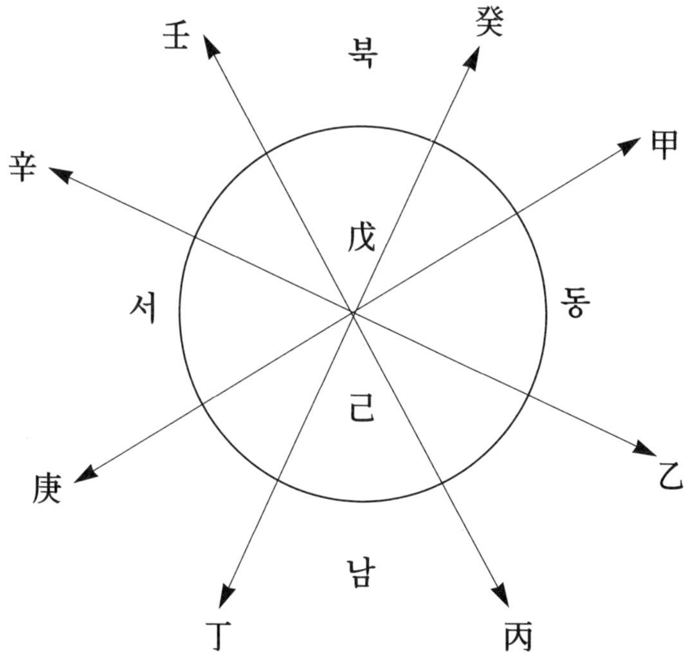

도표에서 보면 양의 상충과 음의 상충을 달리 표시하고 있는데 이는 작용하는 그 강도가 다르기 때문이며 위의 방위도에 준하여 판단하여 보면 천간의 오행중에 각각 "5번째"와 "7번째"끼리 충돌한다.

그 중에"甲-庚","丙-壬","甲-戊","丙-庚","壬-戊"상충은 양의 오행끼리의 충돌이므로 대단히 강력하게 일어나고 "乙-辛","丁-癸","己-乙","辛-丁","癸-己"상충은 음의 오행의 충돌이니 그 충돌이 양의 상충보다 약하게 작용한다.

더하여 천간 상충의 방위도에 보면 같은 양의 오행과 음의 오행의 충돌 부분에서 "甲-庚","乙-辛","丙-壬","丁-癸" 상충은 대단히 강하게 작용하고 그것은 위의 방위도에 표시하고 있듯이 방향이 마주보는 것은 완전하게 충돌이 일어나기 때문이다.

그러나 양의 상충인 "甲-庚","丙-壬"보다 "乙-辛","丁-癸"상충은 음의 작용으로 그 세력과 강도가 조금 약하다고 판단한다.

또한 "丙-庚","辛-丁","壬-戊","甲-戊" 상충은 충돌은 하나 전자보다 그 힘이 약하게 작용 하는데 그것은 방향이 정면으로 보고 있지 않고 비겨져 있으니 완전히 충돌하지 않기 때문이다.(오행의 성질을 두고 조금 생각해 보면 당연한 이치를 이해 하리라 믿는다.)

본 장에 기술하고 있는 천간 상충은 운로인 대운이나 세운에서 상충의 작용이 들어와서 사주 주인공의 용신의 기운과 서로 충돌이 일어 날 때 그 흉의는 대단히 강력하게 발생하기 때문에 극단적인 현상은 십중구사의 운명이 될 수 도 있다.

그렇다면 이와 같은 천간 상충의 부분을 절대로 소홀히 취급할 수가 없으니 학자들은 필수적으로 암기를 하여야 되는데 오행의 상생과 상극을 이해 한다면 자연스레 소화가 되는 부분이다.

(2). 천간합(天干合)

천간합은 부부유정이라 하여 음양 화합의 이치가 적용된 것인데 천간 십간중에 양간(陽干)은 각각 6번째 음간(陰干)과 합을 한다.

    *. 甲 + 己 합 = 토 (中情之合)

    *. 乙 + 庚 합 = 금 (仁義之合)

    *. 丙 + 辛 합 = 수 (威嚴之合)

    *. 丁 + 壬 합 = 목 (人壽之合)

    *. 戊 + 癸 합 = 화 (無情之合)

도표에서 보면 양간이 각각 6번째인 음간과 결합하여 합을 구성하므로 새로운 오행이 탄생한 것을 알 수가 있다.

이것을 우리 일상생활에 비추어 판단하여 볼 때 성년인 남녀가 결혼을 하여 아이를 출산하는 이치와 같다.

따라서 이렇게 "변화"된 오행이 사주원국에 길신으로 작용하면 더욱 더 길한 것이지만 만약 흉을 돌출하는 "기신"(忌神)이 된다면 매우 불길할 것이다.

(가). 천간합의 통변법(天干合 通辯法)

사주팔자에 천간합이 형성되어 새로운 오행이 나왔을 경우 길신이 되면 좋겠지만 일간에 대한 "기신"(忌神)이 되고 있다면 그에 대한 흉의는 대단히 강력하게 발생될 것이다.

그러나 본 장의 천간합의 통변법(天干合 通辯法)에는 이렇게 변화되어 나오는 오행이 일간에 대한 길신이나 흉신을 막론하고 천간합(天干合)이 있을 경우 사주 주인공의 성격, 및 운명에 작용하여 "숙명적인 암시"를 나타 내는데 이것을 곧 천간합의 통변법(天干合 通辯法)이라 명칭한다.

*. 갑-기합토(甲己合土)

중정지합(中情支合)이라고도 하는데 이 합이 있는 사주팔자는 자기분수를 지키며 마음이 넓어 타인과 다투지 아니하고 세상 사람들의 존경을 받는다.

더하여 남자는 처에게 여자는 남편에게 공경하며 화합, 행복하고 다정 다감하게 사는 합이다.

※참고로 사주팔자에 비겁(비견이나 겁재)이 태왕(太旺)하고 격국이 순수하지 못하면 오히려 이합의 좋은 점은 없어져 버리고 천격이 된다.

이것을 좀 더 자세하게 설명 하자면 사주팔자가 일간이 "土"일간으로서 배를 불리는 음식이"土"라고 가정할 때 이상의 "土"가 적당히 있으면 괜찮겠지만 "土"가 많을 경우 오히려 더욱 더 배가 불러 탈이 나게 된다.

따라서 이상의 "甲己合土"가 합을 하여 "土"로 나오게 된다면 지금 음식을 많이 먹어 배가 불러 괴로운 것을 더욱 더 음식을 먹임으로 인하여 배탈이 나게 되는 한 일례와 같은 것이다.

※사주일간이 "己"일에서 "甲"을 합하면 여자는 사주에 다시 "甲"이 하나 외에 또 있으면 한번, 두 개 있으면 두 번, 세 개 있으면 세 번 간부와 짝을 짓는다 하여 색정을 탐하여 가정을 잃기 쉽다. 그것은 여자에게는 "甲"이 "관성"이 되기 때문이다.

※甲己合土가 사주에 성립하고 남자라면 "甲"일주에서 "己土"가 재성이기 때문에 "己土"가 하나 외 있으면 한 번, 두 개 있으면 두 번, 작첩한다하여 "己土"가 많으면 주색잡기로 패가한다.

※참고로 이상의 경우 육친별로 분류하여 보면 여자의 경우 "己"일간이라고 가정할 때 "己"를 상극하는 것은 "木剋土"하여 "木"이 된다. 따라서 여자한테는 "관성"(정관, 편관)이 되므로 관성은 육친통변법에 준하면 남자가 되니 그 중에서 "정관"은 본 남편이 되고 "편

관"은 간부, 즉 스쳐가는 남자가 된다.

그렇다면 여자의 경우에 일간 "己"은 자기 자신을 뜻하고 다시 "甲"은 남편을 뜻하니 "甲-己合土"하여 합을 하는 것은 여자가 남자와 몸을 합친다는 것을 의미하므로 이렇게 "甲-己"합이 계속하여 맺어지는 것은 그만큼 정조관념이 없고 아울러 재가팔자로 판단하여야 된다.

좀 더 자세하게 이와 같은 부분을 예를 들면,!

(예1). 여자사주,!

甲 → 己 ⇇ 甲　　甲

\#　　\#　　\#　　\#

(오 행) ──▶ 木　(土)　木　　木

\#　　\#　　\#　　\#

이상 실례의 사주팔자에서 보듯이 일간이 "己"일주에서 사주 년간과 월간 그리고 시간의 "木"이 각각 "甲-己合土"맺어지고 있으니 여자가 정조관념이 없겠으며 아울러 이혼 내지는 삼혼으로 거치는 재가팔자라고 감정하여야 된다.

또한 마지막 아래부분에 기술한 남자일 경우 "甲"일간은 자기 자신인데 "戊", "己", "土"는 육친별로 볼 때 남자에게는 "재성"(편재, 정재)이 된다.

따라서 이것 역시 남자사주에 자기 일간이 "甲"으로서"己"와 "甲-己合土"가 되는 것은 그만큼 여자와 몸을 합방한다는 것을 의미하므로 역시 사주에 "甲-己"많이 맺어지고 있을 때 남자가 바람둥이고 재가팔자라는 것으로 귀착한다.

이와 같은 부분을 좀 더 자세하게 예를 들면,!

(예2). 남자사주,!

己 ——▶ 甲 ◀—— 己　　　己

\#　　　\#　　　\#　　　\#

(오 행) ——▶ 土　　(木)　　土　　　土

\#　　　\#　　　\#　　　\#

위의 예2의 사주팔자를 살펴보면 일간이 "甲"일주로서 사주년간 및 월간 그리고 시간에 "己"와 각각 "甲-己合土"맺어지고 있는 것을 알 수가 있다.

이렇게 자기본인 "木"이 여자인 "土"와 합이 많이 되고 있는 것은 몸이 합방한다는 것을 의미하므로 사주 주인공은 주색잡기에 능하며 아울러 가정을 등한시 하는 결과이니 반드시 이혼 내지는 삼혼으로 거치는 재가팔가로 감정 하여야 된다.

이상의 부분은 초심의 역학자가 대할 때는 조금 어려운 것 같지만 命理入門 후장 육신표출법에 준하여 재차 반복하여 읽어보면 지금의 부분이 그리 어려운 부분이 아니라는 것을 알 수가 있다.

따라서 학자는 갑작스럽게 육신인 "관성이 어떻고", "재성이 어떻고",해서 절대로 어렵다며 당황하지 말고 차근차근 본 命理入門을 계속해서 읽어주기만 한다면 어느날 자기도 모르게 이상의 부분을 아주 쉬운 대목이 될 것이라는 것을 믿어 의심치 않는다.

*. 을–경합금(乙庚合金)

인의지합(仁義支合)이라고도 하는데 과감 강직한 성질을 가지고 인의가 두텁다.
그러나 사주원국에 육친의 "편관"과 12운성에 "死", "絶"이 있으면 비록 용감하기는 하나 천박한 경향이 있다.

※.乙庚合金이 사주에 있고 사주원국에 청기(淸氣)가 있어 일간이 "신왕"하며 용신이 "정관"이나 "편관"에 해당할 때 권력의 대열에 서게되며 손에 생살지권을 잡는데 십이운성에 "장생"이나 "제왕"이 동주하면 더욱 더 금상첨화이다.

※.참고로 역시 사주팔자에 비겁(비견이나 겁재)이 태왕(너무 많은 것)하고 격국이 순수하지 못하면 오히려 이합의 좋은점은 없어져 버리고 천격이 된다. 이것을 좀 더 자세하게 설명하자면 사주팔자가 일간이 "庚"일간으로서 배를 불리는 음식이 "庚"이라고 가정할 때 이상의 "庚"이 적당히 있으면 괜찮겠지만 "庚"이 사주에 많을 경우 오히려 더욱 더 배가 불러 탈이 나게된다.

따라서 이상의 乙-庚合金이 합을 하여 "金"으로 나오게 된다면 지금 음식을 많이 먹어 배가 불러 괴로운데 더욱 더 음식을 많이 먹임으로 인하여 배탈이 나게 되는 일례와 같은 것이다.

여자사주에서 "乙"일주에 "庚"을 합하면서 "庚"이 하나 외 있으면 한번, 두 개있으면 두 번, 남자관계를 맺는다 하여 흉하게 보며 가정을 등한시하여 재가 팔자이다.(庚은 乙에 대해 역시 관성이 되기 때문이다.) 더하여 사주팔자에 "도화살(桃花殺)"이나 "역마살(驛馬殺)"이 있게되면 간부를 따라 천리를 도주한다.

※.남자사주에서 "庚"일주에 "乙"이 한번 외 있으면 한번, 두 개있으면 두번, 여자관계를 맺는다하여 작첩하겠고 그것으로 인하여 주색잡기에 방탕하여 가정을 등한시한다.(庚에게 乙은 財가 되기 때문이다.)
역시 남자사주에서도 사주팔자에 "역마살(驛馬殺)"이나 "도화살(桃花殺)"이 있게 되면 더욱 더 그 경향이 강하게 발생하여 남의 여자를 데리고 천리를 도주한다.

※.참고로 이상의 경우 육친별로 분류하여 보면 여자의 경우 "乙"일간이라고 가정할 때 "乙"을 상극하는 "金剋木"하여 "庚"이 된다. 따라서 여자에게는 "庚"은 육친통변법에 준하면 "관성"(정관이나 편관)이 되므로 관성은 남자를 뜻하고 그 중에서 정관은 "본남편"이 되고 편관은 "간부", 즉 스쳐가는 남자가 된다.

그렇다면 여자의 경우에 "乙"은 자기 자신을 뜻하고 다시 "庚"은 남편을 뜻 하니 "乙-庚合金"합을 하는 것은 여자가 남자와 몸을 합친다는 것을 의미하므로 이렇게 "乙-庚" 계속하여 맺어지는 것은 그만큼 정조관념이 없고 아울러 재가팔자로 판단하여야 된다.

초학자를 위하여 좀 더 자세하게 이와 같은 부분을 예를 들면,!

(예1). 여자사주,!

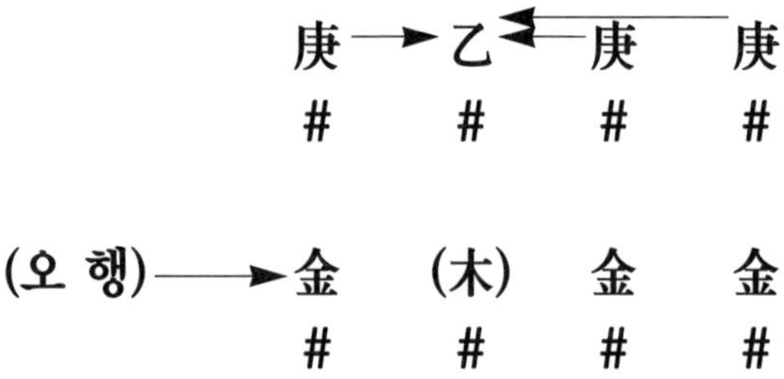

이상 실례의 사주팔자에서 보듯이 일간이 "乙" 일주에서 사주년간과 월간 그리고 시간의 "庚"이 각각 "乙-庚合金" 맺어지고 있으니 여자가 정조관념이 없겠으며 아울러 이혼 내지는 삼혼으로 거치는 재가팔자라고 감정하여야 된다.

또한 맨 아래부분에 기술한 남자일 경우 경일간은 자기자신인데 "甲", "乙", "木"은 육친별로 볼 때 남자에게는 "재성(편재, 정재)이 된다.

따라서 이것 역시 남자사주에 자기일간이 "庚"으로서 "乙"과 "乙-庚合金"이 되는 것은 그만큼 여러 여자와 몸을 합방한다는 것을 의미하므로 역시 사주에 "乙-庚"합이 많이 맺어지고 있을 때 남자가 바람둥이고 재가팔자라는 것으로 귀착한다.

이와 같은 부분을 초학자를 위해 좀 더 자세하게 예를 들면,!

(예2). 남자사주, !

$$乙 \longrightarrow 庚 \longleftarrow 乙 \qquad 乙$$
$$\# \qquad \# \qquad \# \qquad \#$$

$$(오 행) \longrightarrow 木 \quad (金) \quad 木 \quad 木$$
$$\# \qquad \# \qquad \# \qquad \#$$

위 예2의 사주팔자를 살펴보면 일간이 "庚"일주로서 사주년간 및 월간 그리고 시간에 "乙"과 각각 "乙-庚合金"이 맺어지고 있는 것을 알 수가 있다.

이렇게 자기본인 "庚"이 여자인 "乙"과 합이 많이 되고 있는 것은 여자와 몸이 합방한다는 것을 의미하므로 사주 주인공은 주색잡기에 능하며 아울러 가정을 등한시하는 결과이니 반드시 이혼 내지는 삼혼으로 거치는 재가팔자로 감정하여야 된다.

더하여 이상과 같이 되어 있는 사주에 다시 사주팔자에 "역마살"(驛馬殺)이나 "도화살"(桃花殺)이 중첩되어 있는다면 이러한 경향이 더욱 더 강력하게 발생하므로 여자일 경우 남의 남자와 천리를 도주하는 운명이며 남자 역시 남의 여자와 함께 천리를 도주하는 운명이 되는 것도 아울러 판단하여야 된다.

※참고로 이상의 "乙-庚合金" 전장에 설명한 "甲-己合土"가지고 중첩하여 합이 성립되지 않을 경우 대개 좋은 점을 갖추고 있기

때문에 다음장에 나오는 타 "丙-辛合水"나 "丁-壬合木" 및 "戊-癸合火"를 가지고 있는 사주와 비교할 때 월등히 상급으로 분류됨이 마땅하다.

하지만 이와 같은 것에도 사주팔자가 격국에 대한 청기(淸氣)를 가지고 있어야 만이 합의 장점을 누릴 수가 있음은 두말할 것도 없고 아울러 만약 격국이 탁기(濁氣)를 남기고 도화살(桃花殺)이나 역마살(驛馬殺)등을 가지고 있을 경우 이상 합의 좋은 점은 모두 상실한다고 보아야 된다.

*.병-신합수(丙辛合水)

위엄지합(威嚴支合)이라고도 하는데 사람의 풍채에 위엄은 있으나 그 성격이 편굴(偏屈)한 경향이 있고 성질은 잔인하다.
더하여 남녀를 불문하고 호색다음(好色多淫)하며 지혜가 총명하니 권모술수와 계략을 잘부린다.

※참고로 사주원국에 일간이 신왕한 중에 이상의 "丙-辛合水"가 되어 나오는 오행이 "水"가 사주상에 흉신이 되고 있을 때는 더욱더 불리하다.

이와 같은 부분을 초심의 학자들을 위해 설명하자면 사주팔자가 일간에 대해서 "水"가 흉신이 되고 있을 때는 이렇게 합을 하여 나오는 오행이 "水"를 더욱 더 보강시켜주기 때문에 불리하게 된다는 이치이다.

더 자세하게 예를 들면 가령 일간이 "丙"일주에 신약하여 "水"가 흉신이 되고 있을 경우 이렇게 "丙-辛合水"하니 합을 하여 나오는 "水"가 중첩하여 "水"를 왕성하게 하므로 "丙"일간은 더욱 더 "水克火"하여 "水"에 의한 상극을 당하기 때문에 신약한 일간으로서는 더욱 더 불리하게 되는 현상이라 할 수가 있다.

※丙-辛合水가 있는 사람은 지혜는 뛰어나지만 권모술수에 능하고 대개 주색잡기에 능하다.

※여자사주에 尿尖일주로 農겿의 간합이 한 개 외 또 있으면 한번, 두 개 있으면 두 번 남자관계가 발생하여 재혼하는 팔자이고 더하여 "역마살"(驛馬殺)이나 "도화살"(桃花殺)이 사주원국에 있으면 간부를 따라 천리를 도주한다.

※남자사주에 "丙"일주로 "辛"의 간합이 한 개 외 또 있으면 한번, 두 개 있으면 두 번 작첩한다하여 가정을 등한시하여 재가팔자이고 다시 사주원국에 "도화살"(桃花殺)이나 "역마살"(驛馬殺)이 있으면 남의 여자를 데리고 천리를 도주한다.

※참고로 이상의 경우 육친별로 분류하여 보면 여자사주에 "辛"일간이라고 가정할 때 "辛金"을 상극하는 것은 "火克金"하여 "丙", "丁", "火"가 된다.

따라서 여자에게는 "火"는 "관성"(정관, 편관)이 되므로 관성은 육친통변법에 준하면 남자가 되니 그 중에서 정관은 "본 남편"이 되고 편관은 "간부", 즉 스쳐가는 남자가 된다.

그렇다면 여자의 경우에 "辛"은 자기 자신을 나타내고 다시 "丙"은 남편을 뜻하니 "丙-辛合水"하여 합을 하는 것은 여자가 남자와 몸을 합친다는 것을 의미하므로 이렇게 "丙-辛覃"합이 한번도 아니고 계속해서 여러번 맺어지는 것은 그만큼 정조관념이 없고 아울러 재가팔자로 판단하여야 된다.

좀 더 자세하게 이와 같은 부분을 예를 들면,!

(예1). 여자사주,!

$$丙 \rightarrow 辛 \xleftarrow{} 丙 \qquad 丙$$

丙   辛   丙   丙

\#   \#   \#   \#

(오 행) ⟶ 火   (金)   火   火

\#   \#   \#   \#

이상 예1은 여자사주로서 사주팔자에 보듯이 일간이 "己"일주에서 사주년간과 월간 그리고 시간의 "木"이 각각 일간 "木"과 "甲-己合土"가 맺어지고 있으니 여자가 정조관념이 없겠으며 아울러 이혼 내지는 삼혼으로 거치는 재가팔자라고 감정하여야 된다.

또한 맨 마지막 아래부분에 기술한 남자일 경우 "甲"일간은 자기 자신인데 "戊", "己", "土"는 육친별로 볼 때 남자에게는 "재성"(편재, 정재)가 된다.

따라서 이것 역시 남자사주에 자기일간이 "甲"으로서 "己"와 "甲-己合土"가 되는 것은 그만큼 여러 여자와 몸을 합방한다는 것을 의미하므로 역시 사주에 "甲-己"합이 많이 맺어지고 있을 때 남자가 주색잡기로 바람둥이고 재가팔자라는 것으로 귀착한다.

이와 같은 부분도 좀 더 자세하게 예를 들면,!

(예2).남자사주,!

辛 ← 丙 → 辛 → 辛

\#　\#　\#　\#

(오 행) ⟶ 金　(火)　金　金

\#　\#　\#　\#

위에 예2의 사주팔자를 살펴보면 남자사주로 일간이 "丙"일주로서 사주년간 및 월간 그리고 시간에 "辛"과 각각 "丙-辛合水"가 맺어지고 있는 것을 알수가 있다.

따라서 이렇게 자기 본인인 "丙"이 여자인 "辛"과 합이 많이 되고 있는 것은 여자와 몸이 합방 한다는 것을 의미 하므로 사주 주인공은 주색잡기에 능하며 아울러 가정을 등한시하는 결과이니 반드시 이혼 내지는 삼혼으로 거치는 재가팔자로 감정 하여야 된다.

더하여 이상과 같이 되어 있는 사주에 다시 사주팔자에 "역마살

"(驛馬殺)이나 "도화살"(桃花殺)이 중첩되어 있는다면 이러한 경향이 더욱 더 강력하게 발생함으로 만약 여자일 경우 간부와 천리를 도주하는 운명이고 남자 역시 남의 여자를 데리고 천리를 도주하는 운명이라는 것도 아울러 판단하여야 된다

*. 정-임합목(丁壬合木)

인수지합(仁壽支合)이라고도 하는데 사람이 그때그때 따라 즉흥적이며 감정에 흐르기 쉽고 주색을 좋아하며 정결하지 못하다.
또한 시기와 질투심이 매우 강해서 육신에 "편관","도화살"(桃花殺)이 있으면 음란으로 파가한다.

※丁-壬合木이 있는 사람은 건강이 좋지 못하여 신경성으로 고생하는 사람이 많고 키가 크거나 몸이 마른 사람이 많다.

※참고로 사주원국에 일간이 "丁"일간으로서 신왕할 경우 이상의 "丁-壬合木"하여 "木"이 나오는 오행이 되었을 때는 흉신이 되므로 더욱 더 불리하다.

이것을 좀 더 자세하게 설명하자면 사주팔자가 일간이 "丁"일간으로서 배를 불리는 음식은 "木"이 되는데 이상의 "木"이 사주에 적당히 있으면 괜찮겠지만 "木"이 많을 경우 오히려 "丁"일간은 더욱 더 배가 불러 탈이 나게 된다.

따라서 이상의 "丁-壬合木"이 합을 하여 "木"이 나오게 된다면 지

금 음식을 많이 먹어 일간이 배가 불러 괴로운데 더욱 더 음식을 많이 먹임으로 인하여 배탈이 나게 되는 일례와 같은 것이다.

※여자사주에 "丁"일생이 "壬"의 간합이 한번 외 있으면 한번, 두 개 있으면 두 번등의 남자관계가 발생하고 사주원국에 "역마살"(驛馬殺)과 "도화살"(桃花殺)이 있으면 간부를 따라 천리를 도주한다.

※남자사주에 "壬"일생이 "丁"의 간합이 한번 외 있으면 한번, 두 개 있으면 두번등의 여자와 작첩하고 다시 사주에 "역마살"(驛馬殺)과 "도화살"(桃花殺)이 중첩되어 있을 때 타향살이 신세이고 남의 여자를 데리고 천리를 도주한다.

※참고로 이상의 경우 여자의 사주에 육친별로 분류하여 보면 "丁"일간이라고 할 때 "丁火"를 상극하는 것은 "水剋火"하여 "壬", "癸", "水"가 된다.

따라서 여자에게는 "관성(정관, 편관)"이 되므로 "水"는 육친통변법에 준하면 남자가 되니 그 중에서 정관은 "본 남편"이 되고 편관은 "간부", 즉 스쳐지나가는 남자가 된다.

그렇다면 여자의 경우에 "火"일간은 자기 자신을 뜻하고 다시 "水"는 남편을 나타내니 "丁-壬合木"하여 합을 하는 것은 여자가 남자와 몸을 합친다는 것을 의미 하므로 이렇게 "丁-壬"합이 계속하여 맺어지는 것은 그만큼 정조관념이 없고 아울러 재가팔자로 판단하여야 된다.

좀 더 자세하게 이와 같은 부분을 예를 들면,

(예1). 여자사주,!

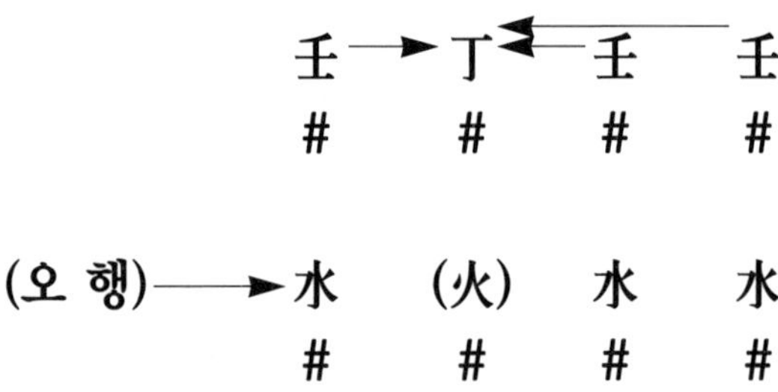

이상 예1의 사주는 여자 사주로서 사주팔자에서 보듯이 일간이 "丁"일주에 사주년간과 월간 그리고 시간의 "壬"이 각각 "丁-壬合木"이 맺어지고 있으니 여자가 정조 관념이 없겠으며 아울러 이혼 내지는 삼혼으로 거치는 재가팔자라고 감정을 하여야 된다.

또한 마지막 맨 아래 부분에 기술하고 있는 남자일 경우 "壬"일간은 자기 자신인데 "丙", "丁", "火"는 육친별로 볼 때 남자에게는 "재성(편재, 정재)"이 된다.

따라서 이것 역시 남자사주에 자기 본인 일간이 "壬"으로서 "丁"과 "丁-壬合木"이 되는 것은 그만큼 여러 여자와 몸을 합방 한다는 것을 의미하므로 역시 사주에 "丁-壬"합이 많이 맺어지고 있을 때 남자가 주색잡기로 바람둥이고 재가팔자라는 것으로 귀착한다.

이와 같은 부분을 좀 더 자세하게 예를 들면,

(예2). 남자사주,!

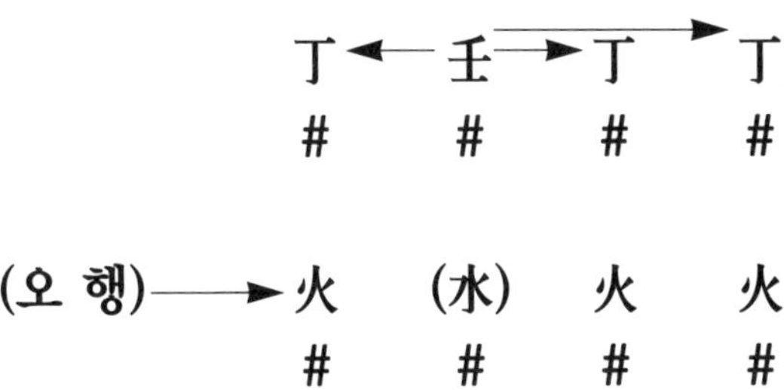

위 예2의 사주는 남자 사주인데 사주팔자를 자세히 살펴보면 일간이 "壬"일주로서 사주년간 및 월간 그리고 시간에 "丁"과 각각 "丁-壬合木"이 맺어지고 있는 것을 알 수가 있다.

따라서 이렇게 자기 본인 "壬"이 여자인 "丁"과 합이 많이 되고 있는 것은 여자와 몸이 합방 한다는 것을 의미하므로 사주 주인공은 주색잡기에 능하며 아울러 가정을 등한시 하는 결과이니 반드시 이혼내지는 삼혼으로 거치는 재가팔자로 감정하여야 된다.

더하여 이상과 같이 되어 있는 사주에 다시 사주팔자에 "역마살"(驛馬殺)이나 "도화살"(桃花殺)이 중첩되어 있는다면 이러한 경향이 더욱 더 강력하게 발생하므로 만약 여자일 경우 간부와 천리를 도주하는 운명이고 남자 역시 남의 여자를 데리고 천리를 도주하는 운명이라는 것도 아울러 판단하여야 된다.

*. 무-계합화(戊癸合火)

무정지합(無情支合)이라 하는데 대개 미남, 미녀이고 그러나 성격이 잔정이 없으며 평생을 통해 남자는 결혼운이 나빠서 정식결혼하지 않는 자가 많고 여자는 미남과 결혼 한다는 암시가 있다.

※"戊-癸合火"가 있는 사람은 성격이 박정하여 남자는 연상의 여자를 좋아하고 여자는 늙은 남자를 좋아하니 가정을 등한시하여 간부를 두는 경우가 많다.

※참고로 사주원국에 일간이 "戊"일주에 신왕하여 있는데 이상의 "戊-癸合火"가 되어 나오는 오행이 "火"가 되어 있다면 일간에 대한 흉신이 되니 이 때는 더욱 더 불리하다.

이것을 좀 더 자세하게 설명 하자면 사주팔자가 일간이 "戊"일간으로서 배를 불리는 음식이 "火"가 되고 있는데 이미 "戊"일간이 사주에 "火"나 "土"가 많아 신왕하고 있는 것을 이상의 "戊-癸合火"로 합을 하여 "火"가 또다시 나오게 될 때 지금 음식을 많이 먹어 배가 불러 괴로운데 더욱 더 음식을 많이 먹임으로 인하여 배탈이 나게 되는 일례와 같은 것이다.

※여자사주에 "癸"일생으로 "戊"의 간합이 한번 외 또 있으면 한번, 두 개 있으면 두 번 간부와 인연을 맺으며 다시 사주원국에 "역마살"(驛馬殺)과 "도화살"(桃花殺)이 있을 때 간부를 따라 천리를 도주한다.

※남자사주에 "戊"일생으로 "癸"의 간합이 한번 외 있으면 한번, 두 개 있으면 두 번 작첩 하겠고 다시 사주원국에 "역마살"(驛馬殺)이

나 "도화살"(桃花殺)이 있을 때 남의 여자를 데리고 타향으로 천리를 도주한다.

※참고로 이상의 경우에 여자로서 육친별로 분류하여 보면 일간이 "癸"일간이 라고 가정할 때 "癸水"를 상극하는 것은 "土剋水"하여 "戊", "己" "土"가 된다.

따라서 여자에게는 "관성(정관, 편관)"이 되므로 "土"는 육친통변법에 준하면 남자가 되니 그 중에서 정관은 "본 남편"이 되고 편관은 "간부", 즉 스쳐 지나가는 남자가 된다.

그렇다면 여자의 경우에 "癸水"는 자기 자신을 뜻하고 다시 "戊"는 남편을 뜻하니 "戊-癸合火"하여 합을 하는 것은 여자가 남자와 몸을 합친다는 것을 의미하므로 이렇게 "戊-癸"합이 계속하여 맺어지는 것은 그만큼 정조관념이 없고 아울러 재가 팔자로 판단하여야 된다.
좀 더 자세하게 이와 같은 부분을 예를 들면,!

(예1). 여자사주,!

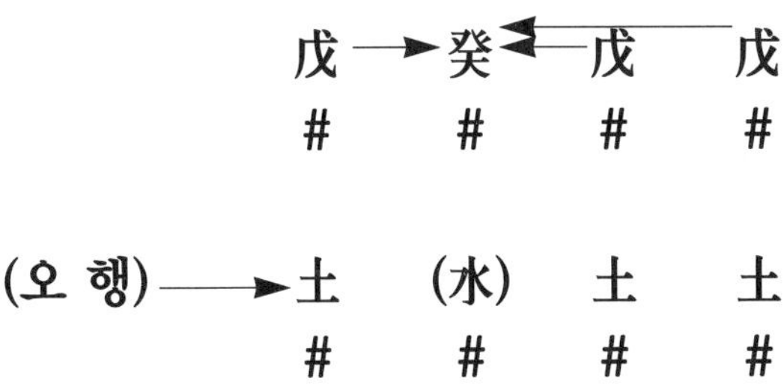

이상 예1의 사주는 여자사주로서 사주팔자에 보듯이 "癸"일간이 사주년간과 월간 그리고 시간의 "戊"와 각각 "戊-癸合火"가 맺어지고 있으니 여자가 정조 관념이 없겠으며 아울러 이혼 내지는 삼혼으로 거치는 재가팔자라고 감정 하여야 된다.

또한 본 장 맨 아래 부분에 기술한 남자일 경우 "戊"일간은 자기자신인데 "壬", "癸" "水"는 육친별로 볼 때 남자에게는"재성(편재, 정재)"이 된다.

따라서 이것 역시 남자사주에 자기 일간이 "戊"로서 "癸"와 "戊-癸合火"가 되는 것은 그만큼 여러 여자와 몸을 합방 한다는 것을 의미하므로 역시 사주에 "戊-癸"합이 많이 맺어지고 있을 때 남자가 주색잡기로 바람둥이고 재가팔자라는 것으로 귀착한다.

이와 같은 부분을 좀 더 자세하게 예를 들면,

(예2). 남자사주,!

癸 ← 戊 → 癸 → 癸
\#　　\#　　\#　　\#

(오 행) ── ▶ 水　　(土)　　水　　水
\#　　\#　　\#　　\#

위 예2의 사주는 남자사주로서 사주팔자를 자세히 살펴보면 일간이 "戊"일주로 사주년간 및 월간 그리고 시간에 "癸"와 각각 "戊-癸

合火"가 맺어지고 있는 것을 알 수가 있다.

이렇게 자기본인 "戊"가 여자인 "癸"와 합이 많이 되고 있는 것은 여자와 몸이 합방한다는 것을 의미 하므로 사주 주인공은 주색잡기에 능하며 아울러 가정을 등한시하는 결과이니 반드시 이혼내지는 삼혼으로 거치는 재가팔자로 감정하여야 된다.

더하여 이상과 같이 되어 있는 사주에 다시 사주팔자에 "역마살"(驛馬殺)이나 "도화살"(桃花殺)이 중첩되어 있는다면 이러한 경향이 더욱 더 강력하게 발생하므로 만약 여자일 경우 간부와 천리를 도주하는 운명이고 남자 역시 남의 여자를 데리고 천리를 도주하는 운명이라는 것도 아울러 판단하여야 된다.

※참고로 "戊-癸"간합이 있는 자는 사물에 대해 생각하는 관점이 짧기 때문에 모든 일을 단순하게 처리하기 쉬우므로 따라서 급성을 부리다가 재물적인 사기나 손재를 당하는 일이 많다.

※"戊-癸合火"가 사주원국에 있게 되면 모든 일에 시작은 잘하나 끝마무리를 깨끗하게 처리하지 못하고 결실이 유시무종으로 끝나기 쉽다.

※참고로 사주원국에 남자는 천간합이 많으면 부부 변동이 생기고 여자는 지지합이 많으면 부부변동이 생기는데 남, 녀 다같이 천간합과 지지합이 있을 경우 필연코 부부변동이 생긴다.
따라서 남자는 천간합을 중요시 보고 여자는 지지합을 중요시 보아야 한다.

※이상으로 모든 천간합의 통변법과 각각 합의 의미를 모두 설명하였는데 여기서 본 저자가 약 25년동안 감정에 대한 경험으로 비추어 남, 녀를 불문하고 사주원국에 일간 외 천간합이 있으면 합의 의미만 설명 하여야 된다.

그러나 이 부분 이외에도 사주일간과 더불어 합이 결성되면 세밀히 보아야 하는데 위에 설명한 바와 같이 한번 이상 있을 때 남자는 주색으로 재혼하며 여자도 재가팔자라고 감정하면 신(神)의 경지에 이른 선생이라고 감탄을 할수 밖에 없을 것이다.

※참고로 지금까지 본 저자가 기술한 천간합의 부분을 기술하였는데 아마도 초심의 역학자는 다소 어려운 일면이 있을 것으로 미루어 짐작한다.

따라서 지금의 약간 어려운 부분은 아마 육친통변상 비견이나 겁재 및 정관이나 편관등을 논하는 부분이 제일 어렵게 생각될 것인데 후장 육친부분에 자세히 기술하고 있으므로 본 장을 어렵다고 생각되거든 미리 육신을 한번쯤 읽어보는 것도 남보다 빨리 앞질러 가는 하나의 비결이 될 수가 있다.

※계속 공부해 나가다 보면 자연히 알게 되겠지만 사주 명리학은 단순하고 단편적인 시각으로는 애시당초 접근이 어렵다.이제부터 하나씩 나오는 각 개념들이 모두 함께 맞물려 아주 종합적인 시각에서 접근을 해야한다.하나를 보기 위해선 필수적으로 전체를 보아야 하기 때문이다.

(나). 천간합의 특성(天干合 特性)

(ㄱ).

시	일	월	년
丙	*	丁 → 辛	
*	*	*	酉

(ㄴ).

시	일	월	년
丙 ← 壬	辛	*	
*	*	*	*

(ㄷ).

시	일	월	년
壬 → 丙	辛 ← 丁		
*	*	*	*

※(ㄱ), 의 경우 년지 酉金이 십이운성의 건록지에 "통근"하니 합을 잘 이루지 않을려고 하고 있으며 특히 월상에 투출되어 있는 "丁火"가 "辛-丁" 상충이 되고 또한 "丙"과 원격해 있으므로 "丙-辛合水"가 되기 어렵다.

※(ㄴ), 의 경우 "丙"은 "辛"과 "丙-辛合水"를 하려고 하나 "丙"과 "辛"의 가운데 일간 "壬水"가 가로막고 있으니 거리가 원격하여 합이 힘드는 것이 되어 있으며 더하여 시상에 투출되어 있는 "丙火"를 일간 "壬水"가 "丙-壬" 상충하니 "丙-辛合水"가 되기 어렵다.

※(ㄷ), 의 경우 "丙-辛"합이 가까이 붙어 있으므로 완벽한 "丙-辛合水"가 결성 되었다고 하나 년간과 시간에 투출되어 있는 양쪽 "丁火"와 "壬水"가 같이 "辛-丁"상충 및 "丙-壬" 상충이 되니 "丙-辛

合水"가 되기 어렵다.

※참고로 모든 천간합과 지지의 합은 서로 "유정(가깝게)"하게 붙어 있어야 완전한 합이 성립되며 만약 원격해 있거나 방해하는 오행이 있을 경우 합이 잘 이루어 지지 않는다.

더구나 합이 되는 다시 말하면 합을 하려고 하는 "한쪽오행"이 지지의 십이운성에 "장생", "건록", "제왕지"에 통근하고 있으면 지지에 천간이 뿌리를 튼튼히 하는 것이 되어 잘 합을 하려고 하지 않는다.

이와 같은 성질을 초심자의 학자들을 위해 좀 더 자세하게 기술하자면 해변의 갈대밭에 바람이 세차게 불어 온다고 가정할 때 비록 바람으로 인해 갈대는 줄기가 부러질 정도로 심하게 흔들리고 있을 것이다.

그러나 땅에 잘 착근되어 있는 갈대 뿌리는 지주의 역할을 하게 되어 안정을 도모하니 갈대는 아무리 바람이 심하게 불어도 마냥 흔들거릴 뿐 뿌리 채 뽑혀 넘어지는 현상은 일어나지 않는 성질과 같은 일례인 것이다.

※기계적이고 단순하게 사주원국에 합의 가능성이 있다 해서 무조건 합이 되는 것이 아니라, 아주 미묘한 기운의 형세를 역시 종합적으로 판단해서 합의 여부가 결정됨을 강조하고 있는 것이다.

2. 지지의 합충(地支의 合沖)

지지에도 천간과 마찬가지로 지합과 지지상충이 있으며 그 특성을 세분하여 비교 한다면 천간오행은 나무에 비하면 가지나 잎사귀에 해당하며 길이나 흉이 급속적으로 나타나고 또한 급속적으로 소멸한다.

그러나 지지는 그 성질이 나무에 비유하면 나무 뿌리에 해당하기 때문에 길이나 흉이 서서히 발생 되면서 그 영향력이 오래가며 이와 같은 현상은 천간의 운보다 지지의 힘이 약 "3배"에서 "4배"정도 강력하기 때문이다.

***. 지지의 방위 도표**

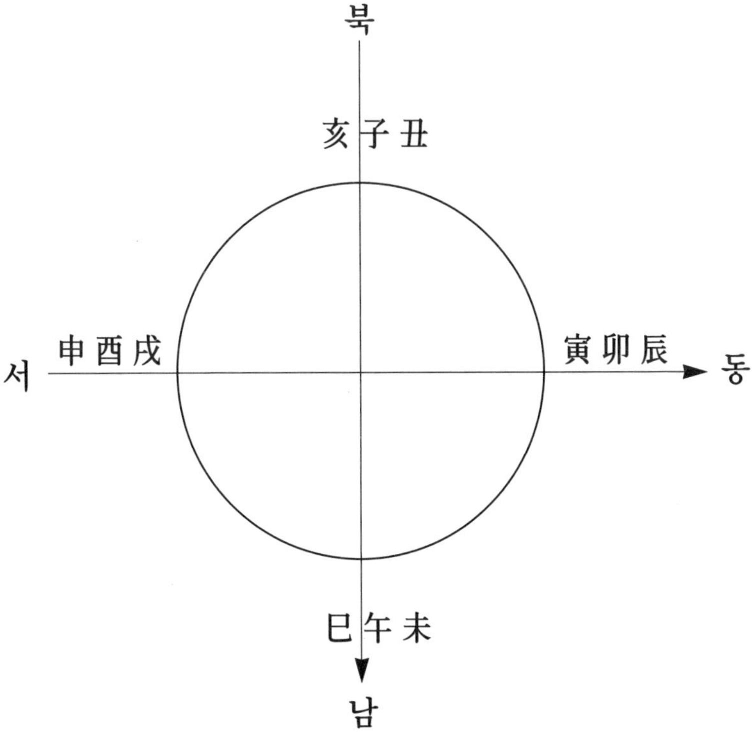

(1). 지지의 합(地支의 合)

　지지의 합에는 보통 3가지의 지지합으로 분류되는데 그 첫째로 "두가지" 오행으로 합이 되는 "육합"과 둘째로 "세가지"오행으로 합이 되는 "삼합"과 셋째로 씨족집단으로 구성하여 합을 이루는 "방합"등으로 구별한다.

(가). 지지의 육합(地支의 六合)

*. 子 – 丑 합 = 土

*. 寅 – 亥 합 = 木

*. 卯 – 戌 합 = 火

*. 辰 – 酉 합 = 金

*. 巳 – 申 합 = 水

*. 午 – 未 합 = 오행은 변하지 않고 합만 된다.

　이상 도표에서 보면 子–丑이 합을 하여 土로 변하는 것을 볼 수가 있다.

　따라서 사주원국이 土氣를 필요로 하는 것이 되면 "길"하게 될 수가 있고 만약 사주에 土氣가 흉이 되는 사주라면 오히려 합이 되어 타 오행으로 변화되는 것은 "불리"하다.

따라서 위의 子-丑合土가 성립되면 본래의 子水의 성질은 水가 "土"와 같은 성질로 변화 한다고 판단해서 사주를 감정해야한다.

(나). 삼합(三合)

$$*. 申 - 子 - 辰 \ 합 \ = \ 水$$

$$*. 寅 - 午 - 戌 \ 합 \ = \ 火$$

$$*. 巳 - 酉 - 丑 \ 합 \ = \ 金$$

$$*. 亥 - 卯 - 未 \ 합 \ = \ 木$$

※삼합에서는 천간합, 및 육합과 같이 지지중에 세 개 기운의 성질이 합을 하여 결합된 것으로서 육합의 힘보다 대단히 강력하게 작용한다.

더하여 삼합의 대표오행이 세가지 기운 중에서 중심이 되는 오행이 "사왕지지(四旺地支)"라 하여 삼합의 전체오행으로 표시하고 있는데 이것은 삼합의 기운이 중심 오행을 축으로 하여 합이 결성되는 것을 볼 수가 있다.

※참고로 "준삼합(準三合)"이라는 것이 있는데 예를 들면 申-子-辰이 다 있으면 정삼합(正三合)이라 하고 申-辰이나 子-辰 및 申-

子등으로 두 개만 있으면 "준삼합"이라 한다.

준삼합으로도 오행은 변화가 되며 완전한 정삼합보다는 힘의 강도가 떨어 지는데 같은 준삼합이라도 힘의 강약이 申-子-辰의 경우 사왕지지인 "子"를 중심으로 하여 申-子의 결합이 申-辰의 결합보다 훨씬 강력하게 작용한다.

따라서 자세하게 설명하면 申-子-辰의 경우 제일 준삼합의 힘이 강한 것이 "申-子"이고 두 번째가 "子-辰"이며 세 번째가 "申-辰"의 순으로 강약의 판단을 하면 될 것인데 申-子하고 子-辰의 차이는 오행별로 보면 申-子는 金-水의 결합이고 子-辰은 水-土의 결합으로 합이 결성되는 것이므로 오행 상생의 법칙을 적용하면 쉬울 것이다.
이하 타 삼합의 준 삼합도 이와 같은 법칙에 적용 하여서 판단한다.

*. 사왕지지(四旺地支)란 무엇인가,?

사주지지의 합인 삼합이나 방합 중에서 중심 오행의 세력을 표시하는 것으로 "子","午","卯","酉"가 삼합이나 방합의 기운을 대표하는 것이다.

따라서 이 子, 午, 卯, 酉가 중심이 되어 삼합이나 방합의 기운이 합으로 결성되면 대단히 그 세력이 강하게 작용 하는데 특히 사왕지지가 사주원국의 월령에 자리잡고 삼합이나 방합을 이루고 있는 것은 그 세력이 대단히 강력하기 때문에 합을 분산 시키는 상충으로 가격 하여도 쉽사리 합이 깨어지지 않는다.

(다). 방합(方合)

$$*.\ 寅 - 卯 - 辰 \ 합 \ = \ 木$$

$$*.\ 巳 - 午 - 未 \ 합 \ = \ 火$$

$$*.\ 申 - 酉 - 戌 \ 합 \ = \ 金$$

$$*.\ 亥 - 子 - 丑 \ 합 \ = \ 水$$

이상의 지지방합은 삼합과 달리 씨족혈족이 뭉쳐진 하나의 집단체 합으로 그 힘은 삼합보다 강하다.

따라서 방합이 사주원국에 형성되어 있으면 하나의 결합체를 형성한 결과이므로 특히 월령에 방합의 중심오행인 "子","午","卯","酉"가 자리잡고 방합이 형성된 것은 형, 충, 파, 해로 가격해도 끄덕도 하지 않으며 쉽게 분산되지 않는다.

그러나 방합은 삼자중에 한자가 반드시 "월지"에 있어야 성격되며 월지에 들어 있지 않고 3자가 있는 것은 합이 된다손 치더라도 그 힘은 월령에 자리잡은 것보다 약하고 더하여 "2자"만 있는 것은 "방합"으로 인정되지 않는다.

그에 반하여 삼합은 사주원국에 어디에 있더라도 삼합이 성격이 되며 또한 2가지의 기운만 있어도 "준삼합"이라 해서 오행으로 간주하는데 이것이 삼합과 방합의 차이점이다.

※참고로 지지에 "준삼합"과 "준방합"이 같이 들어 있는 것이 있는데 이때에는 준삼합의 오행이 준방합의 오행에 "일치"하면 비록 방합이 3개의 기운이 모여지지 않더라도 준삼합의 기운과 준방합의 기운이 한곳으로 모이게 된다.
즉 지지의 중심이 준삼합과 방합이 같이 된다 하여 이때에는 전부 동일오행으로 변화 된다는 것이다.

예를 들면 사주지지에 년지와 월지에 寅-午合火 준삼합이 성립되어 있는데 만약 일지에 巳火가 자리잡고 있다면 巳-午 방합이 성립되어 방합과 삼합의 기운이 동일 오행인 "火국"으로 성격되는 이치이다.

또한 사주원국이 지지에 寅-卯가 들어 있어 방합이 성립되지 않고 있는데 운로인 대운, 세운에서 "辰"이 보충되어 들어 온다면 寅-卯-辰하여 완전한 정"방합국"으로 오행이 변화되는 것이며 따라서 이와 같은 법칙은 삼합중에서 "2개"인 준삼합이 되어 있어도 동일하게 적용된다.

그러나 이 부분 이외에도 사주 일간과 더불어 합이 결성되면 세밀히 보아야 하는데 위에서 설명한 바와 같이 한번 이상 있을 때 남자는 주색으로 재혼하며 여자도 재가 팔자라고 감정하면 신(神)의 경지에 이른 선생이라고 감탄을 할 수 밖에 없을 것이다. 물론 사주원국의 형세와, 오행, 육신등을 종합적으로 해석해서 판단 내릴수 있을 때를 말함이다.

(예1).남자 황 모씨(경남 산청) 1927년 음력 5월 22일 巳시

시	일	월	년
癸	丙	"丙"	丁
巳	戌	午	卯

정관		비견	겁재
水	(火)	"火"	火
火	土	火	木
비견	식신	겁재	인수

이상의 지지 방합은 삼합과 달리 씨족혈족이 뭉쳐진 하나의 집단체 합으로 그 힘은 삼합보다 강하다.

만세력을 보면 사주년, 월, 일까지는 나타나 있으니 년주가 丁卯며 월주는 丙午가 되고 일주는 음력 22일이므로 丙戌일이 된다.

시주가 卯시가 되고 있으므로 丙일주이니 전장에 본 저자가 설명한 시주 암기법에 준하여 "丙-辛合水"하여 "水"를 상극하는 것은 "土剋水"이니 양토인 "戊"를 子시부터 읽어 나가면 戊子, 己丑, 庚寅, 辛卯하여서 "辛卯"시가 되는 것을 알 수가 있다.

*. 격국(格局)과 용신,!

방금 참고부분에 해당하는 사주인데 丙 일간 午 월에 출생하여 득령하고 일간 丙火는 월지 午火인 십이운성의 제왕지에 뿌리를 두고 있으니 그 세력이 강력하게 자리를 잡고 있다.

그런 가운데 일지 戌土와 午-戌合火하여 월천간에 丙火와 년간 丁火가 투출되어 있는 중에 시지 巳火 비견과 년지 卯木 인수까지 일간 丙火를 생조하고 있음으로 일간이 신왕하다 못해 사주가 온통 불바다가 되고 있다.

*. 命理秘典 上권에 인용하여,!

본 저자가 집필한 命理秘典 上권인 일간의 강약도표에서 보더라도 일간의 힘이 중화의 기점인 40%를 훨씬 태과하다 못해 거의 91%까지 육박하고 있는데 이렇게 되면 일간의 기운을 억부법에 준하여 억제 하기가 대단히 곤란하게 된다.

때마침 시상에 癸水 정관이 투출되어 있어 일간 丙火의 기운을 水剋火하여 적절히 억제할 수가 있겠지만 전장 오행의 상생과 상극편에 준한 상모(相侮)의 법칙에 판단하여 볼 때 오히려 많은 火氣에 水氣가 상극을 당하는 결과이니 火氣의 기운에 물기운이 없어지는 현상이 일어나고 있다고 볼 수가 있다.

더하여 본 장 참고의 부분에 적용하여 보면 사주원국의 월지 午火와 일지 戌土간에 午-戌合火 준삼합이 성립되고 있는 것을 다시 시지 巳火 비견이 월지 午火간에 巳-午 준방합이 있어도 합이 성립되지 않는다고 판단할 수가 있을 것이다.

하지만 이미 월지와 일지간에 午-戌合火로 성립됨으로 巳火가 午火의 합에 동조하는 결과가 되니 이 때에는 巳-午 방합과 午-戌 준삼합이 전부 합으로 둔갑하여 불의 나라인 火局을 결성하게 됨으로 이렇게 방합이 두 개가 있는 중에 육합이나 준삼합 및 삼합의 기운과 동조되어 있을 경우 모두 합으로 돌아가는 일면을 위 사주팔자는 대변을 하고 있다.

※참고로 이상의 사주원국은 丙일간 지지에 火局을 따르고 있으므로 염상격(炎上格)인 종격(從格)이 되므로 용신은 火氣를 생조하는 木, 火가 용신이 되는 것을 학자는 판단할 필요가 있겠다.

*. 중화(中和)란 무엇인가,?

사주원국에 용신이나 희신을 정함에 있어 일간의 강약의 유무를 살피고 더하여 계절이 추울 때 출생하였는가 또는 더울 때 출생하였는가를 종합적으로 판단하여 사주 내 필요한 기운을 선정하게 된다.

따라서 사주의 필요한 기운을 선정하게 되면 그것이 "용신" 및 "희신"이라는 성질이 되는데 이것은 사주가 한쪽으로 기울어져 있는 것을 반드시 세우는 것임을 알 수가 있을 것이며 결국 이와 같은 현상은 모자라거나 넘쳐 흐르고 있는 것을 보충하거나 억제하여 궁극적인 "수평"을 유지하는 것이다.

고로 이와 같은 법칙에 따라 사주의 오행이 골고루 갖추어져 서로간에 수평을 유지하고 있을 때 안정되니 중화가 되었다고 판단하는데 고서에 적기를 사주원국이 중화의 법칙에 부합하는 것을 최상의 으뜸으로 치고 있는 것을 감안하여 볼 때 오행의 안정이 최선이라는 것을 판단할 필요가 있다.

※중화(中和)의 법칙은 본 저자가 집필한 命理秘典 下권인 "간명비법"에 실제인물을 적용하여 자세하게 다루고 있으므로 참고하기 바라며 여기서는 그 실체만 약간 언급한다.

*. 염상격(炎上格)이란 무엇인가,!

일간이 "丙", "丁"일간으로서 일간의 기운을 생조하는 "木", "火"의 기운이 너무 많아 신강함이 극도로 되어 이것을 억제할 때는 오히려 강력한 기운이 반발을 하게 된다.

이것은 불이 대단히 강하게 타들어 가고 있는데 작은 물을 부었을 때는 오히려 강한 불길을 건드리는 결과를 초래함으로 이 때에는 큰 불기를 잡을 수가 없게 된다.

이상의 법칙을 위 염상격(炎上格)에도 그대로 적용할 수가 있겠는데 그렇다면 강한 火氣를 억제하지 말고 오히려 火氣를 생조하거나 도와 주는 것이 용신이 된다.

결국 丙, 丁일간이 지지에 寅-午-戌 火局이나 巳-午-未 방합 火

局이 되어 화기의 기운을 따르고 있는 것을 염상격(炎上格)이라 칭하는데 命理秘典 下권에 실제인물에 준하여 대단히 자세하게 기술하고 있다

(예2). 남자 신 모씨(경기도 인천시) 1950년 음력 1월 21일 巳 시

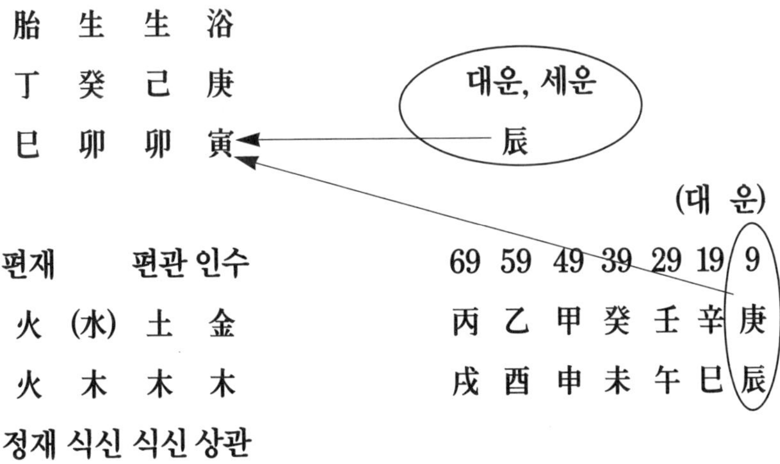

만세력을 보면 1950년은 庚寅년이며 음력 1월은 원칙적으로 寅월이나 일주가 21일이 되어 절기가 卯월이 되고 있으니 己卯월이 된다.

더하여 음력 21일은 癸卯일이 되는데 시가 巳시가 되니 癸일주는 시주암기법에 인용하면 "戊-癸合火"하여 "火"를 상극하는 것은 "水剋火"이니 양수인 壬를 子시부터 붙히니 壬子, 癸丑, 甲寅, 乙卯, 丙辰, 丁巳하여서 "丁巳"시가 된다.

*. 격국(格局)과 용신,!

남자 신 모씨 사주인데 본 장 참고 부분에 부합하는 사주원국이다.

癸 일간 卯 월에 출생하여 실령하고 사주원국의 지지에 식상과 木氣와 재성인 木, 火 기운이 많아 일간 癸水를 극루하고 있으므로 대단히 신약하다.

이와 같은 현상은 월령에 식신 卯木이 자리잡고 신약한 일간의 기운을 누출 시키면서 설상가상으로 시지 巳火의 십이운성 제왕지에 뿌리를 두면서 시상천간에 丁火 편재까지 투출되어 있는 것은 신약한 일간에 강력한 木, 火가 극,루함이 되니 몹시 괴롭다고 볼 것이다.

따라서 격국을 보면 진상관용인격(眞傷官用印格)으로 신약한 일간을 구조하는 인성 金氣와 비겁 水가 용신이 된다.

*. 일부 학자들의 의문,!

일부 학자들 중에는 사주원국이 신약이 극심하여 때로는 종(從)하지 않겠느냐 라고 말할지 모르나 년간에 庚金 인수가 시지 巳중의 지장간 중기에 庚金이 있으므로 그 속에 인수가 뿌리를 두고 일간 癸水를 생조하니 종하지는 못한다.

이렇게 사주원국에 신약함이 극심하고 용신마저 원격해 있으니 용신을 상극하는 木, 火의 기운을 운로인 세운이나 대운에서 다시 만나게 된다면 극루교가(剋漏交加)라 하여 일간의 의지처를 완전히 파괴시키니 그 재화는 매우 강하게 일어난다.

본 장 참고부분에 적용하여 월지와 일지 卯木 식신이 년지 寅木 상관과 寅-卯-辰 방합을 하려고 해도 辰이 빠져 완전한 방합을 이루지 못하고 있는데 세운 대운에서 辰土가 들어오면 완전한 정방합이 형성되어 일간의 기운을 완전히 木氣로서 水生木하여 전장의 상모(相母)의 법칙에 준하여 일간 癸水의 힘을 완전히 빼어 버리니 더욱 더 불리하다.

*. 격국에 대한 대운흐름,!

사주 주인공인 신 모씨는 유년 9세 庚辰대운에서 辰土가 들어와서 寅-卯-辰방합이 완전히 성립되었으나 다행히 대운천간이 인수인 庚金이 일간을 구조하고 더하여 庚金인수가 金剋木하여 방합이 되어 나오는 木氣를 金氣로서 나무가지를 잘라 버리니 몸에 수술하는 정도로서 그 흉의가 지나 갔다고 보는 것인데 육친의 운명상 식상은 수술 및 질병을 나타내는 것이다.

※참고로 이상의 방합부분에 대하여 실제인물을 적용,사주격국과 용신의 부분을 심도 있게 파헤쳐 보았으나 초심의 학자는 조금 어려운 감이 없지 않다고 볼 수가 있겠다.

하지만 지금은 사주추명학에 처음 입문을 하는 과정이니 어쩌면 당연히 어렵다고 할 지 모르겠으나 이상의 본 장 命理入門을 한번만 보고 덮어둘 것이 아니고 두 번, 세 번하여 자주 읽어 보게 된다면 본 저자가 생각하는 취지를 모두 자기 것으로 소화해 나 갈 수가 있음을 자부한다.

따라서 지금 이순간이 어렵다고 하여 절대로 포기하지 말고 하나 의 산을 올라가는 고비라 생각하고 꾸준한 노력 하도록 부탁을 하고 싶은데 지금의 순간만 넘기고 나면 후일 반드시 학자가 노 력한 만큼 본 저자의 비법(秘法)으로 보답할 수가 있을 것이다.

*. 진상관용인격(眞傷官用印格)이란 무엇인가,?

사주팔자에 일간의 강약을 정함에 있어 사주에 일간을 생조하는 오행이 많으면 신강사주라 하고 주위의 오행이 일간을 극루하는 오 행이 많으면 신약사주라고 하는데 이러한 일간의 강약부분을 판단 하는 성질을 "격국(格局)"으로 나타내는 것이다.(격국이란 일간을 중 심으로 사주원국의 형세를 분류해 놓은 것이라 할수있다.)

따라서 사주팔자 내 일간의 기운을 누출시키는 식신이나 상관이 월지에 있거나 주위에 많던지 하여 일간이 신약할 때 식신이나 상관 을 억제하고 아울러 일간의 기운을 생조하는 "인성(편인, 인수)"를 용 신으로 삼는 격국을 "진상관용인격(眞傷官用印格)"이라 칭한다.

*. 종(從)이란 무엇인가,?

사주팔자의 오행이 일간을 기준하여 극루하거나 생조하는 오행이 너무 많아 용신의 선정하는 과정이 억부법이나 조후법등인 내격(內格)의 기준에 적용하지 못하고 오히려 강력한 오행의 대세에 따라가는 성질을 "종(從)"한다, 또한 "종격(從格)"이라고 말하는데 이와 같은 현상은 용신의 선정에서 곧 대세에 따르는 오행을 "용신"이나 "희신"으로 삼는 것을 칭하는 것이다.

*. 극루교가(剋漏交加)란 무엇인가,?

사주원국의 일간의 강약이 사주 내 일간을 극루하는 오행이 많아 신약이 극심한데 만약 이와 같은 현상이 종격(從格)이나 가종격(假從格)으로 치달리고 있으면 별 문제가 되지 않겠지만 이렇게 일간이 신약한 중에 운로에서 다시 일간을 극루하는 기운을 만났을 경우 신약한 일간은 더욱 더 힘이 소모되니 대단히 큰 재화를 불러 일으킨다.

따라서 일간이 신약하여 대단히 쇠약한데 운로인 대운이나 세운에서 중첩하여 일간의 기운을 소모하는 기운을 만나고 있을 때 추명 용어상 "극루교가(剋漏交加)"라고 칭하는 것이다.

(2). 지지의 상충(地支의 相沖)

*. 지지상충의 도표

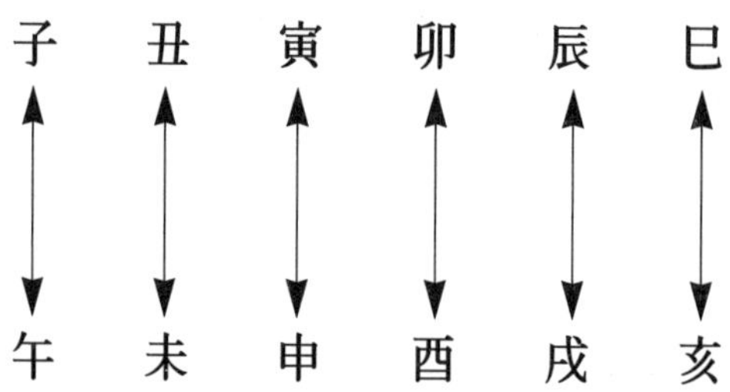

이와 같은 것은 전장에 설명한 천간상충은 각각 5번째와 7번째끼리 서로 상충이 된다고 기술하였지만 지지상충은 각각 "7번째"와 충돌하는 면이 특이하게 볼 수가 있다.

여기서 천간상충과 지지상충의 강약의 판단을 하여 보면 천간상충은 나무가지와 잎사귀에 비유하여 천간상충이 일어날 때는 그저 잎사귀가 떨어지고 가지가 흔들릴 정도로 피해가 있을 뿐이다.

하지만 지지상충은 근본인 나무뿌리인 관계로 이 지지상충이 일어나면 나무가 뿌리 채 흔들리면서 심하면 뿌리 채 뽑혀 넘어지니 그 피해는 막심하다 할 것이다.

이와 같은 현상은 사주추명학을 다룰 때 하나의 구분이 되어야 할 것인데 천간상충과 지지상충을 판단하는 성질이 천간의 힘보다 지지의 힘이 약 "3배"에서 "4배"정도라는 것을 감안하여 볼 때 지지가 충돌이 일어나면 천간보다 그 힘이 대단히 강력하게 작용한다고 보아야 한다.

*역시 근본적으로는 지지의 오행상 충돌을 의미한다.앞서 언급했던 오행의 상생,상극작용일 뿐이다.

(가).지지상충의 통변법(地支相　通辯法)

전장의 도표에서 보면 서로 마주보는 오행끼리 충돌하는데 사주원국에 상충이 일어나면 해당하는 육신 상호간 큰 피해를 당하겠지만 그러나 이 경우 이외에도 이와 같은 상충이 선천적 사주원국에 있게 되면 사주 주인공의 운명에 다음과 같이 작용한다.

따라서 사주팔자를 나열 시켜놓고 이상과 같은 상충의 작용이 있을 경우 해당 하는 육신 상호간은 물론 숙명적인 운세도 나쁘게 작용하는 것은 기정 사실이며 더하여 사주본인까지 그 영향력을 미치게 되므로 판단의 부분을 신중히 하여야 될 것이다.

*.사주에 "월지"와 "일지"또는 "시지",그리고 "년지"와 "시지"가 서로 상충이 되면 성질이 횡폭, 망은, 장환(長患)의 경향이 있다.

*."년지"와 "월지"가 서로 충이 되면 조부나 부친의 업을 계승하지 못하고 부모의 곁을 떠나 타향살이 신세이다.

*."일지"와 "월지"를 충하면 처자와 불화하며 부모와 헤어져 살게 된다.

*."일지"와 "시지"를 충하면 처자를 극하고 시주에 기신(忌神)이 있고 만년대운이 좋지 않으면 말년에 불행해 진다.

*.사주천간이 같으며 "지지"가 서로"충"될 때 항상 근심이 많고 모든 일에 대해 실적이 나타나지 않는다.

*.세운이나 대운에서 "월지"를 "충"하면 이사 또는 직장으로 인한 변동이 생기고 여자는 출가한다.

*.사주원국에 "辰", "戌", "丑", "未"가 모두 상충이 되면 귀명(貴命)이다.

*.대운이나 세운에서 "일지"를 "충"하면 부부언쟁이 심하고 심하면 이별 또는 별거한다.

*."공망"을 "충"하면 재화가 변하여 길이 된다.

*.사주"천간","지지"가 모두 "충"이 되면 사람이 독하고 시비를 좋아하며 성질이 무서운 사람인데 특히 육친의 편관이 제화되지 않고 "편관"이 있는 중에 "상충"이 되면 더욱 더 흉폭하다.

*.사주원국에 대운이 기신(忌神)일 때 대운을 충하면 흉을 불러 들이는 것 같아 흉이 급속적으로 나타나고 대운에서 사주원국을 충하면 흉이 서서히 발생된다.

*.사주에 "충"이 있고 또 "형","충","파","해"가 있으면 일생동안 파

란곡절이 많다.

　*."子-午"충은 항상 심신이 불안정하며 심장이나 신장, 정신계 질환을 조심 해야한다.

　*."丑-未"충은 매사 실적이 나타나지 않으며 지체됨이 많고 위장, 비장, 피부병 질환이 발생된다.

　*."寅-申"충은 정에 약하여 거기에 동요하다 보니 손재와 실패를 보는 경향이 많고 간장, 골절 계통질환이 유발된다.

　*."巳-亥"충은 이유없이 남의 일에 잘 나서고 그것을 자초하여 재화를 만들어 걱정한다. 방광, 소장, 혈압, 기관지 계통을 조심 하여야 한다.

　*."寅-申-巳-亥"를 충하면 몸에 상처가 많이 있게 되고 다시 대운에서 "寅", "申", "巳", "亥"를 만나면 교통사고, 신체 부상 등이 생긴다.

　*."酉"일생으로 사주에 "형","충"이 있고 "亥"가 있으면 주색으로 패가망신한다.

　*."일지"가 "충"되고 사주원국에 "천간합"이 있는 사람은 항상 고생이 그치지 아니한다.

　*."일간"이 "년간"을 충하든지 "일지"가 "년지"를 충할 경우 조상을 모르고 산다.

*."월지"와 "시지","년지"와 "일지"가 서로 "충"이 되면 본인이 타향 살이 신세이다.

(예1).남자 정 모씨(경기도 광주) 1959년 음력 10월 19일 亥 시

<table>
<tr><td>시</td><td>일</td><td>월</td><td>년</td></tr>
<tr><td>丁</td><td>乙</td><td>乙</td><td>己</td></tr>
<tr><td>亥</td><td>巳</td><td>亥</td><td>亥</td></tr>
</table>

(오 행) ──→ 火　(木)　木　土
　　　　　　水　火　水　水

남자사주인데 본 장 상충에 준하는 통변법이 적용되는 명조이다.!

***.일간의 왕쇠(旺衰),!**

乙일간 亥월에 출생하여 득령(得領)하고 사주년지 亥水와 시지 亥水에 각각 일간 乙木이 생조를 받고 있는 중에 다시 월상 乙木이 투출되어 있으니 신강이다.

따라서 용신은 일간이 신강한 중에 출생월이 亥월이니 조후법상

火를 용신하는데 시상에 丁火가 투출되어 있는 중에 일간 乙木과 근접하여 수기(秀氣)유행을 시키므로 아주 좋게 되어 있다.

*.본 장 상충에 준한 판단,!

본 장 상충에 적용하여 사주팔자를 살펴볼 때 일주가 乙巳로서 사주년지와 월지에 亥와 巳-亥 상충이 되고 있으므로 년주는 사회궁이며 직업궁이 되는데 육친별로는 조부의 궁이니 사회적으로 이사, 직장적인 변동이 많을 것이며 조상을 돌보지 않는 팔자라고 간명하여야 된다.

또한 월주와 역시 巳-亥 상충이 되고 있는 것은 월주는 형제궁이고 부모궁이니 형제와 사이가 서로 좋지 못하겠으며 부모님 또한 인연이 없으므로 일찍 고향을 떠나 타향 객지로 떠나와서 살아가는 운명이 될 것이다.

더하여 시주와 巳-亥 상충으로 성립하고 있는 것은 시주는 자식궁이며 일주 巳와 상충이 벌어지는 고로 일지는 처궁이니 처와 자식이 인연이 없으며 따라서 재혼하는 팔자가 될 것이고 자식을 상극하는 것은 말년이 불행한 운명이 될 수가 있다는 것을 암시하고 있다.

본 장 상충의 통변법에 기술하기를 "巳-亥 상충이 있을 경우 이유없이 남의 일에 잘 나서고 그것을 자초하여 재화를 만들어 걱정한다".!라고 적고 있으며 또한 "건강상 질병인 방광, 소장, 혈압, 기관지계통을 조심해야한다",!라며 기술하고 있다.

그렇다면 사주 주인공인 정 모씨는 이상의 부분에 적용하여 본다면 타향살이 팔자로서 자존심, 고집이 대단 하겠고 이유없이 남의 일에 관여하니 그것으로 인한 보증이나 금전적인 손재가 종종 발생하겠으며 아울러 그 일이 전진되어 관재까지 발생한다는 것으로 미루어 짐작할 수가 있다.

이와 같은 현상은 사주 주인공인 정 모씨가 건강상 질병으로 인한 방광염이나 소장, 혈압, 기관지계통을 대단히 조심을 하여야 되는 것을 판단하여야 된다.

더구나 巳-亥 상충이 년주와 월주만 있는 것이 아니고 시지에 巳-亥 상충이 되고 있으니 시주는 본인의 말년을 나타내고 있으므로 말년에 건강상 아주 고통이 닥친다는 것을 사주원국은 무언중에 암시를 하고 있는 것이다.

※참고로 형, 충, 파, 해는 일간이 신강, 신약을 불문하고 공망이 되거나 합이 될 경우 살의 작용이 약하며 더욱 십이운성의 장생, 건록, 제왕지에 있으면 살의 작용이 순해 진다고 판단한다.

더하여 사주원국에 어느 육신이 충을 하고 있는데 다시 세운이나 대운에서 충하고 있는 육신을 다시 충하면 그에 대한 재화는 매우 강하게 일어나게 된다.

예를들면 "비견"이나 "겁재"를 충하면 형제, 친구, 동료와 불화 및 형제운이 좋지 못하고 여자의 사주에 "식신"을 충할 때 자식의 일로 걱정, 근심이 있으며 건강상으로 유산등의 산액이 발생될 것이다.

또한 "정관"을 충하면 남자는 자식의 일로 고통 당하며 직업적으로 타격을 받게되고 "재성"을 충하면 금전적으로 손재가 발생하며 부친이 해롭고 남자는 여자의 문제로 갈등이 있게 되고 "인성"을 충하게 될 경우 문서관계, 명예손상, 모친에게 흉하다는 등으로 해석하여야 될 것이다.

그런데 명심할 것은 사주팔자에 해당하는 육신을 충하고 있는데 다시 세운이나 대운에서 그 육신을 다시 충하게 되면 그에 해당하는 육신은 반드시 큰 피해를 당하게 되는 것이라 판단 하여야 되며 이상 모든 육신의 상충 해석을 이와 같이 간명하면 대단히 적중률이 높게 된다.

(나). 세운이나 대운에서 월지를 충하는 해가 되면,!

*.여자는 결혼하면서 출가한다.

*.이사, 이동수, 직장인은 직업적인 변천이 있게 된다.

*.부모형제간 불화가 발생되고 심하면 원수가 되기 쉽다.

*.여행을 하거나 부모형제간 갈등으로 가출하는 경향도 있다.

(다). 세운이나 대운이 일지를 충하는 해가 되면,!

*.배우자와 성적관계가 좋지 못하여 불화가 발생하고 본인의 건
  강이 나빠진다.

*.정신적인 갈등이 심하고 타인과 사소한 일로 인하여 시비 및 송
  사, 투쟁한다.

*.배우자와 별거, 이혼,등의 흉사가 발생되기 쉽고 본인이 신체상
  질병이나 교통사고를 당할 수가 있으니 조심하여야 된다.

(라). 세운이나 대운이 시지를 충하는 해가 되면,!

*.자손일로 근심, 걱정이 있는 일이 발생된다.

*.자식이 부모와 불화가 발생하여 가출을 한다던지 친구와 다툼
으로 인한 관재 및 신체부상이 발생한다.

※참고로 사주원국을 감평해 볼 때 길한 의미의 오행이 충에 의해
  제거되면 흉하고 흉신이 충에 의해 제거되면 길하게 되는데 힘이
  강한 길신은 가볍게 형, 충하면 오히려 좋다.

그것은 길신은 고(庫)에 있어 동요되지 않고 있는데 길신이 동요
가 되어야만 부귀공명을 누릴수가 있는 것이므로 길신이 움직이지
않으면 길하지 못하다.

따라서 고(庫)에 있는 길신이 묶어져 있어 좀처럼 동요가 될 수가

없으면 형, 충이라도 되어 건드려 주어야 조용하던 길신이 움직이니 길함이 오게 되는 것이며 결국 고(庫)에 있는 길신은 가볍게 건드려 주는 것이 길신의 작용을 강하게 만들 수가 있다.

※참고로 일부 시중에 나도는 역학서적 중에서 상충을 두고"살"(殺)이라 하여 취급하고 있는 것을 엿볼 수가 있는데 도표에서 보면 상충으로 작용하는 오행은 子-午 상충일 경우 오행상 水剋火로서 서로간에 오행상극으로 구성되어 충돌하는 것을 알 수가 있다.

따라서 이와 같이 상충을 막연히 살의 작용속에 포함시켜 추명의 판단을 하게 된다면 약간의 오류를 불러올 수 있는 소지를 다분히 안고 있기 때문에 학자는 본 상충을 살의 작용에 포함시키기 이전에 먼저 "오행의 상극"이라 판단하여 간명을 하는 것이 타당하다.

※참고로 학자들 중에는 子-午, 寅-申, 卯-酉, 巳-亥, 상충등은 오행 상극으로 구성되어 있는 것을 알 수가 있는데 유독 辰-戌과 丑-未는 같은 오행으로 구성되어 있어 어떻게 상충의 작용이 성립되는지에 의문을 표시하고 있다.

그 부분에 대해서 본 저자는 비록 辰-戌과 丑-未는 동일오행으로 구성되어 있겠으나 그 성질을 자세하게 파악하여 보면 辰土와 丑土는 습토(물과 같은 성질)이고 戌土와 未土는 조토(불과 같은 성질)이니 결국 물의 기운과 불의 기운이 충돌하는 성질임을 알 수가 있다.

좀 더 자세하게 지장간의 변화를 살펴보면,!

*. 상충의 변화,!

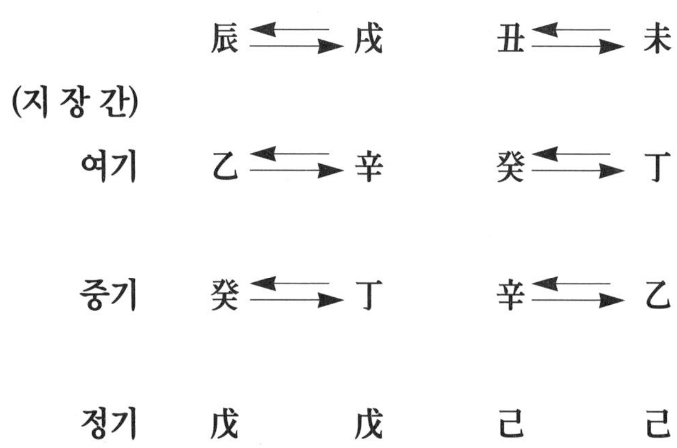

이상과 같이 도표에서 보면 辰-戌 상충이 일어날 때는 辰土의 지장간 여기에 乙木과 戌土의 辛金이 그리고 중기에 辰속의 癸水와 戌속의 丁火가 각각 충돌하고, 丑土는 지장간의 여기에 癸水와 未土의 丁火 그리고 丑土의 중기에 辛金과 未土의 乙木이 각각 충돌하여 파괴된다.

이와 같은 현상은 같은 지장간끼리 충돌하는 것은 미미하기 때문에 별 대수롭지 않고 그 세력이 약하다고 일부 학자는 판단할 지 모르지만 중요한 것을 전자의 子-午 상충등이 충돌하는 것보다 고(庫)인 辰, 戌, 丑, 未가 상충이 되는 것은 그 파괴력이 강해 여러 가지 해석상 의미가 부여된다.

결국 도표에서 보듯이 같은 土氣의 충돌이라고 볼 수 있지만 엄밀히 따져보면 습토와 조토의 충돌이니 물의 성질과 불의 성질이 상충하여 일어나는 변화임을 알 수가 있을 것이다.

또한 만약 운로에서 이와 같은 상충의 성질을 맞이하였을 때 타 상충의 작용보다 辰, 戌, 丑, 未의 상충이 강하게 일어나고 그 중에서도 辰-戌이 丑-未보다 더욱 강하게 작용하는데 그것은 辰-戌의 오행이 서로간 양(陽)의 성질로 충돌하기 때문이다.

*. 고(庫)란 무엇인가,?

辰, 戌, 丑, 未를 나타내며 고장(庫藏)이라고도 하며 창고를 나타내기도 하는데 사주원국에 이와 같은 辰, 戌, 丑, 未가 있으면 패쇄성인 관계로 길신이나 용신이 辰, 戌, 丑, 未의 지장간에 암장되어 있으면 창고에 갇힌 것이 되어 길신으로서 적절히 작용을 못하게 된다.

따라서 "고(庫)"란 패쇄성인 창고, 또는 갇혀있다, 등의 뜻을 나타내고 있다.

(예1).남자, 황 모씨(경기도 안산시)1933년 음력 9월 7일 卯 시

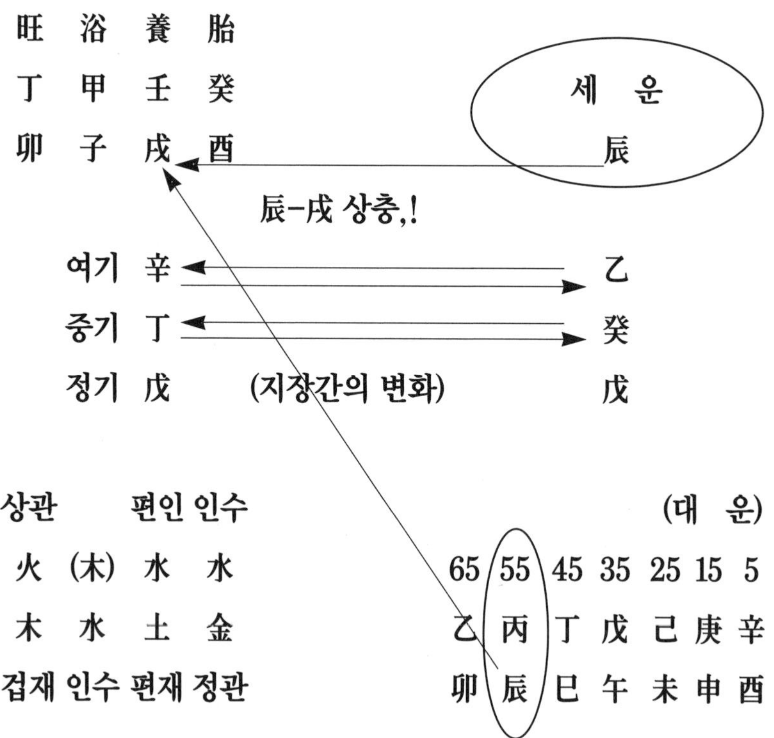

만세력을 보면 1933년은 癸酉년으로서 음력 9월은 절기가 전장에 설명한 "구술"이 되므로 壬戌월이며 7일은 甲子일이 된다.

또한 사주의 시가 卯시가 되니 시두암기법에 준하여 볼 때 일간이 "甲", "己"일은 무조건 "甲子"부터 시작하므로 甲子, 乙丑, 丙寅, 丁卯하여서 "丁卯"시가 되는 것을 알 수가 있다.

*.본 장 고(庫)부분에 대하여 실제인물에 준한 사주팔자이다.!

*.격국(格局)과 용신,!

甲 일간 戊 월에 출생하여 실령하고 그러나 시지에 십이운성의 제왕지인 卯木에 그리고 일지 인수 子水에 통근하여 월상 및 년간에 壬, 癸水가 투출되어 일간 甲木을 생조하니 신왕하다.

사주원국이 왕성한 인성 水에 의해 일간을 신왕하게 만드니 인중용재격(印重用財格)으로 재성 土를 용신하고 재성 土를 도우는 식상 火는 희신으로 삼는다.

그렇다면 용신은 일간을 생조하는 비겁 木과 인성 水를 억제하는 火, 土를 용신으로 사용하는데 사주원국이 때마침 월령에 戊土가 자리잡아 있고 더하여 희신인 丁火가 또한 시상에 투출되어 배부른 일간의 기운을 자연스럽게 누출시키고 있으니 과히 식상생재로서 사주격국이 아름답다.

*.본 장 고(庫)에 대한 판단,!

하지만 월령의 용신인 戊土는 고(庫)에 들어있어 정(精)물로서 잘 움직여 주지 않으니 조금 답답한데 이 정물을 세운이나 대운에서 충격을 가해 움직여 주어야 길하게 될 것이다.

도표에서 자세하게 표시하고 있듯이 만약 세운이나 대운에서 辰土가 들어오면 왕성한 월령에 있는 길신을 辰-戊 상충이 되어 고에 있는 길신을 충동시키니 길하게 된다.

지장간의 변화를 자세하게 살펴보면 양쪽 戌土 속에 辛, 丁과 辰 속에 乙, 癸가 서로 부딪쳐 파괴되고 튀어 나오는 것이 양쪽 辰, 戌의 지장간의 정기에 해당하는 戊土 편재가 나오게 되니 고중속에 길신이 활약하게 된다.

*.학자들의 서로간 상반된 의견,!

한편으로는 학자들마다 이 부분에 대해 의견이 분분한데 고에 들어있는 길신을 상충을 하면 길한 것이라고 판단하는 학자도 있고 또 아무리 길신을 충격하면 정물이 움직여져서 길이 된다는 것을 부정하고 아예 흉이라고 판단하는 학자도 적지 않다.

그러나 저자는 지금까지 수많은 운명을 감정하고 운로 추적을 통해서 살펴본 결과 분명히 길이라고 판단한다.

하지만 만약 이것이 일지에 용신이나 길신이 있어 그것이 고에 들어 있어 충격을 가하게 된다면 그때는 흉과 길이 교차가 될 것인데 어떤 경우에는 길보다 흉만 가중되는 것을 보고 있다.

그것은 일간과 일지는 자기 몸이기 때문에 아무리 고에 있는 길신을 튀어 나오게 하기 위해서 충격을 가한다손 치더라도 길신이 튀어 나오기 이전에 먼저 자기 몸이 상처를 받기 때문이며 따라서 그것으로 인한 고통이 따른다는 것을 명심해야 한다.

결국 고에 들어있는 길신을 동(動)하여 길을 얻고져 한다면 사주원국에 고에 들어있는 길신은 필히 일지에 해당되지 않아야 한다.

(3). 지지 의 형(地支 의 刑)

사주추명학속에서는 초학자를 위해 보통 살(殺)의 부분은 참고정도로서 파악하는 것이 원칙이나 그 중에서 지지의 형, 충, 파, 해는 조금 중요시 하여야 될 필요가 있다.

그것은 인간의 운명을 감정하기 위하여 자신의 필요한 기운인 용신이나 희신을 선정하기 위해서는 사주일간의 강약을 결정 하여야 되고 더하여 용신의 강령함을 필요로 한다.

따라서 만약 사주원국에 형, 충, 파, 해를 제외한 각종 살성은 용신이나 희신에 직접 오행 상극을 하지 않는 고로 별 문제가 되지 않지만 지금 언급하는 형, 충, 파, 해는 사주일간과 용신이나 희신에 직접적으로 영향력을 미치게 되는 것인 만큼 용신이나 희신의 기운을 형, 충, 파, 해로 가격할 경우 그 충격으로 인해 힘이 쇠약해지기 때문이다.

예를 들면 일간의 신강, 신약을 결정하는데 일간을 생조하는 비겁이나 인성이 형, 충, 파, 해가 없다면 신강이 될 것이지만 사주에 형, 충, 파, 해가 강력하게 비겁이나 인성을 상극하고 있다면 인성이나 비겁이 쇠약해서 신약사주로 귀착하고 있는 것 등인데 그렇다면 일간을 생조하는 기운이 용신이 될 것이라고 판단하는 한 일례이다.

　그렇다면 다른 살성은 몰라도 천간이나 지지의 형, 충 및 파, 해를 논하지 않고는 사주 운명소유자의 신약,신강, 궁극적으로는 용신의 선정 그리고 최종적으로는 사주해석에 종합적 판단을 내릴수가 없다.해서 기본적이고도 근원적인 개념들이다.

　따라서 이와 같이 형, 충, 파, 해의 구분을 완전히 지워 줄 수 있는 역학자라면 별 어려움이 없이 판단의 부분을 쉽게 할 수가 있겠지만 그렇지 않고 초학자일 경우로서 이상의 형, 충, 파, 해를 완벽하게 터득할 수 없는 경지에 있다면 사주상에 필요한 기운을 가려내기가 대단히 힘들 것이다.

　그러므로 지지의 형은 보통 사주에 있게 되면 그 성질에 대해 학자들마다 약간씩 견해를 달리하고 있는 것을 보고 있는데 그것은 상충의 작용과 삼형의 작용을 놓고 어느 것이 강력 한지에 각각의 의견차이를 보이고 있다.

　하지만 본 저자는 상충의 작용은 2개의 오행으로 충돌이 일어나지만 삼형은 3개의 오행으로 성립되기 때문에 상충보다 삼형의 작용이 강하게 작용하는데 예를 들면 "寅-申"은 상충이 되지만 다시 "巳"가 중복되면 "寅-巳-申"이라는 삼형이 되므로 그 때에는 상충보다 그 의미가 대단히 강력하게 성립한다.

　이상과 같이 삼형의 작용이 있게 되면 사주 주인공은 무관이나 권력의 사주라해서 군인, 경찰, 판사, 검사, 의사, 등의 직업을 갖게 되는데 하지만 사주원국이 신약이고 격국이 순수하지 못하면 오히려 재난이 줄기차게 뒤따라 온다.

이러한 신약사주에 대한 삼형의 흉폭성은 이루 말할 수가 없고 따라서 관재, 색난, 병재등으로 일생을 파란속에 보내야 하며 심하면 불구자, 교통사고, 단명까지 하게 되니 사주원국에 형이 눈에 띄면 우선 십이운성에 "長生"이나 "健祿","帝旺"이 있는지 또한"신왕"한 지를 구별해 볼 필요가 있다.

(가). 인-사-신(寅-巳-申.寅-巳, 寅-申, 巳-申)

"지세지형"(持勢支刑)이라고도 하며 형의 성질 중에서 제일 "강"하다.

그 특성은 자기세력을 믿고 뛰어들어 일을 좌절시키며 십이운성의 "장생", "건록","제왕"이 동주하면 정신과 성격이 강하며 얼굴색도 윤기가 있다.

그러나 "死","絕"과 같은 쇠약한 십이운성과 동주하면 사람됨이 교활하고 비굴하며 특히 일간이 신약사주이면 관재, 색난, 병재등을 조심해야 한다.

또한 여자는 이 형이 있으면 고독하다.

이렇게 寅-巳-申이 사주원국에 자리를 잡아 있고 일간이 신 약하면 시비, 쟁투, 폭력, 관재, 등의 일이 자주 생긴다.

이와 같은 현상은 그 흉이 강력할 때 심하면 교도소 출입까지 하는데 특히 일간이 신강, 신약을 불구하고 몸에 수술 흔적이 있거나 흉이 있다.

(예1).남자, 김 모씨(부산시 사하구) 1950년 음력 3월 27일 午 시

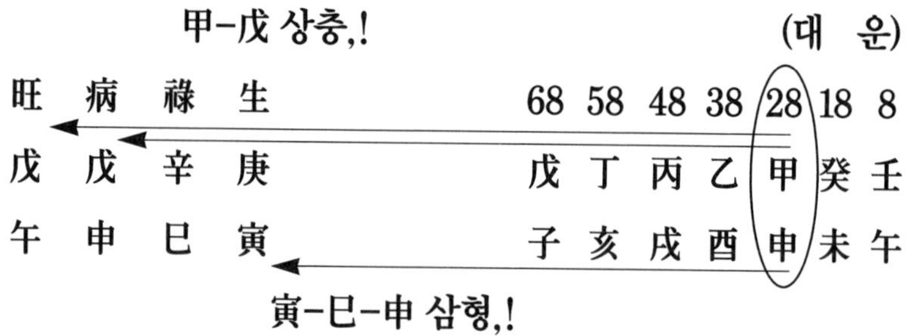

비견　　상관 식신

土 （土） 金 金

火 金 火 木

인수 식신 편인 편관

● 대운천간 甲木이 사주일간 및 시간 戊土를 甲-戊 상충을
하나 사주일간이 신왕하여 용신인 편관 寅木을 생조하니
대단히 좋고 대운지지 역시 사주년지 및 월지 그리고 일
지와 함께 寅-巳-申삼형을 하나 일간이 신강하니 오히려
호랑이를 두둘겨 개와 같이 써먹을 수가 있다.!

*.격국(格局)과 용신,!

戊 일간 巳 월에 출생하여 득령하고 시지 午火 양인인 제왕지에 뿌리를 둔 시간 戊土 비견이 투출하여 일간 戊土를 생조하고 있으므로 신왕하다.

따라서 인성 火와 비견 土가 강하니 火, 土를 억제하는 재성 水와 관성 木이 용신이 되는데 일간 戊土가 신왕하니 일간 戊土를 자연스럽게 누출시키는 식상 金도 다소 길하게 작용한다.

그러므로 金, 水, 木삼자가 길신으로서 채택되는데 사주원국 편관 寅木이 일간과 유정하면 금상첨화인데 일간과 원격해 있으니 조금 아쉬운 감이 없지않다.

이와 같은 현상은 왕성한 식상 金이 편관 寅木을 너무 제살하니 일간의 노복이 힘이 약화 된다고 볼 수 있을지 모르지만 월령의 편인 巳火가 火剋金하여 식상을 견제하여 편관 寅木을 보호하고 있으므로 사주가 절묘하게 배합이 잘 이루어지고 있다.

*.일부 학자들의 의견,!

학자들 중에는 巳-申合水하여 일간이 신약으로 돌아가지 않겠느냐 할지 모르지만 寅-申 상충을 하고 寅-巳 형이 중복되며 더구나 寅-午合등의 합과 상충 및 삼형등이 복잡하게 교차되기 때문에 완벽한 합이 이루어지지 않는 것으로 판단 해야한다.

*. 격국에 대한 대운흐름,!

사주 주인공인 김 모씨의 사주는 격국이 맑은 편이며 지지에 寅-巳-申 삼형이 존재하고 더하여 십이운성의 장생, 건록지에 앉아 용신이 편관 寅木이 되니 첫눈에 군인이나 권력의 대열에 있는 것을 암시하고 있는데 대운을 보니 인생 총운이 서방 申-酉-戌과 북방 亥-子-丑으로 가고 있으니 매우 대귀한 운명을 가지는 것이라 판단한다.

28세 甲申대운이 되니 甲木이 편관이니 정히 용신의 기운이 되며 또한 대운지지 申金이 寅-巳-申 삼형을 완전히 중첩하여 성립하므로 사법고시에 합격하여 검사로서 승승장구하더니 지금은 모 처의 검찰청 부장검사로 재직하고 있는 것을 저자는 보고 있다.

하지만 만약 위의 김 모씨의 사주가 신약사주라면 오히려 이러한 부귀공명을 누리지 못할 것이며 더하여 초년 대운에 학업 중단이 되므로 해서 사주의 편관이나 寅-巳-申 삼형살이 중첩되어 있기 때문에 그 흉폭성을 감당할 수가 없을 것이다.

그렇다면 그것에 대한 재화는 일평생 관재를 받다가 교도소 출입이 빈번할 것인데 다행히도 사주격국이 맑으며 용신이 편관이고 일간이 신왕하기 때문에 권력의 대열에서 승승장구하는 것을 알 수가 있다.

*.격국(格局)이란 무엇인가,!

사주팔자의 운명을 감정을 할 때 오행의 강약을 변화 및 감평, 구분을 하여야 되는데 이와 같이 오행의 강약을 판단하게 되면 곧 용신이 선정이 되므로 사주상 간명을 쉽게 할 수가 있는 것이다.

따라서 사주의 오행의 강약 및 용신의 선정과 함께 장점의 부분과 단점의 구분이 자연스럽게 나오게 되어 사주원국의 대체적인 골격과 모양새가 판가름이 난다.세상 사람들 만큼이나 많은 사주를 그 형세에 따라 몇몇유형으로 분류해서,그 모양새에 따라 사주원국에 이름을 붙인 것이 "격국"이란 개념이다.

*.유정(有情)이란 무엇인가,?

사주원국에 용신이나 희신이 선정되면 일간과 근접하여 있는 것이 대단히 좋은데 이렇게 되면 용신이나 희신의 기운이 일간에 대해 직접적으로 영향력을 행사하므로 그 길함이 "배"가된다.

하지만 용신이나 희신의 기운이 일간과 원격하여 떨어져 있다면 그 때에는 일간에 대해 용신의 기운이 직접적으로 영향력을 행사는 것이 어렵게 되어 길함이 적어지게 되는데 그렇다면 용신이나 희신은 일간과 근접하면 할수록 길한 것이 된다.

따라서 사주에 용신이나 희신이 있는데 일간과 근접하여 용신이나 희신으로 직접적으로 영향력을 행사하고 있다면 "유정(有情)"이라 하고 만약 일간과 원격하여 용신이나 희신의 기운이 미약하게 작용하는 것이라면 "무정(無情)"하다고 칭하는 것이다.

(나). 축-술-미(丑-未, 丑-戌, 戌-未)

무은지형(無恩之刑)이라고도 하는데 성격이 냉정하고 친구 및 은인을 해치고 십이운성에 사, 절이 있을 경우 은혜를 원수로 갚으며 부정을 예사로히 저지른다.

특히 여자는 이 형이 있으면 임신중에 유산이나 자궁계 질환에 수술을 할 일이 있고 그것으로 인하여 신체상 곤란을 당할 때가 종종 일어난다.

(예1). 여자 정 모씨 (경북 대구시) 1961년 음력 9월 8일 丑 시

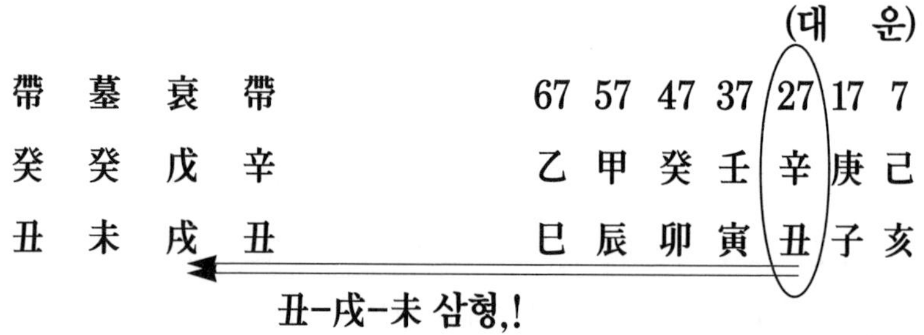

비견　　정관 편인

水 (水) 土 金

土 土 土 土

편관 편관 정관 편관

●대운천간 辛金이 신약한 일간 癸水를 생조하니 길하게 작용하나 대운지지 丑土가 사주월지 戌土정관을 丑-戌-未 삼형으로 가격하니 남편이 사망하였다.!

*.격국(格局)과 용신,!

癸 일간 戌 월에 출생하여 실령하고 사주원국의 지지에 전부 일간을 극루하는 관성土氣가 무리를 이루고 있는 중에 강력한 월령의 戌土 및 지지의 관성 土氣에 뿌리를 두고 월천간 정관 戌土가 투출되어 일간 癸水를 맹렬히 공격하므로 대단히 신약하다.

이렇게 일간 癸水가 신약이 극심하면 오히려 종격(從格)이나 가종격(假從格)으로 돌아가기 쉬운데 하지만 일간 癸水는 사주원국의 년간 및 시간 편인과 비견이 투출하여 년, 시지 丑중의 지장간에 통근하여 일간 癸水를 생조하고 있으니 결코 종격이나 가종격으로 돌아가지 못한다.

하지만 이렇게 일간 癸水가 왕성한 관성 土氣의 기운이 강력함에 따라 다시 운로에서 관성의 기운과 관성土氣를 생조하는 재성 火氣를 만나게 된다면 극루교가라 하여 대단히 불리하게 된다.

고로 용신은 살중용식상격(殺重用食傷格)인데 이렇게 관성 土氣가 강하니 일간 癸水가 산같은 흙더미 속에 물의 기운조차 없어져 버리므로 강력한 관성 土를 파극하는 식상 木의 기운이 용신이 되며 식상 木을 생조하는 비겁 水氣는 희신으로 삼는다.

***.격국에 대한 판별,!**

또한 이렇게 관성 土氣가 강하니 이것을 살인상생(殺印相生) 및 관인상생(官印相生)을 도모하고 신약한 일간 癸水를 생조하는 인성 金氣도 대단히 좋을 것이므로 따라서 위의 사주는 金, 水, 木의 삼자의 기운을 다같이 길신으로 써먹을 수가 있다.

위의 사주 주인공인 정 모씨는 일간이 신약사주인 것을 사주의 지지에 丑-戌-未 삼형이 자리잡고 있어 강력한 형의 기운이 무척이나 강력하게 작용하고 있는데 더하여 십이운성에 월지와 일지가 衰, 墓에 앉아 더욱 더 불리하다고 볼 것이다.

만약 이 사주가 남자의 사주라면 일평생 동안 관재의 기운으로 말미암아 교도소에서 보내야 하는 팔자가 되겠지만 여자이기 때문에 정관, 편관이 같이 무리를 이루어 관살혼잡(官殺混雜)이 되니 첫눈에 수많은 남자로 인하여 본인이 고통을 당하며 또한 유산 및 산액을 종종 겪어야 하겠고 이혼, 삼혼등으로 재가팔자이며 더불어 타향살이 신세이다.

***.격국에 대한 대운흐름,!**

실제로 정 모씨는 처녀시절 20대 초반 일찍이 결혼한 후 내연의 남자 관계가 복잡하여 남편과 이별하고 그 후 다시 두 번째 남자와 결혼을 하였지만 27세 辛丑 대운인 33세때 두 번째 남편마져 교통사고로 사망하니 불행의 연속이었다.

이와 같은 현상을 육친통변법으로 파악하면 일지가 남편궁이므로 십이운성에 쇠약한 기운인 墓지에 자리잡고 있어 불길한데 다시 대운에서 丑-戌-未 삼형이 중첩되어 성립하니 남편이 사망하는 것이라 판단할 수 있다.

현재 정 모씨는 시련의 연속 속에서도 그 곤란을 이겨내고 대구 모처에 요정을 경영하고 있는데 그래도 대운 초, 중, 말년이 북방 亥-子-丑과 동방 寅-卯-辰으로 흐르고 있으므로 적잖은 재물을 모으는 사주라 할 수가 있겠다.

*.살중용식상격(殺重用食傷格)이란 무엇인가,?

관성은 관살이라고도 칭하는데 일간이 신강, 신약을 불문하고 관살이 태과하거나 강할 경우 일간에게 상극하는 것은 좋지 못하는데 이와 같이 관살이 강하여 "식상(식신,상관)"으로 강력한 관살을 제어하는 용신의 격국을 "살중용식상격(殺重用食傷格)"이라 칭한다.

*.살인상생(殺印相生) 및 관인상생(官印相生)이란 무엇인가,?

관성은 정관이나 편관을 말하는데 이것은 별칭으로 관살(官殺)이라고도 칭한다.

따라서 사주원국에 관성이 강력하면 일간이 신강하다면 별 문제가 없겠지만 일간이 신약하여 있다면 강력한 관성의 기운에 상극을 당해 일간이 괴롭게 된다.

이와 같이 관성이 강력하여 일간에 극루함이 심하게 되어 있다면 원칙적으로 식상으로 제살을 하여야 되겠지만 그 이외에도 일간이 신약하니 인성으로 강력한 관성의 기운을 흡수 받아 힘을 받은 인성은 다시 일간을 생조하는 법칙을 "살인상생(殺印相生)" 및 "관인상생(官印相生)"이라 칭하는 것이다.

*.관살혼잡(官殺混雜)이란 무엇인가,?

사주원국에 정관이나 편관이 혼잡되어 있던지 또한 무리를 이루고 있으면 관살혼잡(官殺混雜)이라 칭하는데 고서(古書)에는 "관살혼잡되는 사주는 사람됨이 잔꾀에 능하고 호색다음(好色多淫)하여 의외로 잔 근심과 재화가 끊어지지 아니한다",라고 기술되어 있는데 따라서 관살혼잡이 되면 반드시 "정관"이나 "편관" 어느 한쪽을 합을 하여 주어야 "길격"이 된다.

(다). 자-묘(子-卯)

무례지형(無禮之刑)이라고도 하며 그 성정은 예의가 없고 타인에게 불쾌감을 주는데 이 형과 십이운성에 "사", "절"이 있으면 마음이 독하며 육친을 해하는 흉조가 있다.

특히 여자는 남편으로부터 형을 받으며 모자간도 화목하지 못하다.

※참고로 남, 녀 다같이 사주원국에 도화살이 있고 이 형이 있으면 주색잡기에 능하며 타인에게 불쾌감을 주며 술과 노래를 즐기는 특기를 가지고 있다.

(예1). 남자, 신   모씨(강원도 강릉시) 1957년 음력 11월 1일 酉 시

(대   운)

生	病	絕	生	丙-壬상충!	65	55	45	35	25	15	5
己	丁	壬	丁			乙	丙	丁	戊	己	庚	辛
酉	卯	子	酉			巳	午	未	申	酉	戌	亥

子-午 상충,!

식신   정관 비견

土 (火) 水 火

金 木 水 金

편재 편인 편관 편재

●대운천간 丙火가 사주월상 壬水 정관을 丙-壬 상충으로 가격하고 다시 대운지지 午火가 사왕지지(子, 午, 卯, 酉)로서 사주에 강력한 월지 편관을 子-午 상충으로 파극하니 그 흉의가 하늘을 찌르고도 남음이 있다.!

*. 격국(格局)과 용신,!

丁 일간 子 월에 출생하여 실령하고 사주원국의 지지에 관성 水氣와 재성 金氣가 많아 신약이다.

이렇게 편관 子水가 월령에 자리잡고 다시 편관이 십이운성의 제왕지에 뿌리를 두고 월 천간에 정관 壬水가 투출되어 그 기세가 막강한 중에 설상가상으로 편재 酉金이 년지 및 시지에 자리잡아 일간 丁火를 상극하면서 강력한 관성 水氣를 생조하니 호랑이에게 날개를 달아주는 격이 되어서 그 기세로 일간을 맹공격 하므로 매우 두려운 일이 되었다.

하지만 그래도 일간 丁火는 일지 卯木 편인이 자리잡아 왕성한 관성 水氣의 기운을 일간 丁火로 연결하는 살인상생(殺印相生) 및 관인상생(官印相生)하고 있다.

더하여 년간 비견 丁火가 투출되어 있는 중에 강력한 월간의 정관 壬水를 丁-壬合木하니 관성의 기운을 합을 하여 일간을 구조하는 인성 木으로 둔갑을 시키니 합살(合殺)과 살인상생의 덕을 같이 실현하는 사주이다.

고로 용신은 살중용인격(殺重用印格)으로 인성 木과 비겁 火를 용신하는데 재성 金이 강력하게 존재하고 있으니 식상 土로서 관성 水를 억제하기는 힘들고 오히려 왕성한 재성 金을 생조하므로 식상 土는 불리하게 연출된다.

*. 본 장 자형에 대한 판단,!

사주 주인공인 신 모씨는 지지에 子-卯 형이 있는 중에 卯-酉 상충까지 성립되어 자형의 작용이 강력하게 작용하는데 사람됨이 안하무인식이고 타인을 대하기를 불쾌하게 상대를 하여 여러사람에게 나쁜 소리만 듣고 인간덕이 조금도 없었다.

또한 子-酉 귀문관살까지 있으니 성질이 횡폭하여 부부간에도 항상 싸움이 떠날 날이 없었으며 한 동네에 누구하나 말려주고 은혜를 베푸는 사람이 한 사람도 없으므로 고독한 인생을 살아가야 한다는 것을 암시하고 있는데 세상 만사가 사주팔자 소관이라 생각하는 사주이다.

*. 합살(合殺)이란 무엇인가,?

편관이 강력하면 이것을 적절히 억제하거나 순화시킬 필요가 있는데 만약 그렇지 않으면 그 특성이 호랑이와 같아서 사람됨이 안아무인식으로 되기 쉽다.

따라서 이와 같이 편관이 강력하여 이것을 적절히 순화하는 방법 중에서 합살(合殺)이 있는데 이것을 사주원국에 양인이 있어 편관과 결혼을 시키므로 인하여 편관의 흉폭성으로부터 일간이 해방되는 것을 말한다.

결국 합살(合殺)의 원칙은 편관을 합을 하여 편관의 흉폭성을 제화시키는 것을 말하는데 이렇게 합살(合殺)이 되면 편관의 흉폭성은 순화가 되어 길하게 되는 것이다.

*. 살중용인격(殺重用印格)이란 무엇인가,?

사주원국에 편관이나 정관이 강력하여 일간이 신약하다면 원칙은 식상으로서 제살(制殺)을 하던지 아니면 인성으로 살인상생(殺印相生) 및 관인상생(官印相生)의 이치를 도모하여야 되는데 이렇게 편관이나 정관의 기운을 인성(편인, 인수)으로 하여금 그 힘을 흡수하고 다시 그 힘을 받은 인성은 일간을 생조하는 것을 말한다.

따라서 살중용인격(殺重用印格)은 편관이나 정관이 많아서 일간이 신약할 때 "인성"으로 "용신"을 정하는 격국을 말한다.

(라). 자 형(辰-辰, 午-午, 酉-酉, 亥-亥)

이 형이 있으면 대개 자주독립의 정신이 박약하고 남에게 의지하기를 좋아한다.

또한 무슨 일에 대해서 열성을 가지고 시작하였다손 치더라도 결국은 결실을 거두기 어렵고 반면 쓸데없이 고집과 자존심을 내세워 적을 사기도 잘한다.

성격도 변덕이 심하고 독한 마음을 가지고 있으며 십이운성에 "사", "절"이 동주하면 생각하는 것이 천박하고 심하면 불구자가 된다.
　이 형이 시에 있으면 자손이 병약하고 일지에 있으면 처에게 남모를 질병이 있다.

　※자형이 있고 사주 내 "비인"과 육친의 "편인"이 있으면 더욱 더 자형의 작용이 강력하게 일어난다.

(예1).남자, 황　모씨(서울 강남구) 1947년 음력 9월 27일　辰 시

(대　　운)

墓	墓	祿	祿	金生水,!	61	51	41	31	21	11	1
甲	壬	辛	丁		甲	乙	丙	丁	戊	己	庚
辰	辰	亥	亥		辰	巳	午	未	申	酉	戌

辰-戌 상충,!

식신　　　인수 정재

木 (水) 金　火

土　土　水　水

편관 편관 비견 비견

●대운천간 庚金이 일간 壬水를 생조하는 편인의 운로이니 신왕한 일간 壬水를 더욱 더 강하게 만들고 다시 대운지

지 戌土는 사주일지 辰土를 辰-戌상충으로 가격하고 있는 것은 대단한 흉의를 만나는 것이 되니 황 모씨의 유년이 대단히 어려움속에 성장하였다는 것을 알수가 있다.

*.격국(格局)과 용신,!

壬 일간 亥 월에 출생하여 득령하고 년지 및 월지에 십이운성의 건록지에 일간이 생조되고 더하여 월간 辛金 인수가 투출되니 일간이 신왕하다.

사주원국이 亥 월에 출생하여 추운 겨울이므로 조후법상 식상 木과 재성 火를 용신하는데 마침 년간 丁火 정재가 지지 亥중의 甲木에 뿌리를 두고 투출하여 있으며 더하여 시상에 식신 甲木이 역시 투출되어 신왕한 일간의 기운을 누출시키면서 정재 丁火를 생조하니 사주가 길해졌다.

*.본 장 자형에 대한 판단,!

사주 주인공인 황 모씨는 사주원국에 辰-辰, 亥-亥, 자형이 두 번씩 존재하여 있으므로 매사를 열의를 가지고 사업에 임하였지만 끈질긴 집념이 부족하여 중도에 싫증을 느껴 번번히 사업에 실패하고 말았다.

또한 이와 같은 현상은 자형이 중첩되어 있는 관계로 자형의 성질이 증폭되어 있음을 단적으로 나타내고 있는데 따라서 황 모씨의 성격도 자존심 고집 또한 타의 추종을 불허할 정도로 자기 주장을 고집하여 타의 미움과 적을 곧잘 사기도 하였다.

*.격국(格局)에 대한 세운흐름,!

육친의 성질로 살펴볼 때 일주와 시주가 자형이 되어 있으니 젊은 나이에 어린 아들이 병사(病死)로 유명을 달리하더니 설상가상으로 1994년 甲戌년에 두 번째 아들이 교통사고로 사망하는 비운을 맞이하였다.

이것은 황 모씨의 사주원국이 자형이 중첩되어 있는 중에 일지와 시지가 십이운성의 墓지에 임해 있어 자식과 처가 매우 불리하다는 것을 사주는 무언중에 암시를 하고 있는 것이며 더하여 시주가 甲辰으로 백호대살에 임해 있으므로 백호대살이 십이운성의 쇠약한 기운에 해당하고 또 辰-辰 자형까지 중첩하니 시주는 자식궁이며 육친별로 편관이 자리잡고 있으니 아들이 사망하는 것이다.

그런 가운데 1994년 세운 甲戌년이 되고 보니 일주와 시주를 같이 辰-戌 상충이 되므로 시주는 자식궁이라 그렇지 않아도 자형이나 백호대살로 인하여 자식이 위험하게 되어 있는데 세운에서 상충으로 충격을 가하니 가망이 없는 것이다.

※참고로 황 모씨의 아들이 4형제인데 사주원국에 辰土 편관이 2개

있으며 년, 월지 亥중의 지장간 여기에 戊土 편관이 2개가 존재하여 있으므로 남자사주에는 정관은 딸을 의미하고 편관은 아들을 의미하니 4형제가 있게 되는 것을 참고 바란다.

※참고로 이상의 형(刑)은 사주원국에 글자가 두자만 되어 있고 삼자가 되지 않을 시는 두가지 글자만은 특성이 다르다는 것을 명심하고 예를 들면 巳-申은 육합도 되고 형도 되기 때문에 처음에는 유정하나 나중에는 배반 상극하는데 십이운성에 "장생", "건록", "제왕"등이 있으면 형의 작용이 약하고 "사", "절"등의 쇠약한 기운에 있으면 형의 작용은 더욱 더 흉하게 된다.

또한 두 개의 글자가 사주원국에 있다면 대운이나 세운에서 없어진 글자가 보충되어 들어 온다면 완전한 삼형이 되기 때문에 더욱 더 형의 작용을 강하게 받는다.

그러나 격국이 순수하고 십이운성에 장생, 건록, 제왕등이 있고 신왕하며 편관 및 정관이 용신이 되면서 용신 또한 강력하면 권력을 잡고 판, 검사 및 군인의 사주이다.

그러므로 형의 작용은 상호가 가깝게 붙어 있으면 살의 작용은 확실하게 일어나며 형이 있어도 공망이 된다던지 타 육신과 합이 되면 이 형의 작용은 없어 진다고 판단해야 한다.

(4). 파(破)

*. 파(破)의 도표

子 - 酉 午 - 卯 申 - 巳 寅 - 亥 辰 - 丑 戌 - 未

형, 충, 파, 해 사대원칙 중에서 파는 세 번째 해당하는데 지지의 파가 사주원국에 있으면 행복과 발전을 파괴, 분리, 이별 등의 작용을 하게 된다.

따라서 이 파가 사주원국에 있게 되면 해당하는 육친은 물론이고 자기 본인 역시 어떠한 이유에서도 파의 흉폭성을 면할 수가 없게 된다.

또한 파의 힘은 전장에 설명한 형, 충보다 그 힘이 약하다고 보는데 그러나 사주에 파가 들어 있고 다른 살성이 중첩되어 있으면 그 재화는 매우 강력하게 일어나기 때문에 그 흉폭성은 무시할 수가 없다.

이상의 파(破)의 도표를 보면 각각 지지 "4번째"와 파의 충돌이 발생되고 있는 것을 알 수가 있는데 파(破)의 부분은 사주추명학상 하나의 중요한 성질이 되고 있으므로 절대로 소홀히 취급을 하여서는 아니된다.

※참고로 파는 오행을 상극하는 의미가 비록 형, 충보다 약하다고

보지만 오행의 합의 결합에 있어 이 파가 가운데 들어 있게 되면 완벽한 합을 구성하기가 곤란하게 된다.

그러므로 파는 혼자로서 오행의 상극하는 의미는 비록 약하나 만약 사주원국의 타 주에서 중첩으로 파의 작용이 이중으로 오행을 상극하던지 다른 형, 충과 같이 있으면 그 세력이 대단히 강력하여 합을 구성하는 것을 어렵게 만들수도 있다.

(가). 파(破)의 통변법

*.월과 일지의 파는 결혼운이 나쁘고 또한 결혼 후라도 부부궁이 나쁘다.

*.사주에 년주를 파하면 양친과 일찍 이별한다.

*.월지를 파하면 이사, 이동, 직업등 변동이 심하다.

*.시를 파하면 말년 대운이 좋지 않는 한 노후에 불행해 진다.

※참고로 파는 형, 충보다 약하다고 하지만 파가 사주에 이중으로 있고 다시 세운, 대운에서 파를 맞이하면 그 흉폭성은 이루 말 할 수가 없다.

또한 파 중에서 형을 동반한 것이 있는데 이 때는 파로 보지 말고 형을 먼저 따라가서 감정을 해야한다.

예를 들면 "戌-未"나 "巳-申"은 형을 동반하기 때문에 형을 기준으로 하여야 정확할 것이고 더하여 "寅-亥" 파는 합도 성립이 되기 때문에 파의 작용은 약하다.

(예1).남자 심　모씨(부산 아미동) 1957년 음력 10월 25일　未 시

시	일	월	년
丁	壬	壬	丁
未	戌	子	酉

(오 행) ⟶

火	(水)	水	火
土	土	水	金

본 장 파(破)에 해당하는 사주명조이다..!

***.일간의 왕쇠(旺衰),!**

壬일간 子월에 출생하여 득령(得領)하였으며 년지 酉金에 일간 壬水가 생조를 받고 있는 중에 월상에 壬水가 투출되어 일간 壬을 강력히 생조하고 있으므로 신왕하다.

하지만 사주일간과 년, 월, 시간이 각각 丁-壬合木을 이루고 있는 중에 일지 및 시지 土氣가 강력하므로 일간 壬水가 극루하는 것이 대단히 강력하게 작용하므로 일간이 강약을 불문하고 견디기가 어렵게 되어 있다.

그러나 일간 壬水는 이렇게 월지 子水에 의하여 생조를 받고 더하여 년지 酉金까지 있는 중에 월상에 壬水가 투출되어 있으니 왕성한 木과 土氣의 기운에 일간의 기운이 서로 대적할 만큼 되어 있다 하여도 과언이 아니다.

고로 용신은 일간 壬水가 추운겨울인 子월에 출생하여 일간 壬水가 꽁꽁 얼어붙어 있으므로 시급히 조후법상 火를 보아야 하니 火는 일간에 대한 조후용신(調候用神)이 되고 火를 생조하는 木은 희신(喜神)으로 삼는다.

*.본 장 파(破)에 대한 판단,!

위 사주 주인공인 심 모씨는 일주가 壬戌일주로서 일주를 주동하여 시지 未가 戌-未 파가 되어 있는 중에 년지 酉와 월지 子가 또 子-酉파가 되어 있으므로 각각의 파(破)가 사주지지에 전부 존재하는 것이 된다.

따라서 년주와 월주의 파는 년주는 조부궁이고 월주는 부모님을 나타내므로 부친과 조부님이 사이가 좋지 못하였다는 것을 알 수가 있고 더하여 子-酉는 귀문관살(鬼門關殺)을 동반하는 것이니 사주 주인공인 심 모씨는 성관계에 변태적인 면과 정신적인 히스태리나 신경계통에 날카로운 일면이 있을 것이다.

본 장 파(破)의 통변법에 인용하여 볼 때 "사주년주를 파하면 양친과 일찍 이별하고 더하여 월지를 파하면 이사, 이동, 직업등으로 변동이 심하다,"!라며 적고 있다.

그렇다면 사주 주인공인 심 모씨는 일찍이 부친이나 모친의 덕이 없겠으며 더하여 타향살이 팔자라고 판단하는 것이 정석이며 또한 사회생활을 하는데 이사, 이동, 직업적인 변동으로 인하여 대단히 고통과 근심을 종종 당하는 것으로 보아야 한다.

또한 일지 戌과 시지 未가 戌-未 파가 되어 있는 것은 시주는 자식이고 일지는 처궁이니 사주 주인공인 심 모씨는 처궁이 나쁘다는 것으로 결론이 나는 것이며 곧 재혼하는 팔자라 귀착하는 것인데 사주천간에 丁-壬合木이 중첩되어 나오고 있는 것은 음란성(淫亂性)을 나타내니 여자관계로 망신을 종종 당할 것이다.

※참고로 위 사주 주인공인 심 모씨는 일지와 시지가 戌-未로서 파(破)가 성립되어 있겠지만 본 저자는 형(刑)을 먼저 따라서 간명하라고 하였으니 파(破)의 기운이 따따블이 되어 그 흉폭성이 대단히 강력하다고 간명하는 것이 정석이다.

(5). 해(害)

*. 해(害)의 도표

子 - 未　丑 - 午　寅 - 巳　卯 - 辰　申 - 亥　酉 - 戌

*. 해(害)의 수장(手掌)도표

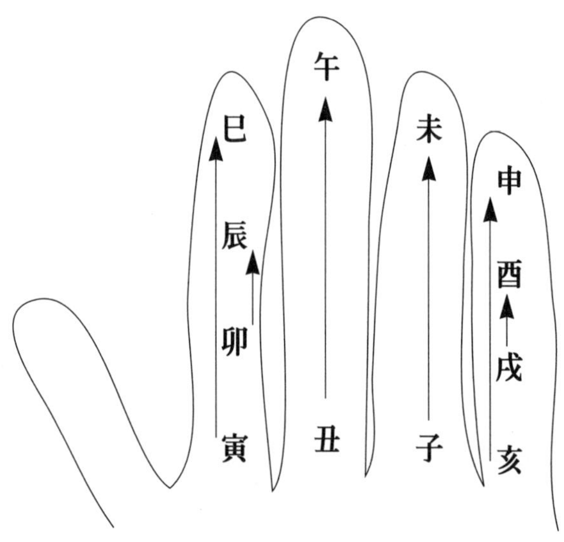

위의 왼쪽 수장(手掌)도표에서 표시하고 있듯이 손가락 첫마디와 끝마디의 지지가 각각 해(害)가 성립되는 것을 알 수가 있다.

따라서 초심의 학자는 해(害)의 부분이 잘 암기가 되지 않으면 이렇게 본인의 손가락 마디 마디마다 볼펜으로 지지를 그려넣어 손바닥을 보면서 암기를 하면 대단히 기억이 잘될 것이다.

지지의 해는 형, 충, 파, 해중에서 4번째에 해당 하는데 이 해가 사주원국에 있으면 대결하여 투쟁한다는 의미를 지니고 있으며 은인가운데 원수가 되어서 서로간에 불목하여 상극한다.

그러므로 형, 충과 같이 그 특성이 속전속결로 일어나지 않고 끊질기게 줄달리기를 하며 지속적으로 고통과 장해가 오는 것이 이 해의 특징이다.

*. 참고로 이 해는 보통 "육해(六害)"라고도 말하며 이 육해살이 사주원국에 있을 때 인생 행로에 장애가 많으며 보통 유년시절에 고난을 많이 당하는 것을 보고 있다.

또한 육해가 있으면 본인의 조상이나 부모 때에 불전(佛典)이나 신(神), 교회 등의 신자가 많고 더하여 점을 치는 보살이나 법사, 역학자 등이 많이 있는 것을 저자는 보고 있다.

*. 육해 중에서 寅-巳의 해는 형을 동반한 것이기 때문에 살의 작용은 형과 같이 판단하여야 될 것이다.

더하여 사주원국에 寅-巳가 있으면 다시 세운이나 대운에서 "申"이 들어오게 될 때 "寅-巳-申"으로 완전한 삼형이 성립되어 사주의 격국이 나쁘면 그 재화는 매우 강력하게 일어난다.

(가). 해(害)의 통변법(通辯法)

*.사주원국에 "월주"에 해가 있으면 고독하고 수명 또한 박하여 인생행로에 고난이 많은데 특히 여자는 이 해의 작용이 강하게 일어난다.

*.사주"일주"와 "시주"에 해가 있으면 처복과 자식복이 약하며 말년에 질병등으로 고생하는 자가 많다.

*."寅-巳"의 해가 중첩되어 있으면 불구자나 폐질(천질병, 암등)이 될 경우가 있다.
("寅-巳"는 해보다 형을 동반하는 것이기 때문에 이것이 중첩되어 있으면 그 작용력이 매우 강하게 일어나기 때문이다.)

*."卯-辰","丑-午"의 해는 "장생","건록","제왕",등의 왕성한 십이운성에 동주하면 타인에게 화를 잘 내며 고집과 자존심이 강하고 인내력이 없다.

그러나 십이운성에 쇠약한 "死","絕"에 해당하면 인생 행로에 시련과 고난이 많은데 사주원국이 신약사주이고 용신이 약하면 더욱 더 그 작용력이 확실하다.

*.사주원국에 "酉"일생으로 시가 "戌"시생이 되면 벙어리가 되는 수가 있으며 머리나 면상에 종기나 부스럼 등이 많이 발생하고 흉터를 남기는 수가 많다.

(예1).여자, 진 모씨(충북 청주시) 1960년 음력 6월 20일 巳 시

시	일	월	년
乙	壬	癸	庚
巳	寅	未	子

(오 행) ⟶

木	(水)	水	金
火	木	土	水

본 장 해(害)에 해당하는 사주명조이다.!

***.일간의 왕쇠(旺衰),!**

壬일간 未월에 출생하여 실령(失領)하고 사주원국 월지 未土를 중심으로 일지 寅木 및 시지 巳火를 비롯하여 木, 火의 기운이 많아 일간 壬水를 강력하게 극루하고 있으니 신약이다.

하지만 일간 壬水도 년지 子水에 뿌리를 두고 다시 년간 庚金과 월상에 癸水가 투출되어 일간을 생조하고 있으니 일간이 그리 쇠약하지 않고 있는데 이렇게 일간이 신약하면 마땅히 일간 壬水를 생조하는 것이 바람직하다.

고로 용신은 일간 壬水가 신약하니 신약한 일간 壬水를 생조하는 일간의 동기인 水를 용신하고 水氣를 생조하는 金氣는 희신으로 삼는다.

사주원국을 살펴보니 일간 壬水를 생조하는 월상에 癸水가 년간 庚金의 생조를 받아 일간에게 근접하여 있으므로 용신이 강력한 것이 되어 대단히 좋게되어 있다고 볼 수가 있다.

*.본 장 해(害)에 대한 판단,!

위 사주 주인공은 여자 사주인 진 모씨인데 이렇게 사주년지 子水가 월지 未土와 子-未 해(害)로서 상극하고 있으니 년주는 사회궁이고 직업궁이 되어 년지와 월지가 상극이 일어나고 있으면 초년에 이사, 이동이 많을 것이고 더하여 일찍 객지로 떠돌아 다니는 타향 신세로 전락한다.

본 장 해(害)의 통변법에 준하여 판단하여 볼 때 "사주월주에 해(害)가 있으면 고독하고 수명 또한 박하여 인생 행로에 고난이 많은데 특히 여자는 이 해의 작용이 강하게 일어난다",!라고 기술하고 있다.

더하여 "일주와 시주에 해가 있으면 처복과 자식복이 약하며 말년에 질병 등으로 고생하는 자가 많다",!라며 대단히 자세하게 설명하고 있다.

이와 같은 부분을 위 사주 주인공인 심 모씨의 사주팔자에 적용해서 간명하여 보면 대단히 적중률이 높게 되어 있는데 이미 사주년지와 월지간에 해(害)가 되어 있고 다시 일지와 시지간에 삼형살(三刑殺)과 해(害)를 같이 동반하고 있으므로 더욱 더 그 흉폭성이 강력하게 발생하고 있음을 미루어 짐작할 수가 있다.

또한 년주는 조부궁이며 월주는 부모궁인데 이렇게 子-未는 해(害)도 되지만 원진살(怨嗔殺)을 동반하고 있으니 이미 할아버지인 조부님과 부친인 아버지가 대단히 사이가 좋지 못하였음을 의미한다.

더하여 사주 주인공인 진 모씨의 일주에 寅木과 시지인 巳火간에 寅-巳의 해(害)가 되고 있으니 寅-巳의 해는 삼형살(三刑殺)을 업고 있는 것이므로 일지와 시지는 남편궁과 자식궁이니 이렇게 일지와 시지가 상극한 것은 재혼 및 삼혼을 나타내는 것이다.

이와 같은 현상은 설상가상으로 위 사주팔자가 여자 사주이기 때문에 시주는 자식궁을 나타내고 있으니 자식을 寅-巳 삼형 및 해(害)를 하고 있는 것은 자식을 짜른다, 도려낸다,라는 것을 의미하고 있으므로 벌써부터 자식의 운명이 대단히 좋지 못하고 있는 것을 사주원국은 무언중에 암시를 하고 있다.

실제로 사주 주인공인 진 모씨는 초년 처녀시절에 남자를 알고 지내다 이것이 임신이 되어 중절을 몇차례 하였으며 더하여 사주팔자내 육친의 관성(정관이나 편관)이 지지의 지장간에 암장된 것이 많고 또한 일지 寅木에 뿌리를 둔 십이운성의 제왕지에 앉은 시상 乙木 상관이 투출되어 있으므로 접대부 팔자이다.

(6). 공 망(空 亡)

*.공 망(空 亡)의 도표

*.甲 子 ——▶ 癸 酉까지   "戌", "亥" 공망

*.甲 戌 ——▶ 癸 未까지   "辛", "酉" 공망

*.甲 申 ——▶ 癸 巳까지   "午", "未" 공망

*.甲 午 ——▶ 癸 卯까지   "辰", "巳" 공망

*.甲 辰 ——▶ 癸 丑까지   "寅", "卯" 공망

*.甲 寅 ——▶ 癸 亥까지   "子", "丑" 공망

도표에서 보면 처음 육십갑자를 세어 나가서 마지막 다음 두 자리 지지가 "공망(空亡)"이 된다.

공망을 사주에 대조하는 법은 사주 일주를 주동하여 사주년, 월, 시를 대조하고 년주를 기준으로 하여 일주를 살펴 보는데 년주를 주동하여 일주 이외는 더 이상 보지 않는다.

공망은 글자 그대로 공친다, 허탕이라는 암시를 나타내고 있으며 흉성을 공망하면 흉이 변해서 길이 되고 길성은 공망하면 길조는 모두 사라지는데 이 공망의 특성이 변화무상해서 살성에 작용하는 것과 귀인과 육친에 작용하는 것 모두가 깨어 버린다는 뜻을 내포하고 있다.

이상의 부분을 왼손 수장(手掌)도표에 각각 지지의 부분을 나열하여 살펴보면,!

*.공망(空亡)에 대한 수장(手掌)도표

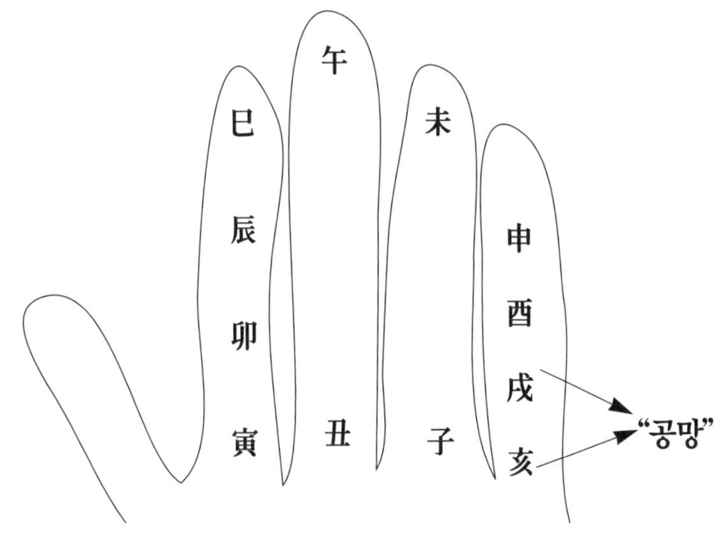

왼손 수장(手掌)도표에서 보면 처음 子의 자리에 천간인 甲을 붙쳐 甲子, 乙丑, 丙寅하여 순차적으로 수장(手掌)을 짚어 나가다 보면 천간은 10간뿐이기 때문에 마지막 壬申, 癸酉하여 남은 것이 "戌","

亥"가 되고 있으니 이것이 "공망(空亡)"이 된다.

또한 이렇게 남은 처음 戌과 亥를 또 각각 甲, 乙, 丙하여 천간을 붙쳐 나가다가 보면 결국 남은 것이 "申","酉"가 "공망(空亡)"이고 역시 申, 酉를 다시 甲, 乙, 丙하여 천간을 붙쳐가면 또 마지막 남은 것이 "午","未"가 남으니 이것이 "공망(空亡)"이 된다.

따라서 이렇게 순차적으로 육십갑자를 짚어 나가면 모두 6번의 공망(空亡)이 되고 있는데 명심할 것은 아래의 사주팔자에도 나타나고 있듯이 꼭 처음의 "甲寅"이 아니더라도 "공망(空亡)"이 된다는 점이다.

무슨 말인지 다시 좀 더 자세하게 예를 들면,!

(예1). 남자사주,! (서기 1961년 음력 12월 13일 子시)

시	일	월	년
戊	丙	辛	辛
"子"	"辰"	"丑"	"丑"

(오 행) ──▶	土	(火)	金	金
	水	土	土	土

이상의 사주는 남자사주로서 1961년은 辛丑년이고 12월은 전장

의 월지지 암기법에 인용하면 십이축이라 하여 辛丑월이며 음력 13일은 丙辰일이 된다.

더하여 子시이니 시두암기법에 준하여 일간이 丙이니"丙-辛合水"하여 "水"를 상극하는 것은 "土剋水"하여 "土"이므로 양土인 "戊"를 "子"시에 붙이면 "戊子"시가 되는 것을 알 수가 있다.

본 장 공망에 준하여,!

위 사주를 본 장 공망법에 준하여 설명하면 전자에 기술 하였듯이 일주가 甲寅이라고 가정한다면 시지 및 월지 그리고 년지가 각각 子, 丑이 되고 있으므로 공망(空亡)되는데 이것이 "丙辰"일도 "甲寅"으로 시작하는 것이니 역시 "공망(空亡)"이 성립되는 것을 알 수가 있다.(P31,육십갑자가 암기가 되지 않았다면 육십갑자 도표를 참고하면서 살펴보라.)

다시 한번 더 초심의 학자들을 위하여 재차 설명 한다면 위 사주 년지가 "辛丑"으로서 辛丑이 시작되는 것은 甲午부터 癸卯까지 적용되고 있으므로 "甲午"내 적용되는 "乙未"나 "丙申", "丁酉"....그리고 마지막 "癸卯"가 년지나 일지가 되어 있어도 사주 내 "辰", "巳"가 있을 경우 공망에 해당하는 것이다.

따라서 위 예1의 사주는 남자 사주로서 일주 "丙辰"을 주동하여 년지, 월지, 시지가 모두 "丑", "子"로 되어 있으니 공망이 되고 다시 년주 "辛丑"을 기점하여 일지 "辰"이 공망이 되어 있으므로 년주나 일주를 주동하여 전부 공망이 되고 있음을 간명하여야 된다.

결국 공망이 적용되는 것은 이상의 부분을 사주 일주를 주동하여 사주 년, 월, 시에 공망이 되어 있는 지지를 살필 것이며 만약 년주를 시작하여 공망을 살필 경우 일지만 보고 더 이상은 보지 않는 것이 정석이다.

(가). 공망의 통변법(空亡 通辯法)

*.년지를 공망하면 부모 유산이 없고 또한 직업적으로 실적이 나타나지 않으며 직장 변동이 종종 발생하고 더하여 주거가 불안하니 이사, 이동을 많이 하게 된다.

*.사주 월지를 공망하면 부모형제의 덕이 없고 본인은 고독하다.

*.사주일지가 공망이 되면 본인 발전이 없고 또한 처덕이 없으며 더하여 처궁이 변하기 쉽다.

*.시지가 공망이 되면 남, 녀 불문하고 자식의 덕이 없고 말년인생이 고독하다.

*.화개가 공망을 만나면 지혜는 매우 뛰어나나 승도나 목사, 수녀의 팔자이다.

*.과숙살이 공망을 만나면 유년에 고생이 많다.

*.신왕사주에 년, 월, 시지를 전부 공망하면 오히려 대귀(大貴)한

사람이다.

 *.공망당한 지지가 육합이 되면 공망으로서 작용을 못한다.

 *.서로 상충하는 지지를 어느 한쪽을 공망하면 충으로 인한 흉은 길조로 변할 때가 많다.

※참고로 사주원국에 "역마"가 "공망"이 되면 이사를 자주 다니며 주거가 불안하고"년주"를 "공망"하던지 육친의 "정관"을 "공망"하던지 하면 남자는 직업적으로 변천이 자주 일어나며 자식덕도 없으며 여자는 남편덕이 없다.

 또한 "비견"을 "공망"하면 "처궁","형제","부친"덕이 없으며 "인수"를 "공망"하면 "명예","학술","문서"의 발전이 없으며 어머니 덕이 없고 "정재"를 "공망"하면 재물적으로 타격을 종종 받고 남자는 여자로 인한 손재가 자주 일어 나는데 이상 모든 육신의 공망 해설을 이와 같은 법칙에 준하여 판단 하여야 될 것이다.

(예1).여자, 남 모씨(광주시 동명동) 1963년 음력 3월 26일 표 시

(대　운)

衰	墓	墓	死	金生水!	66	56	46	36	26	16	6
辛	壬	丙	癸	←	癸	壬	辛	庚	己	戊	丁
丑	辰	辰	卯	←	亥	戌	酉	申	未	午	巳

申-辰合水,!

인수　　　편재 겁재

金 (水) 火　水

土　土　土　木

정관 편관 편관 상관

● 대운천간 庚金이 신약한 일간 壬水를 생조하는 오행이 되고 다시 대운지지 申金이 사주월지 및 일지 辰土 편관과 申-辰合水로 변화되어 일간 壬水를 水氣로 보충시키니 대단히 길하게 작용하고 있다.!

본 장 공망(空亡)에 적용되고 있는 실제 인물의 사주팔자이다,!

***.격국(格局)과 용신,!**

壬일간 辰월에 출생하여 실령하고 사주 지지에 관성 土氣가 매우 강력하게 일간 壬水를 극루하고 있으므로 신약이다.

하지만 일간 壬水는 사주 월, 일, 시지의 辰, 丑 土의 지장간에 각각 癸水와 辛金에 뿌리를 두고 있으니 일간이 의지하는 기운이 존재하여 있는데 금상첨화로 년간 겁재 癸水와 시간 辛金이 투출되어 일간 壬水를 생조하고 있으므로 일간 壬水가 그리 쇠약하지 않음을 알 수가 있다.

따라서 사주원국이 시상에 인수 辛金이 투출되어 있으니 살중용인격(殺重用印格)이 성격(成格)되며 이것은 곧 강력한 관성 土를 살인상생(殺印相生) 및 관인상생(官印相生)시키는 인성 金과 아울러 일간 壬水가 그리 쇠약하지 않으므로 년지 상관 卯木으로서 관성 土氣를 제살(制殺)을 하여도 길하게 된다.

고로 용신은 인성 金과 식상 木, 식상 木을 생조하는 비겁 水는 희신으로 채택되고 있으니 삼자의 기운이 모두 길신으로 사용될 수 있는 장점을 가지고 있으며 사주팔자가 이러한 조건을 갖추고 있을 경우 대단히 길한 것으로 판단하며 아울러 용신의 기운인 인수 辛金이 일간과 근접하여 있으니 더욱 더 좋다.

***.본 장 공망(空亡)에 대한 판단,!**

위 사주 주인공인 남 모씨는 여자 사주로서 사주 년주를 주동하여 일주 辰土가 공망이 되어 있으니 벌써 첫눈에 남편궁이 불길하다는 것을 사주팔자가 무언중에 암시를 하고 있다.

이와 같은 현상은 여자 사주에는 더욱 더 강력하게 작용하는 것이며 고로 재혼하는 팔자인데 사주일지 辰土가 육친별로 편관이 되는 중에 설상가상으로 십이운성의 묘지에 앉아 있으니 남편이 위암으로 고생하다가 사망하고 말았다.

*.命理秘典 上권인 육친 통변법에 준하여,!

이와 같은 부분은 命理秘典 上권인 육친의 편관 통변법에 준해서 인용 한다면 "여자사주로서 사주팔자의 일지에 편관이 들어 있는 중에 십이운성의 묘지에 앉아 있으면 그 남편이 횡사한다,!라며 대단히 자세하게 기술하고 있다.

따라서 이상의 命理秘典 上권의 육친의 편관의 부분에 적용하여 위 사주팔자를 간명하면 완전히 일치하는 현상이 되고 있는데 그 와중에 더욱 더 불길한 것은 일주 자체가 壬辰으로서 괴강살(魁罡殺)과 월지 辰土 편관과 辰-辰 자형까지 중복되어 상극하는 것은 완전히 가망이 없게 되는 것이다.

*.일부 학자들의 반문,!

여기서 일부 학자들 중에는 이상의 부분을 놓고 약간의 의문을 재기하고 있는데 그것은 "사주팔자 년주 癸卯를 주동하여 일지와 월지 辰土가 공망이 되고 있으니 辰-辰 자형과 괴강살(魁罡殺)이 해극이 되어 남편의 성정이 무사할 수가 있지 않겠느냐",!라고 반문을 표시하고 있다.

*.이와 같은 학자의 질문에 대한 본 저자견해,!

이와 같은 일부 학자들의 반문에 대하여 본 저자는 약간 의견을 달리고 있는데 그것은 비록 년주 癸卯를 주동하여 일지 및 월지 辰土가 공망이 되니 이상의 살성(殺星)을 해극 한다손 치더라도 역시 일주를 공망하여 깨고 있는 것은 여자 사주에는 남편을 깨는 것과 일치하는 성질이 된다.

더하여 학자들이 말한 공망이 성립된다 하여도 하나의 공망으로서 辰-辰 자형과 일주의 기운인 괴강살(魁罡殺)을 상대하기는 역부족이 될 것이며 더구나 월상에 투출되어 있는 丙火 편재와 일간 壬水가 丙-壬 상충으로 가격하는 것은 일주 자체가 흔들리는 결과가 성립되니 완전히 공망이 되지 못하는 것으로 판가름이 난다.

*.고서(古書)나 원서를 인용하여,!

이상의 부분을 고서(古書)나 원서를 인용하여 기술 한다면 "사주 내 공망이 성립되어 있을 경우 서로 충하는 주를 공망을 할 때는 완벽한 공망이 이루어 지지 않고 더하여 충으로 인한 흉은 길조로 변할 때가 많다",!라며 기술하고 있다.

그렇다면 이상의 사주팔자를 이 부분에 접목시켜 본다면 완전히 부합되는 것을 알 것이며 더구나 방금 본 저자가 설명한 일주 자체를 공망 한다는 것은 여자 사주에는 남편이 무사할 리가 만무하니 완전히 흉사의 운명이 되고도 남음이 있다.

*. 사주팔자에 대한 부친의 흉사 판단,!

실제로 사주 주인공인 남 모씨는 본 저자가 간명한 부분을 이상과 같이 말해 주었을 때 모두 부합되는 것을 알 수가 있었으며 설상가상으로 사주 월상에 부친을 나타내는 편재 丙火가 역시 辰-辰 자형이 되고 있는 중에 십이운성의 묘지에 앉아 있으니 부친 운명도 흉사의 운명이 된다는 것으로 판단 하여야 된다.

한편으로 볼 때 사주년지 卯木 상관이 편재 丙火를 木生火하여 생조를 하고 있으니 무언중에 편재 丙火가 힘을 얻고 있다고 판단하여 부친이 무사하다고 일면 볼 수가 있을 것이다.

그러나 이것 역시 월지의 辰土인 편관이 오행상 습토가 되어 木剋土하니 편재 丙火를 생조하지 못하게 가로막아 있고 설상가상으로 사주년간 癸水 겁재가 월상 편재 丙火를 水剋火하여 편재의 오행이 중첩하여 상극을 받고 있는 중에 또한 일간 壬水와 편재간 丙-壬 상충까지 되는 것은 완전히 부친이 가망이 없는 것이 되니 일찍 타향객지에서 객사 죽음을 당하였다.

결국 사주 주인공인 남 모씨는 이러한 불우한 유년을 보내고 지나왔으니 대단히 고통과 번민속에 삶을 살아 왔다는 것을 판단할 수가 있겠으며 하지만 다행으로 대운의 흐름이 중년 36세 庚申대운부터 서방 申-酉-戌 金局과 북방 亥-子-丑 水局으로 치달리고 있으므로 고생 끝에 낙(樂)이 오는 팔자라 감정한다.

(7). 양 인(羊 刃)

*. 양 인(羊 刃) 의 도표

일간	甲	乙	丙	丁	戊	己	庚	辛	壬	癸
양인	卯	辰	午	未	午	未	酉	戌	子	丑

　도표에서 보면 일간을 주동하여 년, 월, 일, 시를 보는데 양인은 형벌을 담당하는 강한 살로서 그 특성이 강렬하고 황폭, 성급(性急)을 표시하며 사주원국에 있으면 곤액과 일신에 장애가 많다.

　특히 일간이 "양(陽)"이면 작용력이 강하고 "음(陰)"이면 작용력이 조금 약하다.

※참고로 양인(羊刃)은 그 성질 자체가 형벌을 맡은 살(殺)로서 강렬한 특성을 나타 내기도 하는데 이와 같은 양인이 사주원국에 있게 되면 해당하는 운명소유자는 군인이나 경찰 등 법을 집행하는 쪽으로 직업을 가지는 자가 많다.

　그러나 이 경우에도 양인의 폭악한 특성을 완전히 면할 수가 없기 때문에 세운이나 대운에서 양인을 형, 충을 한다던지 양인운을 중첩하여 만날 경우 격국이 순수하지 못하면 대단히 재화를 초래한다.

(가). 양인의 통변법

*. 년주에 있으면 조업을 지키지 아니하고 은혜를 원수로 갚는 경향이 있다.

*. 사주가 신약이면 도움이 되고 신왕하면 흉이 가중된다.

*. 월지에 있으면 성질이 변덕을 자주 부린다.

*. 시주에 있으면 처자를 극상하며 만년에 큰 재화를 만나기 쉽다.

*. 년, 월, 일, 시가 모두 양인이면 대부, 대귀한다.

*. 일지에 양인이 있고 시에 편인이 있으면 처가 난산한다.

*. 사주에 양인이 많으면 비밀이 많으며 숨기는 일이 많다.

*. 겁재와 양인이 동주하면 조부나 부친의 가계를 물려받지 못하고 또 표면은 부드러운 성품이것 같아도 내면은 무자비한 성격이며 가정도 풍파가 많다.

*. 양인이 십이운성의 목욕과 동주하면 칼로 인해 신체를 다치는 일이 있다.

*. 정재, 양인이 동주하면 재물로 인한 사회적 망신을 당하는 수 있다.

*. 양인과 십이운성에 사, 절이 동주하면 성급, 황폭하고 양인과 목욕이 동주하면 큰 병으로 고생하는 수가 많다.

*. 양인이 3-4개 있으면 농아, 맹자가 될 수 있으며 인생이 불행한 삶은 겪는다.

*. 양인이 많은 남자의 사주는 처연이 박하여 처궁이 자주 변한다.

*. 일지에 상관과 양인이 동주하면 여자는 잘못하면 본인이 악사하는 수 있다.

*. 상관이나 인수에 양인이 동주하면 자식에게 해로운 일이 있다.

※참고로 양인이 있는 사주는 십이운성에 길성이 있는가, 흉성이 동주하는가,를 면밀히 살펴 볼 것이며 사주의 격국에 따라 길, 흉이 상반 되는데 양인은 폭열한 살로서 필히 견제가 되거나 간합이나 지합으로 제화가 되거나 그렇지 않으면 육친의 편관 칠살로서 억제 되어야 길하게 된다.

*. 고서에 보면 양인이 십이운성에 목욕이나 사, 절에 동주하는 등으로 해석하고 있는데 실제로 양인은 십이운성에 보통 건록, 제왕, 관대지에 해당하므로 양인이 사, 절, 목욕 등에 해당하는 일이 없다.

그렇다면 지지에 양인을 보지 않고 사주의 천간에 투출되어 있는 양인을 말하는 것이므로 예를 들면 지지에 사, 절, 목욕이 성립되고 그 위의 천간에 투출된 양인이 있으면 사, 절, 목욕, 등에 해당한다 하여 양인의 통변법에 그와 같이 설명한 것이라는 것을 착오 없기 바란다.

(예1),남자, 정 모씨(인천시) 1959년 음력 11월 12일 巳시

(대 운)

旺	病	絕	胎	丁-癸 상충!	61	51	41	31	21	11	1
乙	丁	丙	己			己	庚	辛	壬	癸	甲	乙
巳	卯	子	亥			巳	午	未	申	酉	戌	亥

卯-酉 상충!

편인　　　겁재 식신

木 (火) 火　土

火　木　水　水

겁재 편인 편관 정관

●대운천간 癸水가 일간丁火를 丁-癸상충을 하고 대운지지 酉金이 일지 卯木을 卯-酉 상충을 하게 되므로 왕신이 반 발하여 불행한 일이 초래된다.

*. 일간의 왕쇠(旺衰),!

丁 일간 子 월에 출생하여 실령 하였지만 일지 卯木 편인과 시지 巳火 제왕지에 일간이 생조되고 더하여 월간 丙火와 시간 乙木이 투출되어 일간을 생조하고 있으니 매우 신왕하다.

따라서 겁중용관격(劫重用官格)으로 인성과 겁재가 강해 일간 丁火가 신왕하니 인성과 겁재를 바로 제어하는 관성 水가 용신이고 인성을 억제하는 재성 金은 희신으로 삼는다.

*. 본 장 양인에 준한 위 사주팔자 판단,!

사주원국이 일간 丁火가 인성 木과 겁재 火氣에 의해 강왕하니 세운, 대운에서 다시 木, 火를 만나면 매우 불리한데 시지 겁재 巳火 건록지에 뿌리를 박은 월간 丙火 양인이 투출되니 신왕한 일간이 매우 불리하다.

이렇게 양인이 지지에 있지 않아도 사주원국의 지지에 뿌리를 두고 천간에 겁재가 투출되면 양인이라고 하는 것인데 양인이 있는 월간 丙火의 지지에 일간을 주동하여 십이운성을 대조하니 절지에 해당하고 있으므로 양인이 절지에 해당하여 성질이 성급, 황폭하다는 것을 암시하고 있다.

정 모씨는 사주원국이 子—卯 형이 있고 겁재인 火氣가 강하므로 성질이 잔인 하다는 것을 알 수 있는데 더하여 양인이 천간에 투출되어 십이운성의 절지에 해당하니 더욱 더 그 흉폭성이 강하게 일어나고 있는 것이다.

실제로 사주 주인공인 정 모씨는 아내와 사소한 말다툼 끝에 부부싸움이 벌어 졌는데 이웃에 사는 약관의 젊은이가 싸움을 말리자 참견한다하여 칼로 그 젊은이를 찔러 젊은이가 죽자 살인죄로 무기징역을 선고받고 현재 교도소에 복역 중인 것을 볼 때 양인의 흉폭성이 적날하게 드러나는 것임을 알 수 있는 것이다.

*. 겁중용관격(劫重用官格)이란 무엇인가,?

사주팔자의 용신을 정함에 있어 일간에 대한 비견 및 겁재의 기운이 인성(편인, 인수)의 기운보다 강력하여 일간이 신왕이 되고 있을 때나 계절의 조후법등의 용신을 선정함에 있어 비겁의 기운을 억제하고 관성(편관, 정관)을 용신으로 삼는 격을 겁중용관격(劫重用官格) 및 비중용관격(比重用官格)이라 칭한다.

(8). 괴 강(魁罡)

壬辰,　庚辰,　戊戌,　庚戌,

위의 4가지가 사주원국에 년, 월, 일, 시 어느 주에 있어도 괴강살이 작용하는데 괴강은 모든 길흉을 극단으로 가게 하는 강렬한 살로서 대 부귀, 엄격, 총명, 성급, 황폭, 살생, 극빈, 재앙, 등 극단으로 운명에 작용한다.

그러므로 필히 사주원국이 신강이 되어야 하며 사주가 신약이면 운로에서 기신(忌神)을 만나면 백가지 재화가 속출한다.

(가). 괴강의 통변법

*. 여자 사주에 괴강이 사주원국에 있으면 자색과 용색(容色)이 아름다우나 고집과 자존심이 강해 부부간에 참다운 부부 생활을 할 수 없어 이혼 하거나 또는 과부 되거나 질병으로 신음하는 수가 많다.

*. 남자 사주에서는 자기 주장을 남에게 관철 시킬려는 힘이 강하고 결벽성이 심하며 조금이라도 지저분한 것을 싫어한다.

*. 남, 녀 다같이 신왕 사주에 격국이 순수하면서 괴강이 2-3개 있으면 오히려 발달하여 부귀 양자를 구비하는 자가 많다.

*. 괴강이 생일 주에 있는 자 중에 庚戌 및 庚辰일생은 사주원국에 관성(정관 및 편관), 戊戌 및 壬辰일생은 재성(정재 및 편재)이 있으면 극도로 극빈할 수 가 있다.

*. 남, 녀를 가리지 않고 괴강이 있으면 총명하고 똑똑한 것이 특징이다.

*. 괴강이 형충이 되면 세운, 대운에서 기신(忌神)을 만날 때 재화가 속출한다.

(예1).여자, 강 모씨(경기도 양평) 1956년 음력 4월 16일 午 시

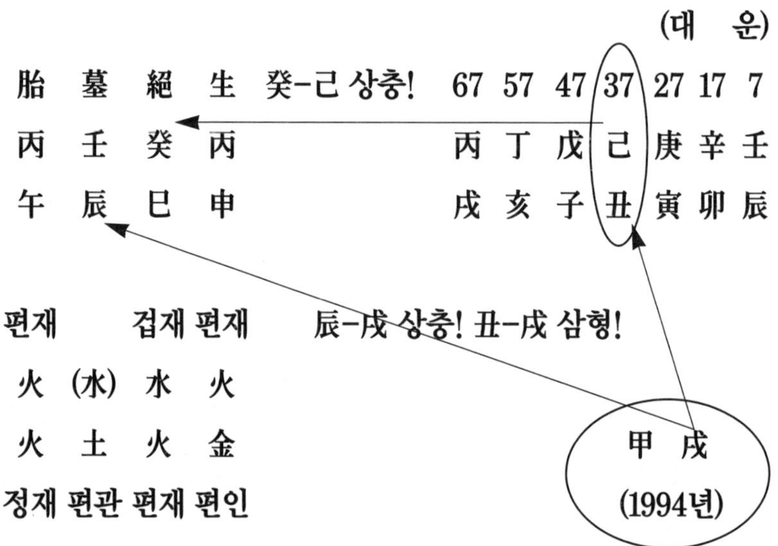

***.일간의 왕쇠(旺衰),!**

壬 일간 巳 월에 출생하여 실령하고 시지 午火 정재의 제왕지에 뿌리를 두고 다시 월지 巳火 건록지에 자리잡은 년, 시간의 편재 丙

火가 투출되니 火氣가 태왕하다.

일간 壬水 역시 년지 申金 편인이 월지와 巳-申合水하여 월간에 癸水 겁재인 양인이 투출하여 일간 壬水를 생조하니 일간이 강, 약을 정하기 어려운 약간 신약이다.

따라서 재성 火氣와 비겁 水양자간에 水-火 쟁탈이 벌어지고 있으므로 일간이 약하지 않으니 통관법상 양자를 소통시키는 식상 木이 용신이 된다.

*.일부 학자들의 의문,!

학자들 중에는 巳-申合水하고 申-辰合水하는데 일간이 신왕하지 않겠느냐 할지 모르지만 전장의 설명한 합의 성질에 따라 지지에 제왕지나 건록지에 뿌리를 두고 사주 천간에 투출된 오행이 있다면 지지에 합을 잘 안할려고 하는 성질에 준 하는 것이다.

또한 이와 같은 현상은 방합이나 삼합이 완전하게 사왕지지가 월령에 자리잡고 정방합이나 정삼합이 성립되면 비록 제왕지나 건록지에 뿌리를 둔다 해도 완벽하게 합으로 성격 될 수 있을 것이다.

하지만 이렇게 지지의 육합이 성립하는 것은 삼합이나 방합보다 힘이 약하기 때문에 그렇고 더하여 천간에 투출되는 오행이 장생, 건록, 제왕지에 뿌리를 두고 있으면 합의 성질이 완벽하게 되지 못한다.

***.본 장 괴강에 준한 위 사주판단,!**

사주의 주인공인 강 모씨는 여자로서 일주에 괴강이 들어 있어 남편궁이 불길한데 처음 결혼 후 항상 고집과 자존심으로 다툼이 많았고 급기야 1994년 甲戌년에 남편이 교통사고로 사망하였다.

그것은 사주 일지가 괴강이 들어 있어 불리한데 더구나 일지의 육신인 편관이 십이운성의 묘지에 앉아 있으면 여자 사주에 남편이 횡사의 운명을 지닌다고 판단하는 것이며 괴강이 있는 주를 세운에서 辰-戌 상충이 일어나니 괴강을 형, 충하면 재화가 속출 한다는 뜻과도 일치하고 있는 것이다.

(9). 원 진(怨 嗔)

子 - 未 : 쥐는 양의 뿔이 돋친 것을 싫어하며,(鼠忌羊頭角)

丑 - 午 : 소는 말이 일하지 않고 늘 놀기만 하는 것이 불만이고,(牛嗔馬不耕)

寅 - 酉 : 범은 닭이 우는 것을 싫어하고,(虎憎晨鷄鳴)

卯 - 申 : 토끼는 원숭이가 재주를 부리는 것이 싫다.(兎怨不平)

辰 - 亥 : 용은 돼지 면상이 시커멓다고 싫어하고,(龍嫌猪面黑)

巳 - 戌 : 개 짖는 소리에 놀라 뱀은 경풍을 일으킨다.(蛇驚犬聲)

보통 결혼등 궁합에서 원진 운운하면서 이야기하는 것이 이 살인데 위의 도표에 보면 子-未의 경우 사주원국 어느 곳이던 子-未가 있으면 원진살이 있는 것이 된다.

(가). 원진의 통변법

*. 원진이 합이 되면 그 작용이 약하며 원진이 사주원국에 있고 원진년이 되면 방해받는 일이 발생되고 건강이 나빠진다.

*. 여자는 사주에 원진이 있고 다시 세운, 대운에 원진년이 되면 품행이 방정치 못하고 간음할 마음이 생긴다.

*. 사주원국에 원진이 있으면 여자는 음성이 탁하고 목소리가 크며 성질이 횡폭하다.

*. 사주원국이 신약하면 음식에 욕심을 내며 사리분별을 모르고 천한 짓을 한다.

*. 사주가 신왕하면 도량은 넓으나 사리 분별이 서툰데 따라서 모든 일을 즉흥적으로 처리하다 실패를 많이 당한다.

※참고로 궁합을 볼 때 보통 남자 생년과 여자 생년을 대조하여 원진, 상충을 보는데 이것은 큰 오류를 범하는 것이다.

그것은 사주원국에 일주를 주동하여 보는 것이 타당하며 더욱 더 비록 일지가 상극이라도 사주 오행이 남녀 다같이 필요한 오행을 서로 많이 간직하고 있다면 일지, 년지 등에 있는 살성은 모두 해극된다고 보아야 한다.

그러므로 실제 감정상 저자는 년지와 년지는 채택하지 않고 있으며 학자 여러분도 이에 준하여 감평하여야 오류가 없을 것이다.

(10). 비 인(飛 刃)

*. 비 인(飛 刃)의 도표

일간	甲	乙	丙	丁	戊	己	庚	辛	壬	癸
비인	酉	戌	子	丑	子	丑	卯	辰	午	未

도표에서 보면 甲 일간이 사주원국에 酉를 만날 때 비인이 있는 것이 된다.

비인의 특성은 매사를 시작은 잘하나 끝맺음이 분명하지 않고 매사를 용두사미로 처리한다.

또한 투기와 요행을 바라고 따라서 모험을 좋아 하다가 일시에 파산하는 등 실패를 연속하게 하는 살이다.

*. 사주원국에 비인이 있고 육친의 편인을 사주에 만나면 이와 같은 특성은 심하게 작용하며 더하여 비인과 편인이 있고 다시 사주에

자형이 있게되면 더욱 더 흉의 강도가 강해진다.

자 형(自 刑) : "辰 辰", "午 午", "酉 酉", "亥 亥"

(11). 백호대살(白虎大殺)

"甲辰", "戊辰", "丙戌", "壬戌", "丁丑", "癸丑", "乙未",

이상 7가지가 백호대살이 되겠는데 사주원국에 어디에 있더라도 백호대살의 살의 작용은 성립된다.

백호대살은 피 빛을 본다는 흉살 중에 대 흉살로 이 살이 사주에 있으면 필히 해당하는 육신은 비명, 횡사 아니면 단명, 객사한다.

하지만 사주원국이 백호대살에 해당하는 오행이 합이 되면 살이 조금 순하여 지나 다시 중첩하여 형, 충이 된다 던지 다른 살성이 있게 되면 더욱 더 흉하다.

※참고로 백호대살(白虎大殺)은 대단히 흉한 살(殺)이기 때문에 그 특성은 절대로 무시할 수가 없다.
사주원국 해당하는 육친의 운명에 본 백호대살(白虎大殺)이 있는 지를 면밀히 살피고 더하여 십이운성의 강령한 기운이 존재하여

있는가 그렇지 않으면 쇠약한 쇠, 병, 사, 묘, 절지에 해당하여 있
는가를 중점적으로 파악하여야 될 것이다.

(가). 백호대살의 통변법

*. 년주에 있으면 조부모, 흉사 아니면 불구나 단명이고 또한 육
친이 해당하면 그에 대한 육친도 불리하다.

*. 월주에 있으면 부모, 형제, 불구, 단명하지 않으면 신병, 피 흘
리고 사망한다.

*. 일주에 있으면 부부생사, 이별 아니면 본인이 불구자 이거나
단명 한다.

*. 시주에 있으면 자손이 유산, 불구단명, 횡사, 횡액, 무자식이
되는 수 있다.

*. 육친을 볼 때,!

*. 편재에 해당하면 부친, 아내 흉사 걱정되며 남자의 경우 관성
이 이 살에 해당하면 자식이 위험하고 여자의 경우는 남편이 위험하
며 식신, 상관이 이살에 해당하면 여자는 자식이 위험하고 남자는
할머니가 위험하다.

또한 비겁이 해당하면 형제가 위험하고 인수가 해당하면 어머니가 위험하고 편인이 해당하면 조부님이 단명 횡사하였다고 판단하는데 이상 모든 육신에 적용하고 백호대살이 중첩 되던지 다른 살이 가중 되던지 합이 되던지 하면 그 강도가 다르다는 것을 명심하여야 한다.

(예1). 남자, 정 모씨(경남 진양) 1963년 음력 9월 18일 亥 시

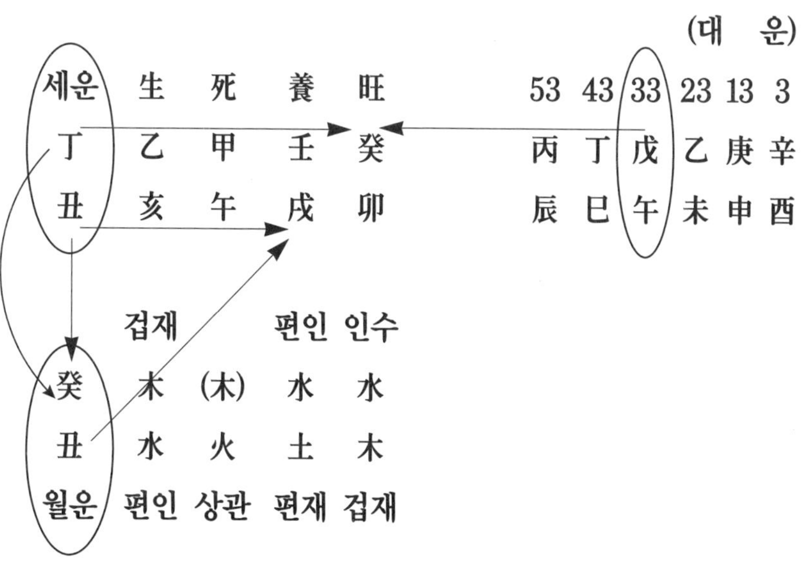

● 대운천간 戊土가 사주년간에 癸水와 戊-癸合火가 되고 있는 것을 세운천간 丁火가 丁-癸상충을 하여 戊-癸합을 깨어 버리고 세운지지 및 월운 丑土가 丑-戌-未 삼형으로 월지 戌土 편재를 가격하니 부친의 운명이 흉사의 운

명이 된다는 것을 사주원국은 무언중에 암시를 하고 있다.!

*. 일간의 왕쇠(旺衰),!

甲 일간 戌 월에 출생하여 실령(失領)했으나 시지 편인 亥水의 제왕지에 뿌리를 두고 년간 癸水 인수 및 월간 壬水가 투출하여 일간을 생조하며 더하여 년지 卯木 겁재 역시 시간에 乙木 겁재 양인을 투출시키면서 일간을 생조하니 신왕이다.

고로 인중용재격(印重用財格)으로 인성 水가 강해 일간이 신왕하니 인성水를 억제하는 재성 土를 용신하고 재성을 생조하는 식상 火는 희신으로 삼는데 일지 상관 午火가 월지 戌과 午-戌合火 하여 삼합하니 용신 또한 강력하다.

대운을 보니 초년은 곤고 하겠으나 중년 33세 이후 부터는 발복되는 운명으로 판단한다.

*. 본 장 백호대살(白虎大殺)에 준한 위 사주판단,!

1997년 세운 丁丑년 정월달에 저자에게 신수를 보러온 정 모씨의 사주에 음력 12월 癸丑월에 부친이 교통사고 및 신체부상으로 어쩐지 느낌이 안좋으니 금년 12월 달에는 사고를 조심하세요, 라고 말해 주었다.

그 후 음력 12월 중반에 이르러 정 모씨가 황급히 저자를 찾아와서 눈물을 흘리면서 부친이 교통사고로 사망하였다고 말해 주었다.

다시 위의 사주를 볼 때 戊土 편재가 용신이며 土를 생조하는 午火 상관이 월지 戌과 午-戌合火하여 火生土하니 戊土 편재를 생조한 것 같으나 부친인 편재 戊土가 합을 하여 다른 오행으로 변화하여 편재가 없어진 점을 생각 할 때는 그것은 길한 것은 아니다.

또한 시지 亥水와 년, 월간의 편인, 인수 水에 의해 편재 戊土 기운이 상극되어 약한 중에 월주가 백호대살에 임해 있으니 단편적으로 판단하여 보아도 부친의 운명이 불길한 것을 사주원국은 무언중에 암시하고 있다.

따라서 33세는 戊午대운이 지배하고 있는데 대운 천간 戊土가 비록 사주의 년간 癸와 戊-癸合火해서 길하여 졌지만 세운 丁丑년이 되니 세운천간 丁火가 사주년간 癸를 丁-癸 상충하여 戊-癸合火가 깨어지고 말았다.

그러다 보니 대운 戊土는 월간 壬水와 일간 甲木을 동시에 壬-戊, 甲-戊 상충하고 丁 세운 천간은 월간 壬水와 丁-壬간합 木으로 변하여 그렇지 않아도 백호대살에 임하여 약해 있는 편재 戊土를 木剋土하니 부친이 고통을 당하는 중에 세운지지 丑土가 편재 戊土를 설상가상으로 丑-戌 삼형까지 합형하니 부친은 별세했다.

월운을 볼 때 癸丑월(음력 12월)은 월 천간 癸水는 세운 丁火와 전극(戰剋)이 일어나고 지지 丑土는 세운 丑土와 합세하여 戊土 편재를 같이 丑-戌 중첩으로 형하니 가망이 없다.

(12). 도 화(挑 花)

*. 도 화(挑 花)의 도표

일 지	申子辰	寅午戌	巳酉丑	亥卯未
도 화	酉	卯	午	子

도표에서 보면 사주원국에 申-子-辰 일주가 년, 월, 시지에 酉가 있을 때 도화살이 있는 사주가 된다.

더하여 년주를 주동하여 일지를 보기도 하는데 예를 들면 년주에 申-子-辰생이 일지에 酉가 있을 때도 도화살이 있는 것이 된다.

(가). 도화의 통변법

*. 도화는 함지(咸池), 또는 패신살(敗身殺)이라고 하는데 특히 일주와 시주에 같이 있으면 남녀 다같이 호색이라 하여 음란하고 주색으로 패가망신 하는 수 많다.

*. 남자 사주에 도화가 있고 일지가 편관 및 정관이면 처갓집 덕으로 치부한다.

*. 여자 사주에 도화가 장생, 건록, 제왕에 해당하면 용모가 청수

하고 아름답다.

특히 녹방도화는 도화에 십이운성의 건록이 동주하는 것을 말하는데 양귀비의 미모가 있다.

*. 도화가 십이운성의 사, 절과 동주하면 교활하고 은혜를 모르며 음란으로 방탕한다.

*. 여자 사주에 역마와 도화가 동주하면 음란하여 수치를 모를 정도이며 간부를 따라 천리를 도주한다.

*. 일지나 시지에 도화와 양인이 동주하면 학식이 많고 재주가 좋으나 항상 신체가 허약하고 질병에 시달린다.

*. 도화는 형이나 합이 되는 것을 꺼리며 공망이 되면 오히려 길하다.

*. 도화와 편관이 동주하면 박복하고 정관과 동주하면 복록이 많다.

※참고로 여자사주에 水氣가 많아도 음란하고 정관, 편관이 많아도 음란하며 丁-壬합이 중첩되어도 음란하고 사주가 너무 과조해도 음란하고 식신, 상관이 많아도 음란하며 일지, 시지 모두 도화가 있어도 음란하고 간합, 지합이 많아도 음란하다.

더하여 식신이 많으면 음탕(淫蕩)하며 인성이 많으면 다음(多淫)하고 인성과 재성이 혼잡되어 있으면 방탕(放蕩)하다.

사주의 지지에 子, 午, 卯, 酉가 있으면 주색으로 몸을 망치며 이상 사주의 여자는 모두 유흥가에 종사하지 않을 것 같으면 재가팔자이고 남자 역시 위의 사항에 해당하면 역시 주색으로 파가하며 재가한다.

(예1).여자,박 모씨(경남 마산시) 1965년 음력 10월 21일 辰 시

(대　운)

墓　衰　浴　死　乙-庚合金,!　68 58 48 38 28 18 8

壬　辛　丁　乙　　　　　　甲 癸 壬 辛 庚 己 戊

辰　未　亥　巳　　　　　　午 巳 辰 卯 寅 丑 子

寅-巳 삼형,!

상관　　편관편재
水 (金) 火　木
土　土　水　火
인수편인상관정관

●대운천간 庚金이 일간에 대한 겁재로서 사주년간 乙木과 乙-庚 合金한 중에 대운지지 寅木이 사주년지 巳火 정관을 寅-巳 삼형을 하게 되니 간부와 통정을 하여 결국 이혼에 까지 이르고 있다

*. 일간의 왕쇠(旺衰),!

辛 일간 亥 월에 출생하여 실령하고 그러나 시지 辰土 및 일지 未土 등의 인성에 생조된 중에 년지 巳중의 지장간 庚金에 뿌리를 박고 있으므로 일간이 그리 약하지 않다.

그러나 월지의 상관 亥水에 의해 일간의 기운이 누출됨이 심하고 월령의 亥와 일지의 편인 未土와 亥-未合木하여 년간에 乙木 편재가 투출되니 신약이다.

따라서 진상관용인격(眞傷官用印格)으로 식상 木이 강하니 인성 土를 용신으로 채택하여야 하나 조후법상 亥 월에 출생하여 만물이 전부 추워 얼어 있으므로 일간이 신강, 신약을 불문하고 관성 火를 용신하며 관성 火를 생조하는 재성 木을 희신으로 사용하는 것이 마땅하다.

*. 본 장 도화(桃花)에 대한 판별,!

참고로 억부와 조후법상 용신이 상반될 경우 제일 먼저 사주상 너무 일간이 쇠약하지 않으면 조후법상 용신을 먼저 채택하는 것이 정석이다.

다시 사주원국을 살펴 볼 때 여자 사주에 상관이 합이 되어 있고 시상 천간에 상관이 투출되니 음란이 도가 넘쳐 있다는 것을 알 수 있다.

또한 남편을 뜻하는 정관, 편관이 혼잡되어 있고 관성 火를 생조하는 재성木이 여러군데 합이 되어 나오니 남자 관계가 복잡해진다는 것을 알 수 있으며 더하여 일주를 주동하여 년지가 역마에 해당하여 있으므로 음란이 극(極)에 달해 간부와 천리를 도주하는 운명이다.

실제로 박 모씨의 경우 남자 관계가 복잡하여 항상 남자로 인한 근심을 하다 우연히 어느 유부남과 통정한 후 그 사실이 남자의 아내에게 들통이나 간통죄로 구속된 뒤 후일 다방 마담으로 전전긍긍하는 것을 저자는 보고 있는데, 그러고 보면 모두다 숙명의 각본대로 움직여 지는 하나의 팔자 소관인 것 같다.

(13). 고신, 과숙(孤神, 寡宿)

*. 고신, 과숙의 도표

년지	子	丑	寅	卯	辰	巳	午	未	申	酉	戌	亥
고신	寅	寅	巳	巳	巳	申	申	申	亥	亥	亥	寅
과숙	戌	戌	丑	丑	丑	辰	辰	辰	未	未	未	戌

고신 및 과숙살은 년주를 주동해서 월, 일, 시를 보고 일지를 주동해서 년지를 본다.

도표에서 보면 亥-子-丑년생이 사주에 寅이 있을 때 고신살이 있고 戌이 있으면 과숙살이 있는 것인데 이 고신, 과숙살이 사주원국에 있으면 일생이 외롭고 고독하며 부부 이별하는 살로서 일지에 있으면 부부운이 불길한 살이다.

(가). 고신 및 과숙살의 통변법

*. 고신이 사주속에 있을 때 처자와 인연이 없으며 따라서 재혼하던지 해도 항상 부부풍파가 많고 고독하다.

*. 고신살이 화개살과 있던지 동주할 때 속세와 인연이 없어 승려나 수녀가 많으며 역학자나 점술인이 되기도 한다.

*. 과숙이 사주원국에 있으면 해당 육친과 인연이 박하고 특히 과숙과 화개가 동주하면 남, 녀 다같이 모두 승려나 목사, 수녀가 될 팔자이다.

*. 시지에 과숙이 있으면 자식들이 불효하고 자손이 있다 손치더라도 자식 덕이 없다.

*. 과숙이 역마와 동주하면 타향살이로 방탕하게 지내고 인생을 외롭게 살아간다.

*. 과숙이 공망이 되던지 하면 초년에 되는 일이 없고 고생이 많다.

※참고로 과숙은 특히 여자 사주에 적중률이 강하며 특히 일지에 과숙살이 해당되는 여자는 부부간에 평생 해로 못하고 독신 및 재가

살이다.

(예1), 여자 황 모양(경북 경주시) 1977년 음력 2월
29일 寅 시

(대 운)

祿 衰 衰 病 甲-戊 상충! 66 56 46 36 26 16 6

丙 甲 甲 丁　　　　辛 庚 己 戊 丁 丙 乙

寅 辰 辰 巳　　　　亥 戌 酉 申 未 午 巳

寅-申 상충!

식신　　비견상관

火 （木） 木 火

木 土 土 火

비견편재편재식신

● 대운천간 戊土가 일간과 월상에 있는甲木을 甲-戊 상충
을 하고 있는 중에 대운지지 申金이 일간이 뿌리를 두는
寅木을 寅-申 상충으로 뿌리채 뽑아 버리므로 생명이 위
험하다.!

＊.일간의 왕쇠(旺衰),!

甲 일간 辰 월에 출생하여 실령하고 지지에 편재 土氣가 강한 중

에 편재 土를 생조하는 식상 火가 설상가상으로 사주 천간에 투출되어 나와 일간 甲木의 기운을 누출시키니 신약이다.

그러나 일간 甲木은 시지 寅木인 비견의 건록지에 뿌리를 두고 다시 월간에 甲木이 투출되어 나와 일간을 생조 하면서 더하여 월령과 일지의 辰土인 지장간에 癸水에 의지처가 있으니 일간 甲木은 그리 쇠약하지 않다.

*. 본 장 과숙살(寡宿殺)에 적용하여 판단,!

고로 용신은 재중용비격(財重用比格)으로 편재 土가 강하니 土氣를 바로 억제하는 비겁 木을 용신하고 비겁 木을 생조하는 인성 水를 희신으로 삼는다.

황 모양의 사주는 년주를 주동하여 일지 辰과 월지 辰이 같이 과숙살에 해당하고 있어 부부궁과 부모궁이 모두 불길한 것을 암시하고 있다.

더하여 편재는 부친을 표시하므로 편재가 십이운성의 쇠지에 앉아 있고 더하여 일지, 월지 모두 같이 백호대살에 해당하니 그 육친의 운명이 불을 보듯 뻔한데 고로 일찍 부친이 물에서 사망하고 더하여 형제인 오빠가 교통사고로 유명을 달리 하였다.

그것 역시 비견이 사, 묘, 쇠, 목욕과 동주하면 형제가 객사, 단명한다는 원칙에도 일치하고 있는데 더하여 백호대살과 십이운성의 쇠지에 앉아 있으니 더욱 더 육친의 운명이 확실한 것이다.

또한 일지가 백호대살에 있고 십이운성의 쇠지에 있으므로 여자의 사주에 일지는 남편궁을 뜻하는 것이니 남편이 비명횡사라 판단하며 년주를 주동하여 일지 과숙살이 월지와 같이 중첩되니 과부나 독신의 팔자라 판단한다.

그러나 어쩐지 초년, 중년 대운이 용신을 극하는 남방 巳-午-未와 서방 申-酉-戌로 흐르고 있으니 매우 불리한데 아마도 앞으로 36세 戊申대운에서 본인 역시 횡사의 운명이 불을 보듯 뻔하여 차마 황 모양에게 저자는 극단적으로 말을 해주지 못하였다.

*. 본인이 36세 戊申대운에서 횡사의 운명이라고 판단하는 이유,!

첫째는 일주가 백호대살에 임해 있고 십이운성의 쇠지에 앉아 있음이 두려운데 더하여 일지와 월지간에 辰-辰 자형이 동반하여 더욱 더 흉하게 되어 있음이 첫째이다.

둘째는 36세 戊申대운에는 사주원국이 재성 土가 태과하여 신약한데 대운천간 戊土가 다시 편재의 운로로서 戊土가 시지 寅木의 건록지에 뿌리를 두고 투출된 중요한 기운인 월천간 甲木 비견을 甲-戊 상충하고 있다.

그런 중에 다시 대운지지 申金은 오로지 일간이 의지하는 시지

寅木 건록지를 寅-申 상충하여 용신을 송두리 뿌리 채 뽑아 버리면서 그렇지 않아도 일간이 신약한데 운로에서 더하여 寅-巳-申 삼형으로 대접하니 가망이 없다고 판단하는 것이다.

(14). 삼 재(三 災)

*. 삼 재(三 災) 의 도표

년 지	申子辰	寅午戌	巳酉丑	亥卯未
삼 재	寅卯辰	申酉戌	亥子丑	巳午未

삼재는 12년만에 한번씩 돌아오는 살로 보통 학자들이 흉신으로 판단한다.

삼재라는 것은 3년 있다가 해제되고 그것도 분류별로 볼 때 들삼재, 묵삼재,날삼재라고 하는데 여덟가지 재해를 불러 일으킨다 해서 삼재팔난이라고 하는 것이다.

흉성의 작용은 관재구설, 재물손재, 이별, 조상(弔喪), 병재, 파산, 사고등 각각 형상이다.

※참고로 삼재는 보통 당사주류나 토정비결 등을 신봉하는 학술적인 근거로 많이 채택되고 있는 것 같으나 사실 그 적용 여부를 저자는 배척한다.

예를 들면 申년생이 寅, 卯, 辰 년에 삼재가 작용한다 하여 그 때는 무조건 흉이라고 단정짓는 것은 역학의 근본을 이해하지 못한 처사이다.

그렇다면 申년생이라고 할 때 대한민국의 申년생이 얼마나 많을 것이며 단순히 띠별로 보고 삼재운운 한다는 것은 그 근거나 논리가 대단히 미약하다.

실제로 申년생이 삼재운에서 발복하는 사람이 있는 반면 흉이 있는 사람도 있을 진대 그것은 사주 오행상 용신을 상극하면 흉이 되는 것이지 단순히 삼재라 하여 흉이 되는 것은 아니다.

결론적으로 삼재의 취용 여부는 불투명하며 실제로 저자는 취용하지 않으며 그렇다면 단순히 영리의 목적으로 삼재를 취용 하는 것이 시중의 실태이다.
이상 삼재의 취용 여부는 학자 여러분의 판단에 맡긴다.

(15). 수옥살(囚獄殺)

*. 수옥살(囚獄殺)의 도표

일 지	申子辰	寅午戌	巳酉丑	亥卯未
수 옥	午	子	卯	酉

도표에서 볼 때 申, 子, 辰일생이 사주원국에 누가 있으면 수옥살이 있는 사주인데 년지를 주동하여 일주만 보기도 한다.

12지살 중에 하나이며 일명 재살(災殺)이라고도 하는데 범죄를 저질러 관재,구설, 쟁투, 등을 종종 불러 일으키고 심하면 교도소까지 출입한다.

(가). 수옥살의 통변법

*. 년주에 수옥살이 있으면 관재구설이 종종 있으며 질병이 따르고 부모, 조부님이 횡액의 운명이다.

*. 월주에 있으면 도난, 실물, 관액이 자주 발생되고 부모 형제간에 사고로 인한 병환이 의심스럽다.

*. 일주에 있으면 심신이 불안정하며 부부간에 파란 곡절이 많으며 심하면 생리사별한다.
특히 일지는 자신의 몸이기 때문에 신약사주이면 관재를 자주 당한다.

*. 시주에 있으면 자식 복이 없고 말년에 사고와 병액이 자주 침범한다.

※참고로 수옥살은 신약사주이고 다른 살성이 중첩되면 그 특성이 더욱 더 광폭하게 일어나고 그러나 신왕사주이고 격국이 맑으면

서 용신이 정관이나 편관이 되면서 수옥살이 있게 되면 오히려 생
살지권을 잡는 권력기관이나 사법기관에 종사하고 그래서 군인이
나 경찰, 법조인을 많이 보고 있다.

(16). 귀문관살(鬼門關殺)

"子-酉""丑-午""寅-未""卯-申""辰-亥""巳-戌"

도표에 보면 子가 酉를 만나면 귀문관살이 있는 것이 되는데 사
주원국 어디에 있더라도 귀문관살은 작용한다.

그 특징은 변태적 기질을 가지고 있으며 신경계질환 등 정신이상
으로 불면증, 히스테리, 노이로제 등에 시달리기 쉽다.

특히 사주원국에 십이운성의 사, 절이 있거나 동주하면 더욱 더
귀문관살의 작용이 강하게 나타나며 이 살이 있고 타 흉살이 가중되
면 그 증상이 심해 진다.

※참고로 귀문관살이 있는 사주는 변덕을 자주 부리며 쇼크, 및 정
신이상으로 고생하는 자가 많고 남, 녀 관계에 있어서 변태적 성
욕을 불러 일으키기 때문에 사주격국이 나쁘면 대마초나 마약 등
에 손을 대어 법망의 저촉을 받는 일이 많다.

(예1).남자, 김 모 씨(경기도 가평) 1960년 음력 7월
　　　23일 辰 시

　　　　　　　　　　　　　　　　　　　　　　(대 　운)

衰　衰　胎　浴 己-乙 상충! 69 59 49 39 29 19 9

戊　甲　乙　庚　　　　　　壬 辛 庚 己 戊 丁 丙

辰　辰　酉　子　　　　　　辰 卯 寅 丑 子 亥 戌

　　　酉-丑合金! 金剋木!

편재　　겁재편관
　土 (木) 木　金
　土　土　金　水
편재편재정관인수

●대운천간 己土가 일간 甲木이 의지하는 월상 乙木을 己-
　乙 상충 으로 파극하고 다시 대운지지 丑土는 월지 酉金
　과 酉-丑合金하여 강력한 金氣로 일간 甲木을 회두극하
　므로 그렇지 않아도 정신병으로 고통을 당하는 중에 설상
　가상으로 위험이 닥친다.

　*. 일간의 왕쇠(旺衰),!

甲 일간 酉 월에 출생하여 실령하고 지지에 월령의 정관 酉金이

일지, 및 시지 辰土 편재와 辰-酉合金하여 金氣가 강한 중에 년 천간에 庚金 편관이 투출되어 있으니 신약이다.

일간 甲木은 년지 子水 인수에 생조되고 월간의 겁재 乙木에 의해 구조를 받고 있으니 그래도 일간 甲木이 의지처가 있다 할 것인데 이렇게 관성 金이 합을 하여 강한 중에 년간 庚金 편관까지 투출되어 과히 그 세력이 막강하니 나무 뿌리를 통채로 잘라 버리고도 남음이 있다.

고로 용신은 살중용식상격(殺重用食傷格)으로 왕성한 金氣를 제살하는 식상火를 용신하고 식상火를 생조하는 비겁 木은 희신이 되는데 또한 관성 金이 강하니 강력한 관성의 기운을 살인상생(殺印相生)하는 인성 水도 좋다.

따라서 木, 火, 水, 삼자를 공히 길신으로 사용하므로 사주격국이 맑으면 매우 좋을텐데 아쉽게도 子-酉 귀문관살이 존재하고 더하여 辰-辰 자형까지 있으니 사주가 탁기(濁氣)를 남기고 있어 아쉽기만 하다.

***. 본 장 귀문관살에 준한 위 사주판단,!**

김 모씨는 관성 金氣가 강해 신약하므로 일간 甲木이 왕성한 金氣에 의해 파극됨이 심하니 이렇게 쇠약한 木氣가 강한 金氣에 의해 파극이 심하면 관재나 재물손재 신체부상이 심하고 더하여 신경계 질환 등 질병이 침범하기 쉬운 것이다.

또한 일주와 시주가 백호대살에 임해 있으니 더욱 더 그 의미가 강한데 십이운성의 쇠지에 앉아 있고 辰-辰 자형과 子-酉 귀문관살까지 중첩하므로 벌써 첫눈에 불행한 숙명을 불을 보듯 뻔하다.

*. 일부 학자들의 의견,!

학자들 중에는 辰辰 자형을 辰-酉合金으로 막지 않았느냐 할 지 모르지만 이것 역시 辰-酉合金하여 천간에 金氣가 투출되면 왕성한 金氣로서 신약한 일간 甲木을 내리치니 그 역시 불행한 숙명은 면할 수 없을 것이다.

또한 만약 이렇게 합이 성립되더라도 일간이 신약사주에 자형과 백호대살 및 귀문관살이 중첩이 되면 하나의 합의 성질로서는 이를 막아내기는 역부족이 된다.

실제로 김 모씨는 20대 젊은 청춘에 산을 오르 내리는 등반을 하다 실족하여 뇌를 다친 뒤로 정신 이상이 생겨 정신병원에 영치되는 신세를 면할 수 없게 되는 것을 볼 때 세상만사가 하나의 운명의 굴레 속에 덧없음을 느끼게 하는 사주이다.

(17). 역 마(驛 馬)

*. 역 마(驛 馬)의 도표

일 지	申子辰	寅午戌	巳酉丑	亥卯未
역 마	寅	申	亥	巳

옛날 나이든 어른들이 저! 아이는 역마살이 있어 늘 돌아 다닌다 라고 말하는 것이 이 역마살인데 도표에서 보면 일지 주동하여 사주 원국에 년, 월, 시지에 寅이 있을 때 역마가 있는 사주인데 년지를 주동하여 일주만 보는 것이며 만약 일주에 寅이 있으면 일주에 역마 가 있는 것이 된다.

(가). 역마의 통변법

*. 사주원국에 길신이 역마에 해당하면 더욱 더 발전할 기쁨이 있 고 모든 일이 순조롭게 이루어 진다.

*. 역마가 흉신에 해당하면 흉을 불러 들이는 경향이 있어 만사 분주 다사하며 일에 대해 실적이 나타나지 않는다.

*. 역마가 지합이 되면 매사지체 되고 또 일지가 역마에 해당할 때 종신토록 분주하게 돌아 다닌다.

*. 사주원국에 역마가 많으면 평생동안 분주하게 돌아 다니는데 사주원국이 신왕재왕(身旺 財旺)하면 운수업 계통이나 해외무역사

업으로 외화를 벌어들인다.

그러나 사주가 신약이 되면 평생 고생만 하게 된다.

*. 역마가 공망이 되면 이사, 이동수 많으며 한곳에 정착하지 못하고 변동이 많다.

*. 역마와 도화가 동주해서 상충이 되면 타향객지에 나가 불의의 사고로 객사할수 있다.

*. 역마와 정재가 동주하면 현모양처의 처를 얻고 신왕 사주에 십이운성 장생이나 건록, 제왕이 있으면 금상첨화이다.

*. 년주가 공망이 되고 역마가 동주하면 이사를 자주 다니고 직업적으로 변천이 많다.

※참고로 역마는 흉신과 같이 있으면 흉하고 길신과 같이 있으면 길하게 되는데 사주격국을 면밀히 살펴보고 역마에 해당하는 오행이 사주에 용신이나 길신이 되면 매우 대길하다는 것을 판단하기 바라고 만약 역마에 해당하는 것이 사주의 용신을 상극하는 오행이 될 경우 무척 흉하게 된다.

(예1),남자, 박 모씨(서울 노량진) 1945년 음력 4월 19일 巳 시

(대 운)

旺 胎 旺 生 辛-丁 상충! 68 58 48 38 28 18 8

己 己 辛 乙   甲 乙 丙 丁 戊 己 庚

巳 亥 巳 酉   戌 亥 子 丑 寅 卯 辰

巳-酉-丑 삼합 金局,!

비견   식신편관

土 (土) 金 木

火 水 火 金

편인정재편인식신

●대운천간 丁火가 일간을 생조하고 더하여 월상에 투출하여 있는 辛金 식신을 辛-丁상충을 하여 대운천간이 지배되는 운로에는 약간 기복이 있었지만 대운지지 丑土가 사주에 巳-酉-丑삼합 金局이 성립되어 정히 용신의 기운이 왕성하니 일약 하늘에서 돈벼락을 맞아, 그러나 죽지는 않았다.!

***. 일간의 왕쇠(旺衰),!**

己 일간 巳 월에 출생하여 득령하며 월령과 시지 巳火 제왕지에 뿌리를 두고 시간 己土 비견이 투출되어 일간 己土를 생조하니 신왕하다.

이렇게 편인 巳火가 제왕지에 자리잡고 일간 己土를 생조하니 그 기세가 하늘을 찌를듯 한데 년간에 투출되어 있는 乙木 편관이 巳火 편인의 火氣를 木生火하여 왕성한 불길을 더욱 더 지피므로 火氣가 매우 강력하다.

그러나 일지에 亥水 정재가 자리잡고 년지 酉金 식신의 건록지에 뿌리를 두며 월 천간 辛金 식신이 투출되어 왕성한 불기운을 억제하면서 일지 정재 亥水를 金生水하여 水氣를 생조하므로 사주의 격국이 맑고 청(淸)하니 아름답다.

고로 용신은 인중용재격(印重用財格)으로 편인 巳火가 강력하니 인성 火氣를 억제하는 재성 水를 용신하는데 재성 水를 생조하는 식상 金은 희신으로 채택된다.

마침 사주원국이 일지에 정재 亥水가 자리잡고 있는 중에 더하여 식신이 지지와 천간에 투출되어 정재 亥水를 생조하니 식신생재귀격(食神生財貴格)으로 어느 하나도 버릴 것이 없어 사주가 절묘한 배합을 이루었다.

***. 일부 학자들의 의견,!**

학자들 중에는 위의 사주가 巳-亥 상충으로 일면 탁기(濁氣)를 남기고 있다고 말할 수 있다고 하나 그것은 巳-酉合金으로 곧 해극이 된다.

또한 일부 학자는 위 사주가 巳-酉合金하여 월 천간에 辛金 식신이 투출되니 金과 水氣가 강하므로 오히려 일간을 생조하는 인성 火와 비겁 土를 용신으로 선택하여야 마땅하다고 목소리를 높이고 있다.

*. 일부 학자들의 의견에 대한 본 저자견해,!

하지만 본 저자는 그것은 잘못된 생각이며 그 첫째로 巳-酉合金의 성립을 간주한다면 월령이 사왕지지인 酉 월령이 자리잡아 있어야 완벽하게 합의 의미가 성립할 수도 있겠지만 본 계절이 아닌 巳월이기 때문에 삼합의 의미가 퇴색되어 있다고 볼 수가 있다.

둘째로 전장의 합의 성질에 논하였듯이 일간 및 시간 己土가 巳火의 제왕지에 뿌리를 두고 있으므로 합을 하려는 한 쪽 오행이 십이운성의 장생, 건록, 제왕지에 근거를 두고 있으면 합을 잘 하지 않을려는 성질이 또한 있기 때문이다.

셋째로 이러한 근거를 무시 하더라도 巳-酉合金을 방해하는 巳-亥 상충이 존재하여 있으므로 결론은 巳-酉合金은 완전히 성립되지 않기 때문에 합이 성립이 안되면 일간은 신왕으로 귀착되는 것이다.

*. 본 장 역마에 준하여 위 사주판단,!

위 사주 주인공인 박 모씨는 년주를 주동하여 일지 亥水 정재가 역마에 해당하므로 사주의 용신이 역마에 해당하니 본 역마의 해석에 보면 길신이 역마에 해당하고 있기 때문에 매우 대길하다는 것을 암시하고 있다.

사주 주인공인 박 모씨는 초년은 조금 곤고 하였겠으나 중년 38세 丁丑대운 중에 지지 丑대운 42세가 되니 대운지지 丑土가 사주 년, 월지의 巳–酉–丑合金하여 정삼합이 되므로 정히 식신생재로서 일발 용신의 운이 대단히 왕성하여 수산업으로 해외에서 외화를 벌여들여 일약 대 거부가 된 것이다.

이것만 보아도 박 모씨의 사주 용신이 亥水 정재이기 때문에 물 水에 관한 직업을 가진다는 것을 알 수 있을 것이며 더하여 48세 丙子대운에서는 대운천간 丙火와 사주 월 천간 辛이 丙–辛合水하고 다시 대운지지 子水가 편재의 운이 되니 일약 수산 계통의 그룹 총수가 된 것이다.

이상으로 지금까지 형,충,파,해의 오행상 상극의 부분 및 각종살성(殺星)을 설명 하였는데 여기 형, 충, 파, 해의 특성은 사주 추명학상의 기본적이고도 절대적인 구성 부분이다.일부 초학자들 중에는 본 장 뒷장으로 갈수록 실제인물의 사주팔자를 해설하는 과정에서 대단히 난해한 육신의 통변과 각종 살성(殺星)을 인용하므로 조금 혼란과 어려움이 있을 것이라 판단된다.

하나 하나의 개념들을 소화해 가면서 한 사람의 운명의 실체를 조금씩 조금씩 깊이 있게 들여다 보게된다.조금더 정밀해지고 조금 더 시야가 넓어지면서,,,,,,,,,,어찌 수고스러움이 따르지 않겠는가?

제4장

십이운성(十二運星)

*.오행의 기운을 12가지 힘으로 표시하는 것이니 곧 탄생과 소멸의 과정을 연출하는 것이며 이것은 사주팔재의 오행에 접목시켜 육신과 상호작용을 하여 숙명적인 운명을 나타내는 별이다.

제 4 장

십이운성(十二運星)

1. 십이운성(十二運星)

(1). 십이운성(十二運星)

*. 십이운성(十二運星)의 도표

12운	장생	목욕	관대	건록	제왕	쇠	병	사	묘	절	태	양
甲일	亥	子	丑	寅	卯	辰	巳	午	未	申	酉	戌
乙일	午	巳	辰	卯	寅	丑	子	亥	戌	酉	申	未
丙戊일	寅	卯	辰	巳	午	未	申	酉	戌	亥	子	丑
丁己일	酉	申	未	午	巳	辰	卯	寅	丑	子	亥	戌
庚일	巳	午	未	申	酉	戌	亥	子	丑	寅	卯	辰
辛일	子	亥	戌	酉	申	未	午	巳	辰	卯	寅	丑
壬일	申	酉	戌	亥	子	丑	寅	卯	辰	巳	午	未
癸일	卯	寅	丑	子	亥	戌	酉	申	未	午	巳	辰

도표에서 보면 12가지 기운으로 탄생과 소멸의 과정을 연출하는 것으로 이것은 사주추명의 오행에 접목시켜 육신과 상호작용을 하여 숙명적인 운명을 나타내는 별이라고도 볼 수가 있는 것이다.

이와 같은 현상은 십이운성의 글자가 삼라만상의 우주법칙을 본따서 "12가지" "별"로 분류한 것이며 그것을 인간으로 비유 한다면 인간이 어머니 품속에 있다가 태어나서 그리고 자라서 성장하면 결혼하고 직장에 근무하여 청장년을 보내고 나면 늙어서 병들어 죽음에 도달한다.

그 후는 무덤에 정착하고 본래의 흙으로 되돌아 가는 형상을 비유하는 것인데 결국 십이운성은 "탄생"과 "소멸"의 과정을 표현한 것을 말하는 것이다.

(2). 십이운성의 암기법

*.십이운성에 대한 왼쪽 수장(手掌)도표

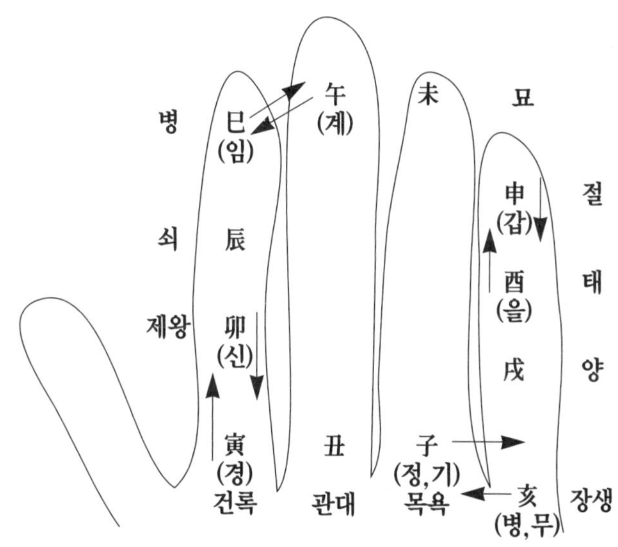

※ 화살표 있는 자리부터 절(絶)이 시작됨.

※참고로 수장도표에 보면 천간이 있는 자리에 화살표 방향이 있는 것은 그 부분부터 천간이 시작을 하여 십이운성을 진행하면 딱 맞아 떨어지게 되니 학자는 조금 힘들더라도 계속 반복하여 왼쪽 수장(手掌)을 암기를 하기 바란다.

또한 괄호안에 천간을 삽입시켜 화살표를 붙혀 넣었는데 예를 들면 "丙", "戊"일간은 "亥"자리부터 "절"을 시작하여 순행으로 "子"자리는 "태", "丑"자리는 "양", "寅"자리는 "장생", 건록 순으로 십이운성을 표시하면 되고 만약 "丁", "己"일간은 "음"(乙,丁, 己, 辛, 癸)이니 "子"

자리부터 "절", "亥"자리는 "태", "戌"자리는 "양", 그리고 "酉"자리는 "
장생"의 순으로 거꾸로 십이운성을 역행시키면 된다.

결국 첨언하면 "괄호안에 천간"이 있는 것은 그 자리부터 십이운
성의 "절"로 "시작"하라는 의미가 부여되어 있다.

십이운성은 사주명조를 나열시키고 추명의 원리를 간명하는 절
차에 필수적으로 육신과 상호작용을 하여 숙명적인 운기를 나타내
는 것이니 대단히 중요하고 또한 필요불가결하게 채택되어야 하는
것은 두말할 필요가 없다.

따라서 십이운성을 암기를 하지 못했을 때는 사주팔자는 대면할
때마다 일일이 십이운성을 도표에서 보고 찾아서 나열시켜야 되는
데 이와 같은 것은 대단히 번거롭고 성가신일이 아닐 수가 없으며
앞장에 기술하여 있는 십이운성은 너무나 많이 나열되어 있으므로
그것을 암기를 하고자 하면 대단히 힘들고 어려운 것은 사실이다.

하지만 본 저자는 그동안 학자들의 어려움과 본인이 처음 역학을
시작하였을때 힘들었던 시절을 감안하여 지금까지 본 저자의 나름
데로 생각하였던 부분을 체계적으로 정돈을 할 수 있도록 본 장에
기술하였다.

따라서 지금까지 형, 충, 파, 해 등의 각종 살성(殺星)에 기준한 왼
쪽 수장(手掌)도표를 이용하여 왼쪽손마디마다 각 지지를 나열한 뒤
십이운성을 붙쳐 나간다면 그리 힘들지 않고 쉽게 암기를 할 수가
있겠는데 여기서 중요한 부분이 있다.

***. 일간을 기준하여,!**

***. 甲, 丙, 戊, 庚, 壬　＝　순 행,!**

***. 乙, 丁, 己, 辛, 癸　＝　역 행,!**

이상의 도표에 기술하고 있듯이 사주 일간을 기점으로 하여 일간이 양(甲, 丙, 戊, 庚, 壬)이면 순행하여 십이운성을 "절","태","양","장생","목욕","관대","건록","제왕","쇠","병","사","묘" 순으로 "암기"하고 만약 일간이 음(乙, 丁, 己, 辛, 癸)이라면 역행하여 십이운성을 표출한다.

예를 들면,! 사주일간이 甲일주는 양(甲, 丙, 戊, 庚, 壬)에 해당하고 있으므로 왼쪽 수장(手掌)마디 申자리에 십이운성 절을 붙쳐 마지막 십이지지인未까지 한 바퀴 돌리면 끝이 난다.

도표를 더욱 더 자세하게 표시하면,!

***. 사주일간이 甲일 경우,!**

일천간 ＝ 甲을 기준하여,!

지지 ＝	申	酉	戌	亥	子	丑	寅	卯	辰	巳	午	未
십이운성 ＝	절	태	양	장생	목욕	관대	건록	제왕	쇠	병	사	묘

위 도표에서 보듯이 甲일간은 왼쪽 수장(手掌)의 "申"자리부터 "절

"을 붙쳐 "酉"자리는 "태", "戌"자리는 "양", "亥"자리는 "장생"순으로 십이운성을 순행 시키는데 만약 사주 월지가 丑에 해당되고 있을 경우 丑자리를 순행하여 보면 관대에 해당하고 또한 년지가 辰이 되고 있을 때는 辰자리는 쇠가 되므로 왼쪽 수장(手掌)도표에 의지를 하여 암기를 한다.

더하여 이상의 십이운성을 사주팔자내 일간을 중심으로 하여 사주 년지, 월지, 일지, 시지를 대조하여 십이운성을 표출하고 있음을 알 수가 있다.

*.다시 음(乙, 丁, 己, 辛, 癸)일간을 예를 들면

사주일간이 乙 일 경우,!(역행!)

일천간 = 乙을 기준하여,!

지지 = 酉 申 未 午　巳　辰　卯　寅 丑 子 亥 卯

십이운성 = 절　태　양 장생 목욕 관대 건록 제왕 쇠　병　사　묘

도표에서 표시하고 있는 부분을 참조하면서 왼쪽 수장(手掌)도표에서 보면 "乙"은 "酉"의 손마디 자리에 십이운성 제일 처음 글자인 "절"을 시작하여 거꾸로 "申"자리는 "태", "未"자리는 "양", "午"자리는 "장생", "巳"자리는 "목욕", "辰"자리는 "관대", "卯"자리는 "건록", 제왕, 쇠, 병, 사, 묘 순으로 왼쪽 수장(手掌)마디를 한바퀴 돌리면 끝이 난다.

　이상과 같이 십이운성의 암기법을 모두 나열하여 보았는데 초심의 학자들은 대단히 어려운 부분이 될 수가 있을 것이라 미루어 짐작할 수가 있겠다.

　그러나 지금은 조금 힘이 들고 어려운 일면이 있겠으나 점차로 한번, 두번하여 계속하여 본 命理入門을 보아 주기만 한다면 어느새 십이운성의 암기법이 숙달되어 간편히 활용할 수가 있을 것이다.

　더하여 초심의 학자는 이상의 어려운 부분이 직면 되거든 절대로 머리가 아프다고 덮어두지 말고 재차 그 부분을 20번 정도만 읽어 주기만 할 경우 어려운 부분이 해결이 될 것이다.

　왜냐하면 이미 본 저자가 어려운 부분에 대하여 강의를 하듯 기술하였기 때문에 지면의 한정상 재차 반복하지는 않았어도 이미 중요한 부분과 지름길을 설명 하였으므로 이제는 반복하여 읽어만 준다면 지금의 학자의 고민은 깨끗이 사라질 것을 믿어 의심치 않는다.

(3). 십이운성의 의미와 작용

(가). 절(絕)

　무중력 속에 풍선을 띄워 놓은 것과 같이 전혀 동요됨이 없고 만약 어떤 외부 충격이 가면 그 힘에 의하여 움직이는 것과 같다.

십이운성의 "절"이 사주 내 일주에 동주해 있다면 남녀간에 인정에 못 이겨 재화를 초래하는 결과가 많으므로 주위의 유혹에 대단히 약하다.

또한 여자는 혼전에 남자의 유혹에 약하여 정조를 잃기 쉽고 문서보증, 금전거래관계에 맺고 끊기를 불분명 하게 하여 손재를 당하기 쉽다.

*. 절(絕)의 통변법

*.비견이나 겁재가 절이면 형제, 친구, 동료의 덕이 없으며 사업상 동업을 한다 하여도 실적이 없다.

*.식신이나 상관이 절이면 식록에 고통을 받으며 여자는 자녀의 덕이 없고 출산시 고통을 받는 수가 있다.

*.정재나 편재가 절이면 재복이 적고 부친의 덕이 없으며 남자는 처로 말미암아 고통이 있다.

*.정관이나 편관이 절이면 남자는 직업 때문에 고통이 있으며 자식덕이 없고 여자는 남편덕이 없으며 그것으로 인하여 부부간 서로 불화한다.

*.편인이나 인수가 절이면 남, 녀 불문하고 학업 중단이 있게 되며 어머니와 인연이 박하고 문서상 보증 사고도 있게 된다.

(예1).남자, 강   모씨 (경남 마산시 합성동) 1972년
    음력 5월 1일 卯 시

(십이운성) ──────▶ '絕'
             乙 癸 丙 壬
             卯 酉 午 子

             식신   정재 겁재
(오 행) ──▶ 木 (水) 火 水
             木   金 火 水
             식신 편인 편재 비견

본 장 십이운성의 절(絕)에 해당하는 실제인물의 사주팔자이다.!

***. 일간의 왕쇠(旺衰),!**

　癸일간 午월에 출생하여 실령(失領)하고 사주월지 午火 편재가 십이운성의 제왕지에 앉은 월상 丙火 정재가 투출되어 있는 중에(월간 丙火를 기준하여 월지 午火는 제왕지가 됨) 시주가 乙卯로서 일간 癸水의 힘을 누출시키는 식신이 자리를 잡고 있으므로 신약이다.

　그러나 일간 癸水는 그래도 일지 酉金 편인에 득지(得地)한 중에 년주가 壬子로서 각각 비견과 겁재의 기운이 일간 癸水를 생조하고

있으므로 그나마 일간 癸水가 의지처가 있다 하여도 과언이 아니며 따라서 일간 癸水는 그리 쇠약하지 않음을 알 수가 있다.

*. 위 사주팔자에 대한 용신(用神),!

고로 위 사주팔자는 일간 癸水가 신약하나 왕성한 재성 火氣와 식상 木氣의 기운에 서로간 대적할 수 있게 일간 癸水가 기운이 있는 것으로 판단하며 그러나 이렇게 일간의 기운이 신약이 되면 마땅히 일간 癸水의 기운을 생조하고 부조하는 것이 용신이나 희신이 된다.

사주원국을 면밀히 관찰하여 보면 사주일지 酉金 편인이 자리를 잡아 득지(得地)하고 있는 것은 그 세력이 강력 하다는 것을 표시하니 이것이 정히 용신의 기운이 될 것이나 상대적인 재성 火氣가 강력함에 따라 오히려 조후법상 일간의 동기인 비견이나 겁재의 기운인 水氣를 용신하고 水氣를 생조하는 인성 金氣는 희신으로 삼는 것이 제일 타당하다.

*. 본 장 십이운성의 절(絶)에 대한 판단,!

위 사주 주인공인 강 모씨는 남자 사주로서 본 장 십이운성인 절(絶)의 부분에 완전히 부합하는 사주팔자인데 일간을 기준하여 월지가 십이운성의 절(絶)지에 자리를 잡고 있으므로 절(絶)에 앉아 있는 육신은 모두 편재나 정재의 기운에 해당되고 있음을 알 수가 있다.

그렇다면 월상에 투출되어 있는 정재 丙火는 남자사주에서는 본 처를 나타내니 본 장 절(絶)의 통변법에 준하여 인용 한다면 "사주팔 자에 정재나 편재가 절(絶)에 해당하면 재복이 적고 부친의 덕이 없 으며 남자는 처로 말미암아 고통이 있다,"!라며 기술하고 있다.

그렇다면 사주 주인공인 강 모씨는 여자로 인하여 고통과 근심이 많을 것인데 육친통변법상 정재는 본 처이고 편재는 첩의 기운을 나 타내니 단편적으로 볼 때도 사주에 재성이 혼잡되어 있는 것은 재혼 하는 팔자라는 것을 사주팔자가 무언중에 암시를 하고 있는 것이다.

더하여 월지 편재는 남자 사주에는 첩의 기운으로도 표시할 수가 있겠지만 남, 녀 다같이 부친으로도 표시하고 있음에 따라 편재 午 火가 월지에 앉아 있는 중에 년지 子水 비견이 子-午 상충으로 편재 의 기운을 파극하고 있으니 벌써 부친의 운명이 단명 객사죽음이 된 다는 것을 알 수가 있다.

*. 命理秘典 上권인 육친통변법에 인용하여,!

이와 같은 부분을 命理秘典 上권인 편재편의 육친통변법을 인용 하면, "사주팔자에 년주에 편재와 비견이 동주하면 부친이 타향에서 객사한다,"!라며 기술하고 있다.

"또한 비록 이렇게 되지 않았더라도 편재의 기운을 비견이 상충을 하고 있는 중에 십이운성의 쇠약한 쇠, 병, 사, 묘, 절에 해당하고 있 으면 부친이 비명횡사한다",!라며 대단히 자세하게 기술하고 있다.

이상의 부분을 모두 위 사주팔자에 접목시켜 본다면 완전히 일치하는 것을 엿볼 수가 있겠는데 이렇게 되면 해당하는 육친의 불길함은 물론이고 일간癸水가 왕성한 재성 火氣나 식상 木氣의 기운에 의하여 신약하여 재성 火氣가 기신(忌神)이 되는 것은 단편적으로 관찰하여 보아도 숙명적인 불길함을 모면할 수가 없다.

결국 사주 주인공인 강 모씨 본인 역시 재성은 재물이고 여자의 육신이기 때문에 이렇게 재성 火氣가 일간에 대한 흉신이 되어 작용하는 것은 평생을 통하여 여자와 금전으로 고통과 타격을 받을 수 있음을 미루어 짐작할 수가 있겠다.

(나). 태(胎)

대지에서 싹이 나와 움이 터는 것과 같이 생동감을 연출하여 주위에서 양분을 흡수하며 그로 인하여 스스로 생명력을 간직하려는 의미가 깊다.

그러므로 "태"가 일주에 있게 되면 자기 발전이 약하므로 타인에게 의지 하려는 성질이 강하고 일면 호색관계로 남녀 연정 때문에 고통을 받는 일이 많다.

*. 태(胎)의 통변법

*.비견이나 겁재가 태이면 형제, 친구, 동료 등의 도움이 있고 사주원국에 비견이나 겁재가 강하여 일간이 신왕하지 않으면 동료의

도움으로 동업을 한다 해도 사업의 융화 협력이 잘된다.

 *.식신이나 상관이 태이면 의식주가 풍족하며 여자는 자녀의 덕이 있다.

 *.정재나 편재가 태이면 재산복이 좋으며 남자는 처에게 도움을 받던지 처에게 복이 있다.

 *.정관이나 편관이 태이면 남자는 직업운이 좋으며 자식덕이 있고 여자는 남편덕이 있다.

 *.편인이나 인수가 태이면 문서상 좋은 일이 있게되며 학술, 명예, 등의 발전을 이룩한다.

(예1).남자. 황 모씨(경기도 가평) 1946년 음력 8월 21일 巳 시

(십이운성) ──────▶ "胎" "胎"

丁　癸　丁　丙

巳　巳　酉　戌

편재　　편재 정재

(오 행) ──────▶

火 (水) 火 火

火 火 金 土

정재 정재 편인 정관

*.본 장 태(胎)에 적용되는 실제인물의 사주팔자이다.!

*. 일간의 왕쇠(旺衰),!

癸일간 酉월에 출생하여 득령(得領)하였으나 사주일지 및 시지 巳火 정재의 기운이 대단히 왕성한데 다시 십이운성의 제왕지 및 건록지에 앉은 월, 시상 丁火 편재 및 丙火 정재의 기운(일지 및 시지 巳에 십이운성을 대조하면 년간 丙火는 건록지, 월, 시상 丁火는 제왕지가 됨,수장도표 참조)이 강력하게 일간 癸水를 극루하고 있으므로 신약이다.

이렇게 일간 癸水가 왕성한 재성火氣에 의하여 극루함이 심하면 마땅히 재성 火氣를 억제하고 아울러 신약한 일간 癸水의 기운을 생조하며 부조하는 것이 마땅한데 사주원국을 자세히 살펴보니 월지 酉金 편인이 자리를 잡아 일지 및 시지 巳火 정재간에 巳—酉합金이 이루어지고 있으므로 이것은 대단히 좋게 작용한다고·보겠다.

*. 일부 학자들의 이 부분에 대한 반문,!

여기서 일부 학자들 중에는 방금 본 저자가 설명한 巳—酉합金의 부분에 대하여 약간의 의문을 가지고 질문을 하고 있는데 그것은 " 사주팔자의 월지 酉金이 일지 및 시지 巳火와 巳—酉합金으로 변화가 되면 일간이 전부 월지를 중심으로 하여 득령(得領), 득지(得地),

득세(得勢)가 되어 일간이 신강으로 돌아가지 않겠느냐",!라고 반문을 하고 있다.

*. 학자들의 반문에 대한 본 저자의 견해,!

이 부분에 대하여 일부 학자들이 반문을 제기한 합의 의미에 대체로 본 저자는 수긍은 가고는 있지만 그러나 약간 생각을 달리하고 있는데 그것은 학자들이 설명한 巳-酉合金이 비록 타 주에 형, 충이나 상극하는 오행이 없으므로 완벽하게 합을 이루는 성질은 될 것이다.

그러나 그 부분도 지금 위 사주팔자는 巳-酉합이라는 것은 巳-酉-丑 정삼합의 성질이 아니고 巳-酉합이라는 준삼합으로 성격(成格)되고 있음에 유념할 필요가 있다.

*. 命理入門 및 命理秘典 上권의 합의 성질에 인용하여,!

이와 같은 부분은 본 저자의 졸저 命理入門이나 命理秘典 上권인 지지의 삼합 및 방합편에 대단히 자세하게 기술하고 있는데 다시 그 부분을 인용하여 본다면 "사주내 지지의 합을 이루는 성질에 대하여 십이운성의 지지에 장생, 건록, 제왕지에 앉은 천간의 중심오행이 투출되어 있으면 제대로 합을 잘 하지 않을려는 성질이 있다",!라며 기술하고 있다.

이상의 命理入門이나 命理秘典 上권의 합의 성질에도 이미 기술하고 있듯이 위 사주팔자를 이 부분에 적용하여 판단할 때 비록 월지 酉金이 사왕지지(子, 午, 卯, 酉)로서 일지 및 시지 巳火 정재를 巳-酉合金을 하기 이전에 이미 년간 및 월상 그리고 시상에 丙, 丁火氣가 투출되어 그 기운이 십이운성의 각각 건록지와 제왕지에 앉아 있으므로 더욱 더 합의 성립을 제대로 하지 않을려는 성질이 되니 완전히 부합하고 있는 것이다.

하지만 이와 같은 부분은 완전한 합의 결합은 되지 않을지나 월지 酉金이 사왕지지로서 巳火와 합을 하는 것은 아무리 지지에 장생, 건록, 제왕지의 십이운성이 있다손 치더라도 그냥은 묵과할 수가 없는 것이며 따라서 시지 巳火는 酉金과 원격하여 있기 때문에 합의 기운이 퇴색되겠지만 일지 巳火는 酉金과 합의 기운이니 미약하지만 성격(成格)되는 것으로 보아야 타당하다.

따라서 이상의 부분을 전부 종합하여 판단하여 볼 때 월령의 酉金 편인이 자리를 잡고 있는 것은 일간이 신약하나 다시 일지 巳火 정재의 기운이 巳-酉合金을 성립하는 부분이 완벽한 합의 기운이 될 것 같으면 완전한 신강으로 돌아 가겠지만 이렇게 반쪽의 합이 되는 것은 무언중에 일간 癸水가 기운을 얻는 것은 되더라도 일간이 신강으로는 돌아갈 수가 없는 것으로 귀착한다.

***. 위 사주팔자에 대한 용신(用神),!**

이상의 부분을 세밀히 판단하여 볼 때 대다수 학자들 가운데 약간의 의문을 가지는 것은 사실이겠지만 추명의 원리를 상세하게 파헤치고 있는 命理秘典 上권과 下권에 실제인물을 적용하여 이상과 같은 사주팔자가 대단히 많이 나오고 있으므로 초심의 학자는 참고를 하기 바라겠다.

고로 위 사주는 일간 癸水가 왕성한 재성 火氣의 기운이 대단히 강력하게 작용하여 일간 癸水가 신약하므로 마땅히 일간 癸水의 기운을 부조하고 아울러 재성 火氣를 상극하는 비겁 水氣를 용신하고 비겁 水氣를 생조하는 인성 金氣는 희신으로 삼는다.

한편으로는 위 사주팔자가 이상의 억부법의 원리에서도 金, 水를 용신으로 삼고 있겠지만 무엇보다도 사주가 火氣의 기운이 태왕하여 있으니 이것은 조후법의 원리에서도 비겁 水氣를 용신으로 선택하는 것은 더 이상 선택의 여지가 없음을 알 수가 있다.

따라서 용신의 기운을 선정하고 보니 사주팔자 월지에 酉金 편인이 자리를 잡고 있으므로 일간 癸水가 무언중에 힘을 왕성하게 생조받고 있으니 일간 癸水는 천군만마를 얻은 것으로 대단히 길하게 작용하고 있다 하여도 과언이 아니다.

***. 본 장 십이운성 태(胎)의 법칙에 위 사주팔자를 적용하여 보면,!**

다시 위 사주팔자를 본 장 십이운성 태(胎)지의 부분에 적용하여 간명하여 보면 우선 사주원국의 일주가 癸巳로서 일간 癸水를 기점하여 일지 巳火가 십이운성의 태(胎)지 앉아 있는데 역시 시지도 巳

火가 있으니 일주와 시주 모두 태(胎)에 해당하고 있음을 알 수가 있다.

따라서 본 장 태(胎)의 통변법에 준하여 판단하면 "사주일주에 태(胎)가 있게 되면 자기 발전이 약하므로 타인에게 의지 하려는 성질이 강하고 일면 호색 관계로 남녀 연정 때문에 고통을 받는 일이 있다",!라며 기술하고 있다.

그렇다면 이상의 부분을 인용하여 볼 때 위 사주 주인공인 황 모씨는 이와 같은 태(胎)의 성질를 갖추고 있으니 매사를 신중하고 무슨 일이 부닥치면 소심하여 망설이다가 기회를 놓치고 후회하는 경향이 많을 것이다.

더하여 호색관계로 여자문제로 고통과 번민이 있다는 것을 알 수가 있겠는데 사주팔자가 비록 십이운성의 태(胎)에 해당되지 않더라도 여자의 육친인 편재와 정재가 각각 많이 나타나고 있으므로 벌써 첫눈에 여자관계가 복잡하여 재혼하는 팔자로 간명하는 것이다.

***. 본 장 십이운성 태(胎)의 법칙에 대하여 본 저자의 비판적 견해,!**

그러나 여기서 한가지 오류가 나타나고 있는데 그것은 태(胎)의 통변법에 "정재나 편재가 태(胎)에 해당되면 재산복이 좋으며 남자는 처에게 도움을 받던지 처에게 복이 있다",!라며 기술하고 있는데 이것은 약간 판단을 신중히 해야 한다.

그 이유는 위 사주원국을 분석해 볼 때 일간 癸水가 신왕하여 재성 火氣를 용신이나 희신으로 사용하고 있을 것 같으면 이상의 태(胎)의 통변법에 준하여 완전히 부합할 수 있는 요건이 될 수도 있을 것이다.

하지만 이상의 사주팔자는 일간 癸水가 신약함이 편재나 정재의 기운인 火氣가 태왕하여 신약이 되고 있기 때문에 이러한 재성의 기운이 장점이 되지 않고 오히려 금전이나 여자관계에 대단히 고통과 근심이 들이 닥친다고 간명을 하는 것이 정석이다.

결국 하나의 사주팔자를 간명함에 앞서 일간의 신강, 신약을 불문하고 이상의 십이운성이 들어 있다고 해서 그대로 판단하는 것은 간명상 오류를 발생시키는 요인이 되는 것이며 반드시 학자는 판단의 부분을 신중히 하여야 될 것이고 이것은 오늘날 일본의 사주추명학이 오로지 십이운성만을 가지고 사주추명을 하는 것이 얼마나 간명상의 헛점을 들어내는 것인가를 단적으로 보여주는 대목이다.

(다). 양(養)

어머니 뱃속에서 자라는 과정이므로 주위의 현실속에 적응하려고 하며 그저 어머니가 행동하는 데로 따라가는 수동성이 동반된다.
일면 색정에 빠질 염려가 있고 양자 또는 유년 남의 손에 양육되어 성장하는 경우가 많다.

"양"이 일주에 있게되면 성품이 온화하고 낙천적이며 무슨 일이던 안정을 요하며 서두르는 것이 없으므로 타인에게 호감을 받는 반면 무슨 사고가 생기면 두려움 속에 안절부절하고 걷잡을 수 없이 무너지며 결단성이 부족한 면이 있게 된다.

*. 양(養)의 통변법

*.비견이나 겁재가 양이고 일간이 신약하여 비견이나 겁재가 용신이 될 때 형제, 친구, 동료들과 사이가 좋으며 융화 협력이 잘 된다.

*.식신이나 상관이 양이면 식록이 풍족하고 할머니 또는 윗 어른의 손에 유년 양육 되기도 한다.

*.정재나 편재가 양이면 재물복이 좋으며 남자는 처의 내조가 깊고 처덕이 있다.

*.정관이나 편관이 양이면 직업, 관록이 좋으며 남자는 자식덕이 있고 여자는 남편덕이 있다.

*.편인이 양이면 의모, 계모, 서모의 손에 자라보고 혹 이복형제도 있다.

(예1).남자 정 모씨(부산, 동래) 1956년 음력 12월 2
　　　　일 申 시

(십이운성) ⎯⎯⎯⎯⎯▶ "養"

　　　　　　　　壬　甲　庚　丙
　　　　　　　　申　戌　子　申

　　　　　　　편인　　　편관 식신
(오　행) ⎯⎯⎯⎯⎯▶ 水　(木)　金　火
　　　　　　　金　土　水　金
　　　　　　　편관 편재 인수 편관

본 장 십이운성 양(養)에 해당하고 있는 실제 인물의 사주이다.

*. 일간의 왕쇠(旺衰),!

　甲일간 子월에 출생하여 득령(得領)하고 사주원국 월지 子水 인수를 중심으로 하여 년지 申金 편관과 다시 시지 申金 편관이 申-子合水한 중에 그 세력에 뿌리를 둔 시상 壬水 편인이 투출되어 일간 甲木을 강력하게 생조하고 있으니 신강이다.

　만약 일간 甲木의 기운이 이렇게 월지 인수 子水가 자리를 잡고 년지 및 시지 申金 편관과 申-子合水를 하지 않을 것 같으면 시상에 투출되어 있는 壬水 편인 하나만으로는 일간 甲木이 신강이 되기는 힘들 것이다.

하지만 이렇게 월지 子水 인수가 합을 하여 일간 甲木을 도우는 오행이 나오고 있으니 일간이 신강으로 귀착하는 것을 엿볼 수가 있다.

한편으로 볼 때 사주팔자에 편관 金氣가 태왕하여 대단히 일간 甲木을 나무뿌리채 쇠로서 잘라 버리고도 남음이 있는데 절묘하게 월지 인수 子水가 자리를 잡아 강력한 편관 金氣를 일간 甲木으로 연결하는 살인상생(殺印相生) 및 관인상생(官印相生)의 이치를 실현하면서 申−子合水까지 도모하니 이런 것은 정말 절묘한 배합을 이루고 있다 하여도 과언이 아니다.

*. 격국(格局)과 용신(用神),!

따라서 위 사주팔자의 격국과 용신을 선정하면 월지에 인수 子水가 자리를 잡고 申−子合水를 한 중에 시상에 壬水 편인이 투출되어 있으므로 신왕인수격(身旺印綬格)으로 격국이 성격(成格)된다.

더하여 용신으로 격국을 설정하면 인중용재격(印重用財格)으로 인성 水氣가 강력하여 일간 甲木이 신강이 되고 있으니 인성 水氣를 억제하는 재성 土를 용신으로 선정하는 것이 마땅하나 위 사주는 제일로 子월에 출생하여 추운 겨울에 나무가 꽁꽁 얼어붙어 있으므로 시급히 따뜻한 火氣로서 녹여 주어야 대길하게 될 것이다.

고로 용신은 조후법상 식상 火氣를 용신으로 삼고 아울러 식상 火氣를 생조하는 비겁 木氣는 희신으로 삼는다.

이렇게 용신의 기운을 선정하고 보니 때마침 사주년간에 丙火가 일지 戊土 편재의 지장간 중기(中氣)에 丁火가 있으므로 그 속에 뿌리를 두고 년간에 투출되어 있어 대단히 길하게 작용하고 있을 것 같다.

그러나 일간의 중요한 용신의 기운을 사주월상에 투출되어 있는 庚金 편관이 용신인 丙火 식신을 丙-庚 상충으로 파극을 하고 있으므로 용신의 기운이 쇠약하여 져서 대단히 좋지 못하는 것이 되고 있다.

***. 일부 학자들의 의문,!**

여기서 일부 학자들 중에서 희신의 성질을 선택하는 부분에서 약간의 의문을 가지고 본 저자에게 질문을 하고 있는데 그것은 "사주 원국이 일간이 신강하면 원칙적으로 식상, 재성, 관성의 기운인 삼자를 용신으로 선정하는 것이 정석이다.

그런데 어찌하여 운정선생은 일간이 신강한데 식상 火氣를 용신으로 선택할 경우 식상 火氣를 생조하는 비겁 木은 원칙적으로 신강한 일간을 더욱 더 강하게 만들기 때문에 희신으로 선택하는 것은 불리하지 않겠느냐",!라고 의문을 표시하고 있다.

***. 일부 학자들의 의문을 제기한 부분에 대하여 본 저자판단,!**

이 부분에 대하여 일부 학자들이 의문을 제기한 부분은 지극히 당연한 일이 되겠으나 하지만 일간에 대한 용신의 기운을 선별하는 과정에서 위 사주처럼 종종 용신이나 희신의 기운이 틀리게 작용하는 것을 판단할 필요가 있다.

고서(古書)나 원서에 적고 있기를 "사주팔자가 일간이 신강할 때는 식상, 재성, 관성이 용신이 되고 일간이 신약할 때는 원칙적으로 인성이나 비겁이 용신이 된다",!는 것을 정석으로 취용하고 있다.

하지만 이와 같은 성질도 사주의 격국과 조후 및 통관등 용신의 판별에 따라 변화무쌍한 것을 알 수가 있는데 비록 일간이 신강하더라도 용신의 기운을 선별하는 과정이 조후법이나 억부법에 일치하는 성질이 되는 용신인 것 같으면 두말할 필요가 없겠지만 위 사주처럼 억부법과 조후법의 용신이 일치하지 않는 현상도 나타나고 있음을 판단할 필요가 있다.

***. 命理入門 및 命理秘典 上권인 용신편에 인용하여,!**

이와 같은 부분은 본 저자의 졸저 命理入門이나 命理秘典 上권인 용신편에 대단히 자세하게 기술하고 있는데 다시 그 부분을 인용하여 보면, "사주팔자의 용신을 선정하는 과정에서 내격(內格)의 억부법이나 조후법의 용신이 일치하지 않을 때는 제일로 조후법을 따라 용신을 선택하는 것이 가장 바람직하다,"!라며 적고 있다.

"또한 내격(內格)의 억부법이나 조후법의 용신이 틀리게 선정되고

있을 경우 사주팔자내 조후를 충족시킬 수 있는 오행이 왕성(3개이
상)하면 그 때는 조후법보다 억부법의 용신으로 선택할 수가 있다,"!
라며 기술 하고 있다.

이상의 命理入門이나 命理秘典 上권인 용신편에 기술하고 있는
내용을 위 사주팔자에 부합시켜 간명하여 볼 경우 완전히 일치하고
있음을 알 수가 있겠는데 위 사주는 비록 일간 甲木이 신강하여 비
겁 木氣를 희신으로 사용할 수가 없겠으나 조후법 상 시급히 얼은
나무를 데워주는 것이 가장 시급하므로 부득히 용신이 생조될 수 있
는 기운으로 선택되는 것을 알 수가 있다.

그러나 이 경우에도 일간이 신강한데 억부법이나 조후법의 용신
이나 희신이 일치되고 있지 않음은 이상의 길신끼리 서로 다투는 일
면이 있으므로 억부법이나 조후법에 일치하는 용신이나 희신의 사
주원국과 비교할 때 복록이 낮게 될 수 밖에 없는 것으로 판단하여
야 된다.

*. 본 장 십이운성 양(養)에 대한 위 사주팔자 판단,!

본 장 십이운성의 양(養)에 대한 위 사주원국을 부합시켜 간명하
여 보면 우선 사주일주가 甲戌로서 십이운성의 양(養)지에 앉아 있
음을 알 수가 있다.

따라서 사주 주인공인 정 모씨는 일지에 편재 戌土가 자리를 잡
고 양(養)에 해당하고 있으니 본 장 십이운성 양(養)의 통변법에 인

용하여 간명할 수가 있는데 그 부분을 적용하면 "사주에 정재나 편재가 양(養)에 해당하고 있으면 재물복이 좋으며 남자는 처의 내조가 깊고 처덕이 있다,"!라며 적고 있다.

그렇다면 사주 주인공인 황 모씨는 일지의 편재는 처궁이므로 처의 내조가 많은 것을 알 수가 있고 더하여 사주상의 길신에 해당하고 있으니 완전히 부합하고 있음을 판단 할 수가 있는 것이다.

(라). 장생(長生)

어머니 뱃속에서 태어남과 같으며 창조성과 생동감으로 온통 젖어 있다.

불굴의 기상이 엿보이고 있으며 그 기상 속에서는 어느 누구도 감히 가로막지 못한다.

화합, 창조, 기상, 후퇴없이 전진하는 상으로 십이운성의 "건록", "제왕지"와 함께 최고의 길지(吉地)라 말할 수가 있다.

이 "장생"이 일주에 동주하면 사주 주인공은 세인의 은덕을 많이 받으며 친목과 화합의 윗사람으로서 대인의 풍격을 고루 갖춘다.

*. 장생(長生)의 통변법

*.비견이나 겁재가 장생이면 형제가 창성 발달하며 형제중에 부귀공명을 누린다.

*.식신이나 상관이 장생이면 식록이 풍족하며 여자는 자식중에 효자가 있으며 또한 자식이 부귀공명을 누린다.

*.정재나 편재가 장생이면 대부귀를 한 몸에 받으며 남자는 미모의 처와 함께 처덕이 대단하다.

*.정관이나 편관이 장생이면 남자는 직업이 고관이며 직업운이 대길하며 또한 자식이 창성 발달한다.

*.편인이 장생이면 음악, 예술, 학문으로 높은 명성을 날린다.

*.인수가 장생이면 문학, 예술, 학술적 명예로 이름이 높이 나고 모친이 인자 관대하다.

(예1).여자, 김 모씨(경남 창령) 1956년 음력 8월 15일 卯 시

(십이운성)───────▶ "生"

	丁	己	丁	丙
	卯	丑	酉	申

	편인		편인	인수
(오 행)──▶	火	(土)	火	火
	木	土	金	金
	편관	비견	식신	상관

본 장 십이운성 장생(長生)에 해당하는 실제인물의 사주이다.

*. 일간의 왕쇠(旺衰),!

己일간 酉월에 출생하여 비록 실령(失領)하였지만 사주일지 丑土 비견에 득지(得地)한 중에 다시 년, 월, 시상에 투출되어 있는 丙, 丁 인수, 편인이 강력하게 일간 己土를 생조하고 있으니 신강이다.

이렇게 사주팔자가 일간 己土가 신강하면 마땅히 일간의 힘을 억제할 수 있는 오행이 필요한데 때마침 사주월지 酉金과 년지 申金인 식신 상관이 자리를 잡고 일간의 기운을 자연스럽게 누출시키고 있으므로 대단히 좋게 되어 있다.

*. 일부 학자의 의문,!

여기서 일부 학자들 중에는 "위 사주팔자가 월지 酉金 식신이 자리를 잡고 있는 중에 일지 丑土 비견과 酉-丑合金하니 己일간을 생조하는 기운은 사주천간 뿐이므로 마땅히 일간이 신약하여 일간을 생조하는 것이 타당하지 않겠느냐",!라고 의문을 표시하고 있다.

*. 일부 학자들의 의문을 제기한 부분에 대하여 본 저자의 견해,!

이와 같은 일부 학자들이 의문을 제기한 酉-丑合金에 대하여 본 저자는 약간 견해를 달리하고 있는데 그것은 비록 사주월지 酉金이 사왕지지(子, 午, 卯, 酉)로서 사주일지 丑土 비견과 酉-丑합을 성립하기 이전에 시지에 존재하는 卯木 편관이 역시 사왕지지로서 월지 酉金 식신을 끊임없이 卯-酉 상충으로 합을 방해하고 있으니 완벽한 합의 결합이 되지 못한다.

따라서 보통 합의 결합이 순조롭게 될려면 합을 방해하는 상충이나 삼형이 성립되어 있지 않아야 되며 더하여 합을 결합하는 양쪽 오행이 서로간 근접하여 합을 이루고 있어야 완벽한 합의 기운으로 돌아가는 것으로 판단 하여야 된다.

그렇다면 위 사주팔자는 이상의 부분을 접목시켜 판단하여 볼 때 비록 酉-丑합은 근접하여 있겠지만 이렇게 같은 사왕지지인 酉金과 卯木이 근접하여 상극을 하는 것은 도저히 합이 성립을 할 수가 없는 것으로 결론이 나는 이유가 여기에 있다.

*. 사주격국과 용신,!

다시 위 사주팔자를 격국과 용신을 선정하면 우선 일간 己土가 신강한 중에 사주월지에 식신 酉金이 자리를 잡아 대단히 강력 하므로 신왕식신격(身旺食神格)이 성격(成格)된다.

또한 용신으로 격국을 설정하니 인중용재격(印重用財格)으로 일간 己土를 생조하는 기운인 인성 火氣와 비겁 土氣에 의하여 신강이 되고 있으니 인성 火氣를 억제하고 아울러 일간 己土의 기운을 극루하는 재성 水氣를 용신하고 재성 水氣를 생조하는 식상 金氣는 희신으로 삼는 식상생재격(食傷生財格)으로도 같이 볼 수 있다.

이렇게 용신과 희신의 기운을 선정하고 사주팔자를 살펴보니 일간 己土의 기운을 자연스럽게 누출시키는 식신 酉金이 월지에 자리를 잡고 왕성하여 수기(秀氣)유행을 시키고 있으므로 대단히 길하게 작용하고 있음을 알 수가 있다.

*. 본 장 십이운성의 장생(長生)에 준한 판단,!

위 사주 주인공인 김 모씨는 여자 사주로서 사주팔자에 월지 식신 酉金이 십이운성의 장생(長生)지에 앉아 있으므로 본 장 십이운성의 장생(長生)의 통변법에 준한 격국이 되고 있음을 알 수가 있다.

이 부분을 인용하여 기술하면 "사주에 식신이나 상관이 장생이면 식록이 풍족하며 여자는 자식 중에 효자가 있으며 또한 자식이 부귀한다,"!라며 기술하고 있다.

이상의 부분을 위 사주에 대해서 접목시켜 판단하면 여자 사주에서는 식신이나 상관은 자식을 의미하니 자식이 사주원국에 용신이나 희신이 되고 있는 것은 완전히 자식덕이 있는 것으로 판단하고 더하여 참한 자식이 된다는 것을 간명할 수가 있다.

또한 여자 사주에 식신이 월지에 앉아 있는 중에 십이운성의 장생지에 있으니 사주 주인공인 김 모씨는 음식 솜씨가 좋을 것이며 성격이 낙천적이고 매사를 성실 명랑하게 처리하는 신체가 풍만한 몸매를 가진 것도 판단해야 할 것이다.

***. 십이운성에 대한 본 저자의 일부 비판적인 견해,!**

하지만 이러한 십이운성의 판단 기준이 위 사주를 예로 들어 막연히 월지에 식신이 있는 중에 십이운성의 장생지에 앉아 있다 하여 장생의 통변법상 그대로 부합시켜 적용할 것은 못된다.

그것은 왜냐하면 만약 사주일간이 신약한 중에 식신이나 상관이 일간에 대해 기신(忌神)의 역할이 되고 있는데 이와 같은 식신이나 상관이 무조건 십이운성의 장생지에 있다 하여 이상 장생의 좋은 조건을 판단하여 간명할 경우 사주 추명학상의 오류가 생기는 것은 자명한 일이 될 수 밖에 없다.

결국 본 저자는 이와 같은 십이운성의 법칙은 사주팔자내 육친과 각종 살성(殺星) 및 일간의 신강, 신약을 살피고 이것이 해당하는 장생지의 기운이 일간에 대한 기신(忌神)이 되고 있는가 그렇지 않으면 길신이 되고 있느냐에 따라 추명의 판단을 저울질하여 결론을 내리는 것이 가장 오류를 줄이는 한 방법이 되는 것임을 일러 두고 싶다.

(마). 목욕(沐浴)

모태에서 출생하여 목욕을 시키며 몸을 청결하게 가꾸는데 어머니 뱃속의 환경과 밖의 환경이 다르기 때문에 추위와 적응을 하지 못하여 대단히 불편해 한다.

따라서 이러한 환경에 적응하기 까지 어느 정도의 시간과 고통이 따르며 그러므로 그 시련의 기간이라 할 수가 있다.

"목욕"이 일주에 있게 되면 색정 문제로 번민이 따르고 항상 아름다움을 선호하기 때문에 그로 인하여 낭비와 지출이 많으며 유행에 민감하다.

사주원국에 "도화"와 "목욕"이 동주하면 남녀 다같이 주색잡기에 능하며 사주의 격국이 순수하지 못할 때는 주색으로 패가 망신한다.

*. 목욕(沐浴)의 통변법

*.비견이나 겁재가 목욕이면 형제 또는 근친가족이 주색으로 파가 번민하며 색정으로 인해 결혼 생활이 순탄하지 못하다.

*.식신이나 상관이 목욕이면 문학, 예술에 능통하며 여자는 화류계 팔자이고 자식중에 색정으로 번민한다.

*.정재나 편재가 목욕이면 가정내 낭비가 심하고 지출이 많아서 부부간 갈등이 심하다.

 *.정관이나 편관이 목욕이면 남자는 직업이 보잘 것이 없고 명예
또한 없으며 더하여 자식 발전이 없고 자식중에 색정으로 고민하며
여자는 남편이 주색잡기에 능한 사람이다.

 *.편인이나 인수가 목욕이면 어머니가 재가팔자가 아니면 호색다
음하다.

(예1).남자 이모씨(전남 광양) 1967년 음력 4월 23일
    子 시

	(십이운성) ⟶	浴"	
丙	乙	乙	丁
子	未	巳	未

	상관		비견	식신
(오 행) ⟶	火	(木)	木	火
	水	土	火	土
	편인	편재	상관	편재

**본 장 십이운성의 목욕(沐浴)에 해당하고 있는 실제
인물의 사주이다.**

 ***. 일간의 왕쇠(旺衰),!**

乙일간 巳월에 출생하여 실령(失領)하였고 사주원국 월지 巳火 상관을 중심으로 하여 편재 土氣와 식상 火氣가 강력하게 일간 乙木을 극루하고 있으므로 신약이다.

하지만 일간 乙木은 년지 및 일지 未土의 지장간 중기(中氣)에 乙木과 시지 子水 편인에 득세(得勢)한 중에 다시 그 세력을 업은 월상 乙木 비견이 투출되어 일간 乙木을 생조하고 있는 것은 그나마 일간 乙木이 의지처가 있으니 다행이라 아니할 수 없다.

그러나 무엇 보다도 이렇게 사주월지 상관 巳火가 자리를 잡고 있는 중에 시상 및 년간에 각각 丙, 丁 火氣가 투출되어 있는 것은 아무래도 신약한 일간 乙木으로서는 대단히 좋지 못한 것은 기정 사실이다.

따라서 일간이 신약하면 이것이 외격(外格)의 종격(從格)이나 가종격(假從格)으로 돌아가지 않는 이상 마땅히 일간 乙木의 기운을 부조하고 생조하는 것이 제일이 될 것이다.

*. 사주격국(格局)과 용신(用神),!

위 사주팔자에 대한 격국을 판별하여 보면 일간 乙木이 사주내 식상과 재성인 火, 土의 기운이 강력하여 신약한 중에 월지에 巳火 상관이 자리를 잡고 있으므로 진상관격(眞傷官格)이 성격(成格)된다.

고로 용신은 진상관용인격(眞傷官用印格)으로 신약한 일간 乙木의 기운을 생조하고 아울러 왕성한 식상 火氣와 재성 土氣를 상극하는 인성 水氣와 비겁 木氣를 같이 용신으로 선택하는 것이 마땅하다.

이렇게 사주팔자의 용신과 희신의 기운을 선택하고 사주원국을 살펴보니 시지 子水 편인이 일간 乙木에 대한 득세(得勢)을 하면서 자리를 잡아 용신의 기운이 되고 있으니 대단히 길하게 작용하고 있다.

*. 본 장 십이운성 목욕(沐浴)에 대한 판단,!

다시 위 사주 주인공인 이 모씨는 남자 사주로서 본 장 십이운성 목욕(沐浴)에 대한 부분에 비추어 판단하여 보니 사주팔자 월지 巳火 상관이 십이운성 목욕(沐浴)지에 앉아 있으므로 그에 대한 통변법이 적용되고 있다.

따라서 십이운성 목욕(沐浴)에 대한 부분을 인용하여 볼 때 "사주에 식신이나 상관이 목욕이면 문학, 예술에 능통하며 여자는 화류계 팔자이고 자식중에 색정으로 번민한다",!라며 기술하고 있다.

또한 "사주에 비견이나 겁재가 목욕이 되면 형제 또는 근친 가족이 주색으로 번민하며 결혼 생활이 순탄하지 못하다,"!라며 기술하고 있다.

*. 命理秘典 上권인 비겁의 육친통변법에 인용하여,!

이상의 부분을 命理秘典 上권인 비겁의 육친통변법에 적용하여 인용해 볼 때 "사주팔자에 비견이 십이운성의 사, 묘, 목욕과 동주하면 형제중에 일찍 죽은 형제가 있다,"!라며 기술하고 있다.

따라서 위 사주 주인공인 이 모씨는 이상의 命理秘典 上권인 비겁의 육친통변법에 적용하여 형제의 육신을 조심스럽게 간명을 할 수가 있겠는데 실제로 본 저자가 사주 주인공인 이 모씨의 형제의 부분을 조심스럽게 타진을 하여 본 결과 일찍 교통사고로 사망한 형제가 있음을 알 수가 있었다.

또한 본 사주 주인공인 이 모씨는 이상의 십이운성의 통변법에 적용하여 사주 월지의 기운이 강력하게 미치고 있으니 문학적, 예술적인 부분에 능통한 일면이 있을 것이다.

그러나 일면 월지에 상관이 들어 있는 것은 신경질이 대단히 강력하게 작용하여 주위 사람들에게 짜증을 내는 일이 많을 것이며 아울러 월지가 십이운성 목욕에 해당하고 있는 것은 본인의 성격에도 대단히 영향력을 미치게 되므로 호색다음(好色多淫)하여 여자관계로 바람을 피우는 성격이다.

더하여 사주일간 乙木을 기준하여 비록 일간이 신약사주이나 월지 巳火 상관간에 목화통명(木火通明)이 되고 있는 것은 두뇌가 명민하여 모든일을 못하는 것이 없는 다재 다능한 재주꾼이 되고 있는 면은 기정 사실이라 판단한다.

결국 이것은 사주팔자 일간의 기운이 보통 일지나 월지에서 일간과 서로 상생이 되는 성질은 지금까지 본 저자가 수십년 동안 간명한 중에 조금의 틀림이 없는 경험으로서 대단히 머리가 영리하며 재주가 다양하다고 판단 간명하는 것이 정석이다.

(바). 관대(冠帶)

사람이 성장하면서 의관을 차려입은 것을 말하고 자기 스스로의 나아갈 길을 개척하며 진취적으로 활동하는 기상이 서려있다.

사주원국에 "일주"가 관대에 해당하면 사주 주인공은 독립성과 자존심이 강하여 매사에 어려운 고통이 있더라도 참고 견디는 습관이 강하고 불의와 부정을 보면 참지 못하는 공평 정대함의 도리를 다하는 기질이 농후하다.

*. 관대(冠帶)의 통변법

*.비견이나 겁재가 관대이면 형제가 자존심이 강하고 독립, 독보하는 성질이 강하다.

*.식신이나 상관이 관대이면 사람이 영리하고 식신이 관대면 남자는 직업운이 좋고 여자는 자녀가 출중하다.

그러나 상관이 관대면 남자는 직업적으로 고통을 받는 일이 많고 여자는 남편하는 일에 불평, 불만이 많다.

　*.정재나 편재가 관대이면 재물복이 좋은 반면 남자는 처가 자존심과 고집이 강하고 그로 인하여 부부 갈등이 많으며 심하면 남자는 여자에게 공처가가 될 수 도 있다.

　*.편인이 관대면 문학, 예술에 소질을 발휘하며 그러나 생각하는 능력이 부족한 관계로 남에게 사기를 당해 보기도 하고 여자는 자녀 문제로 고통이 있다.

(예1).남자, 박 모씨(경북 포항) 1966년 음력 5월 8일 未 시

　　　(십이운성) ⎯⎯⎯➤ "帶"

　　　　　乙　丙　甲　丙
　　　　　未　辰　午　午

　　　　　인수　　　편인　비견
　　　(오　행) ⎯⎯➤ 木　(火)　木　火
　　　　　　　　土　土　火　火
　　　　　　　상관　식신　겁재　겁재

본 장 십이운성 관대(冠帶)지에 해당하고 있는 실제 인물의 사주이다.!

***. 일간의 왕쇠(旺衰),!**

丙일간 午월에 출생하여 득령(得領)하고 사주팔자 월지 午火 겁재를 중심으로 하여 년지 午火 그리고 그 십이운성의 제왕지에 앉은 년간 丙火 비견(사주년지 및 월지 午火를 기준하여 년간에 丙火는 십이운성 제왕지에 해당함)이 투출되어 있는 중에 다시 월상과 시상에 甲, 乙 木이 투출되어 일간 丙火를 생조하고 있으니 매우 신왕하다.

이렇게 일간 丙火가 신왕함이 대단히 왕성하니 이것이 외격(外格)의 종격(從格)이나 가종격(假從格)으로 돌아가지 않는 이상 내격(內格)의 억부법이나 조후법상 용신이 선정 되어야 할 것이다.

따라서 사주팔자를 살펴보니 일간 丙火를 억제할 수 있는 일지 辰土 식신이 습토이므로 왕성한 일간 丙火의 기운을 수기(秀氣)유행을 하고 있으니 결코 외격(外格)의 종격(從格)이나 가종격(假從格)으로 돌아가지 못하는 것은 곧 내격(內格)의 억부법이나 조후법의 용신이 선정되는 것을 알 수가 있다.

***. 격국(格局)과 용신,!**

따라서 사주팔자의 격국을 판별하여 보면 일간 丙火가 사주내 비견이나 겁재의 기운과 인성 木氣의 기운이 생조가 많아 매우 신왕한 중에 사주월지 午火가 겁재이기 이전에 양인이 되고 있으니 신왕월지양인격(身旺月支羊刃格)이 성격(成格)된다.

고로 용신은 비중용관격(比重用官格)으로서 일간 丙火가 왕성한 비겁 火氣와 인성 木氣가 강력하여 신왕하니 비겁 火氣를 바로 억제하는 관성 水氣를 용신하고 관성 水氣를 생조하는 재성 金氣는 희신으로 삼는 것이 마땅하다.

아울러 신왕한 일간 丙火를 수기(秀氣)유행하는 식상 土氣는 원칙적으로 조토인 未, 戌 土氣는 왕성한 火氣에 동조하는 성질이 강하니 오히려 불리하고 그렇다면 습토인 辰, 丑 土氣는 습기로서 火氣의 기운을 억제하면서 왕성한 火氣를 누출시키는 것이 되니 습토인 辰丑 土氣는 대단히 길하게 작용한다.

이렇게 용신의 기운과 희신 및 길신의 기운을 선정하여 놓고 사주원국을 살피니 일간 丙火에 대한 용신인 관성 水氣나 재성 金氣가 지지의 지장간조차 보이지 않으니 오로지 운로인 대운이나 세운에서 보아야 하는 가용신(假用神)이 선정되므로 복록이 작을 수 밖에 없는 것이다.

한편으로 볼 때 위 사주팔자는 이렇게 사주가 木, 火의 기운이 대단히 강력하여 일면 조후법상 관성 水氣와 재성 金氣를 용신과 희신으로 꼭 삼아야 하는 부담을 가지고 있는데 이것은 억부법이나 조후법의 용신에도 일치하는 성질이라는 것을 알 수가 있다.

위 사주 주인공인 박 모씨는 이렇게 일간 丙火의 기운이 중화(中和)의 기점인 40%를 훨씬 넘고 있는 중에 오행이 편(偏)으로 치우쳐 있으니 이것은 청탁의 부분에 사주상의 탁기를 남기는 것이 되고 더욱이나 생화불식(生化不息)에 근접하는 성질이 되지 못하므로 복록이 짧고 불의의 재난이 종종 들이 닥친다는 것을 사주원국이 무언 중에 암시를 하고 있다.

*. 본 장 십이운성 관대(冠帶)의 부분에 적용하여 판단,!

위 사주 주인공인 박 모씨는 이상으로 격국과 용신의 부분을 세밀하게 파악하여 보았는데 이렇게 사주팔자가 용신의 기운이 미약하고 청탁 부분에 탁기를 남기는 현상은 격국이 대단히 좋지 못하는 것을 단적으로 보여주고 있다.

아울러 본 장 십이운성 관대(冠帶)의 부분에 위 사주를 적용하여 판별하여 보면 우선 사주일지에 辰土 식신이 일간 丙火를 기점으로 하여 십이운성의 관대지에 해당하고 있으므로 본 장 관대(冠帶)의 통변법에 완전히 부합을 하고 있는 것이다.

따라서 본 命理入門에 적고 있는 관대(冠帶)의 통변법에 준해서 다시 그 부분을 인용하여 보면, "사주팔자에 식신이 관대면 사람이 영리하고 또한 남자는 직업운이 좋고 여자는 자녀가 출중하다,"!라며 기술하고 있다.

이상의 부분을 위 사주에 접목시켜 간명하여 볼 때 비록 일간 丙火가 대단히 신왕하여 사주상의 탁기를 남기고 있고 아울러 생화불식(生化不息)에 막힘은 많겠으나 이렇게 일지에 辰土인 습토가 자리를 잡아 왕성한 일간 丙火의 기운을 자연스럽게 누출시켜 수기(秀氣) 유행을 시키는 것이 되니 길신이 일지에 자리를 잡는 것이 되었다.

그렇다면 식신이 사주상에 길신의 역할을 다하는 것이 되니 일지는 남자 사주에는 처궁이고 또한 식신은 직업을 나타내니 식신이 길신의 작용을 하는 것은 처복과 직업운이 좋다는 것으로 간명을 하면 의외로 적중률이 높게 된다.

하지만 만약 이러한 식신이 십이운성의 관대(冠帶)지에 앉아 있다 해도 일간에 대한 기신(忌神)의 역할이 될 것 같으면 이상의 관대(冠帶)의 통변법에 어긋나는 성질도 될 수가 있으니 간명상 신중을 기해야 하는 것은 두말할 것도 없다.

(사). 건록(健祿)

사과 나무에 꽃이 피고 사과가 달린 것과 같으니 사람이 성장하여 관록에 진입하여 국가에 노력하며 그 결실로 봉급을 받는 것과 같다.

따라서 건록은 장생, 제왕지와 함께 최고의 경지와도 같으니 불굴의 투지로서 고난을 헤쳐 나가는 힘이 강력하여 일단 무슨 일이 있어 돌진하면 어느 누구도 감히 막지는 못한다.

건록이 사주원국의 일주에 동주하여 있으면 "전록(專祿)"이라 하고 시주에 있으면 "귀록(貴祿)"이라 하는데 이와 같이 건록이 사주에 있게 되면 사주 주인공은 공평, 정대, 상하질서와 공과 사를 엄격히 구분한다.

※참고로 건록은 일간의 동기인 비견을 말하는 것으로 건록이 사주 원국에 있게 되면 자존심과 고집이 강대하여 자기 주장을 고집하고 비방 불리를 초래하는 것이므로 일면 타인에게 적을 사기도 잘하는데 그러나 격국이 순수하고 건록이 자리잡아 길신으로 작용하면 대단한 복록을 고루 갖춘다.

※참고로 건록은 일간의 기운을 강하게 만드는 기운이므로 만약 일간이 신왕하면 별 문제가 없겠지만 만약 일간이 신약하여 건록이 중요한 기운으로 선정되고 있다면 사주원국에서 형, 충, 파, 해로 가격하여 일간의 중요한 건록의 기운을 약화시키고 있다고 할 때 이것은 대단히 좋지 못하게 된다.

더하여 이러한 것은 운로인 대운이나 세운에서 형, 충, 파, 해가 들어온다고 해도 건록의 기운이 심하게 손상을 당할 것이며 따라서 일간을 생조하는 힘이 쇠약해 지므로 그 때에는 재화가 속출하니 이러한 부분을 대단히 신중히 해서 운로의 흐름을 판단할 필요가 있다.

*. 건록(健祿)의 통변법

*.비견이나 겁재가 건록이면 형제중에 성공하고 창성 발달한 사람이 있다.

*.식신이 건록이면 직업이 고귀하고 식록이 풍족하며 여자는 자식덕이 있고 자식이 창성 번영한다.

*.정재나 편재가 건록이면 본인은 부귀로 살고 남자에 대한 여자는 현모양처요, 또한 처덕이 대단하다.

*.정관이나 편관이 건록이면 남자는 직업적으로 높은 자리에 앉게 되고 자식이 번영 부귀하게 되며 여자는 남편덕이 좋다.

*.편인이나 인수가 건록이면 문학, 학술, 명예에 발전이 있고 학식이 높으며 문서상 좋은 일이 있게 된다.

(예1). 여자 정 모씨(강원 평창) 1967년 음력 7월 14일 午 시

(십이운성) ──────▶ "祿"

壬	乙	戊	丁
午	卯	申	未

인수		정재	식신

(오 행) ──▶

水	(木)	土	火
火	木	金	土

식신	비견	정관	편재

본 장 십이운성 건록(健祿)에 적용되는 실제인물의 사주이다.

*. 일간의 왕쇠(旺衰),!

乙일간 申월에 출생하여 실령(失領)하였고 사주팔자 월지 申金 정관을 중심으로 하여 사주 대부분이 재성 土氣와 식신 火氣로 구성되어 일간 乙木을 대단히 극루하고 있으므로 신약이다.

이렇게 일간 乙木이 왕성한 식상 火氣와 재성 土 그리고 정관 金氣가 강력하여 이것이 불과분의 법칙에서 외격(外格)의 종격(從格)이나 가종격(假從格)으로 돌아가지 않는 이상 신약한 일간 乙木을 생조하는 것이 마땅하다.

사주팔자를 자세히 살펴보니 일간 乙木을 부조하는 사주일지 卯木 비견이 자리를 잡아 득지(得地)하고 사주년지 未土와 약간 원격(遠隔)하지만 卯-未合木을 구성하여 있는 것은 일간 乙木이 무언중에 힘을 얻고 있다 해도 과언이 아니다.

상황이 이럴진데 금상첨화로 다시 시상에 투출되어 있는 壬水 인수가 일간을 생조하고 있으니 위 사주팔자는 결코 외격(外格)의 종격(從格)이나 가종격(假從格)으로 돌아가지 못하고 내격(內格)에 입각하여 억부법이나 조후법의 용신이 선정되어야 할 것이다.

*. 일부 학자들의 의문,!

여기서 일부 학자들 중에는 방금 본 저자가 설명한 사주일지 卯木 비견과 년지 未土 편재간에 卯-未合木이 성립 한다는 주장에 대하여 약간의 의문을 가지고 질문을 하고 있다.

그것은 "사주일지 卯木 비견이 년지 未土 편재간에 卯-未合木도 성립 되지만 년지 未土 편재와 시지 午火 식신간에 午-未합이 되고 있으므로 양쪽의 합이 성립될 것 같으면 투합(鬪合)이라 하여 이것도 저것도 합이 잘되지 않는 성질이 있지 않느냐,"!라며 강력하게 의문을 표시하고 있다.

*. 命理秘典 上권인 지지합의 성질에 인용하여,!

이와 같은 부분에 대하여 본 저자의 졸저 命理秘典 上권인 지지합의 성질편에 설명하고 있기를 "사주의 지지에 육합, 삼합, 방합하는 기운이 서로간 근접하여 있어야 만이 완벽한 합을 성격(成格)할 수가 있겠지만 만약 이상의 합이 원격(遠隔)해 있다던지 방해하는 상충이나 삼형의 기운이 합을 방해할 경우 완벽한 합이 이루어지지 않는다,"!라며 기술하고 있다.

또한 "하나의 합을 구성하는 요건이 상대 오행이 두 개의 기운이 하나의 기운을 놓고 쟁탈하는 성질이 되고 있으면 원격(遠隔) 즉, 멀리 떨어져 있는 오행은 근접한 오행에게 합의 기운을 빼앗기게 된다",라고 설명하여 있으며,

더하여 "두 개의 기운이 하나의 기운을 쟁탈하는 것이 되고 있다면 근접한 오행끼리 먼저 합을 하게 되니 멀어져 있는 오행은 합의 기운에서 제외되는 이치와 같다,"!라며 실제 인물의 격국을 풀이하

는 과정에서 대단히 자세하게 기술하고 있다.

그렇다면 이상의 命理秘典 上권인 지지합의 부분에 적용하여 위 사주팔자를 접목시켜 보면 이상의 부분에 완전히 일치를 하고 있는 현상이 되고 있는 것을 알 수가 있다.

따라서 위 사주팔자의 일지 卯木 비견은 년지 未土 편재간에 비록 월지 申金이 가로막고는 있겠지만 상대적인 시지 午火 식신과 년지 未土간의 거리는 일지 卯木의 거리하고는 상대가 될 수 없을 만큼 원격(遠隔)한 차이를 보이고 있으니 시지 午火 식신과 년지 未土 편재간 午-未합은 성격(成格)이 될 수가 없는 것으로 보아야 하는 이유가 여기에 있다.

*. 격국(格局)과 용신(用神),!

이상의 부분을 적용하면 일부 학자들이 의문을 제기한 부분이 쉽게 이해가 될 수가 있음을 미루어 짐작하며 다시 위 사주팔자의 격국과 용신을 판별하여 볼 경우 우선 사주일간 乙木이 반대상극 육신인 정관, 재성, 식신의 기운인 火, 土, 金이 많아 일간 乙木이 신약한 중에 월지에 정관 申金이 자리를 잡고 있으니 신약월지정관격(身弱月支正官格)이 성격(成格)된다.

고로 용신은 관중용인격(官重用印格)과 재중용비격(財重用比格)으로 일간 乙木을 상극하는 재성 火氣와 관성 金氣를 살인상생(殺印相生) 및 관인상생(官印相生)하는 인성 水氣와 비겁 木氣를 같이 용신으로 삼는다.

이렇게 용신의 기운을 선정하고 사주팔자를 살펴보니 일지에 卯木 비견이 자리를 잡고 있으니 이것은 命理秘典 上권인 비견편에 기술하고 있는 전록격(專祿格)을 구성하고 있는데 이러한 전록(專祿)인 비견 卯木을 용신으로 선택하고 있는 것은 대단히 좋은 격국이 되고 있음을 판단할 수가 있겠다.

*. 본 장 십이운성 건록(健祿)에 준한 판단,!

본 장 십이운성 건록(健祿)에 준하여 위 사주팔자를 간명하여 보면 우선 사주일지 卯木이 비견에 해당하고 있는 중에 십이운성의 건록(健祿)지에 앉아 있으니 완전히 본 장 건록(健祿)의 통변법이 적용되는 사주팔자가 되고 있다.

따라서 본 장 십이운성 건록(健祿)의 통변법을 인용하여 기술하면 "사주팔자에 월지에 비견이 들어 있을 경우 건록격(健祿格)이 되고 사주일지에 비견이 있을 때 전록격(專祿格)이며 또한 사주시지에 비견이 있을 때는 귀록격(貴祿格)이다,"!라며 비견의 특성을 사주에 어느 지지에 해당하는가에 따라 특별히 분류 취급하고 있다.

또한 위 사주팔자가 일지에 비견이 건록에 해당하고 있으니 "사주팔자에 비견이나 겁재가 건록에 해딩하면 형제중에 성공하고 창성 발달한 사람이 있다,"!라며 기술하고 있다.

더하여 "사주일지에 건록이 있을 경우 사주 주인공은 공평, 정대, 상하질서와 공과 사를 엄격히 구분하는 성격을 갖춘다,"!라며 또한 대단히 자세하게 설명하고 있다.

이상의 부분을 모두 위 사주 주인공인 정 모씨에게 접목시켜 본 결과 모두 성격과 특성이 일치하는 것을 알 수가 있겠는데 그러나 사주 주인공인 정 모씨는 여자 사주로서 이러한 건록인 비견이 일지에 들어 있어 일간 乙木이 신약하길 망정이지 만약 일간이 신왕하여 건록인 비견이 기신(忌神)이 되고 있을 경우 오히려 건록인 비견으로 인하여 대단히 재화가 들이 닥치는 것은 두말할 것도 없다.

결국 이상의 십이운성 건록(健祿)은 일간이 신약할 때 건록의 도움을 받고 아울러 대발복을 누릴 수가 있겠지만 만약 일간이 신왕하여 있을 경우 사주 주인공이 남자든 여자든 막론하고 운로인 세운이나 대운에서 재차 건록인 비견운을 만났을 경우 그 흉의는 매우 강력하게 발생하는 것이 정석이다.

더하여 이렇게 일지에 건록이 자리를 잡고 기신(忌神)의 역할을 하고 있을 때는 이상의 십이운성 건록에 대한 통변법은 완전히 뒤집는 결과를 불러 일으키니 이 때는 남녀를 불문하고 부부간에 풍파가 대단히 강력하게 발생하므로 배우자 운이 불길하여 이혼 내지는 삼혼 및 사별의 운을 겪는 것이니 초심의 학자는 판단에 신중함을 기해야 하는 것은 두말할 것도 없다.

(아). 제왕(帝旺)

산을 올라가면 정상이다,!
이제 더 이상 올라갈 수가 없다.

더하여 산의 정상에서 내려다 보면 삼라만상의 모든 것이 내 눈에 들어오는 것처럼 최고의 경지라고 말 할 수가 있다.

제왕이 일주에 있는 자는 자존심과 고집이 강대하고 한번 마음을 먹으면 실패하던지 성공이던 간에 물불을 가리지 않고 뛰어든다.

더하여 불의에 대한 것은 절대 용납하지 않고 사회봉사와 어려운 사람에게 때로는 헌신적으로 보살피는 자비스런 마음도 있으나 반면 고집이 강대하기 때문에 어떤 때는 아만심 및 자만심으로 남을 낮춰보는 기질이 다분하여 일면 대인관계에 불화를 유발하니 그로 인하여 주위에 고립이 되기 쉽다.

또한 제왕이 사주의 일지에 있게 되면 사주 주인공은 아무리 어렵고 괴로워도 주위에 어렵다고 말하지 않으며 남의 신세 및 동정을 바라거나 구걸을 죽기보다 싫어한다.

*. 제왕(帝旺)의 통변법

*.비견이나 겁재가 제왕이면 신왕사주가 될 때 폭력을 좋아하고 시비를 자초한다.

*.식신이나 상관이 제왕이면 의식주가 풍족하고 의사로 성공할

수 있으며 여자는 자식이 번영한다.

　*.상관이 제왕이면 자기 몸을 자해(自害)하며 또한 남을 시비하여 상해한다.

　*.정재나 편재가 제왕이면 재물을 한없이 모아 보지만 극(極)에 달하면 그 이후로는 지출이 되고 남자는 처에게 가권(家權)을 빼앗기는 수가 있다.

　*.정관이나 편관이 제왕이면 남자는 권세욕심이 많으며 권력이나 세력을 부리기를 잘하고 또한 자식이 창성 발달한다.

　*.편인이 제왕이면 문학적, 예술적 발달은 있으나 남, 녀 불문하고 유모나 서모및 계모로 인하여 고생이 많다.

　*.인수가 제왕이면 학업적인 성취를 하며 명예적, 학술적인 번영이 있지만 그러나 부친이 데릴사위인 경우가 있다.

(예1).여자 한 모씨(경북 청송) 1963년 음력 5월 23일 巳 시

<pre>
(십이운성) ─────▶ "旺" "旺"
                  乙   丁   己   癸
                  巳   巳   未   卯

                  편인   식신 편관
(오 행) ─────▶ 木 (火) 土   水
                  火   火   土   木
                  겁재 겁재 식신 편인
</pre>

본 장 십이운성 제왕(帝旺)지에 해당하는 실제인물의 사주이다.

*. 일간의 왕쇠(旺衰),!

丁일간 未월에 출생하여 비록 실령(失領)하였으나 사주일지 巳火 겁재 및 시지 巳火 겁재에 각각 득지(得地), 득세(得勢)한 중에 년지 卯木 편인이 자리를 잡아 다시 십이운성의 건록지에 앉은 시상 乙木 편인이 투출되어 일간 丁火를 강력하게 생조하고 있으므로 신왕이다.

이렇게 일간 丁火가 비록 월령에 득령(得領)을 하지 않았음 에도 사주팔자의 주위에 일간을 생조하는 기운이 많을 것 같으면 일간이 신왕이 되기는 마련인데 그렇다면 제일로 배부른 일간의 기운을 자연스럽게 억제하고 누출시키는 것이 가장 바람직할 것이다.

따라서 사주원국을 살펴보니 비록 월지 未土 식신이 자리를 잡고 있겠으나 未土는 오행상 성질로 보면 조토이므로 오히려 불과 같은 성질로서 불의 기운에 동조를 하는 것이 되니 그다지 일간 丁火에게는 길하게 작용하지 못한다.

하지만 일지 및 시지 巳火 겁재의 지장간 중기(中氣)에 庚金이 존재하여 그 속에 뿌리를 둔 년간 癸水 편관이 투출되어 있으니 일간 丁火의 기운을 적절히 단련 시키고 아울러 배부른 일간의 기운을 억제할 수 있는 현상이 되고 있으므로 이것은 대단히 길하게 작용하고 있다 할 것이다.

*. 사주의 격국(格局)과 용신(用神),!

따라서 위 사주팔자에 대한 격국과 용신을 살펴보면 일간 丁火가 사주 주위의 겁재 火氣와 편인 木氣의 기운에 생조되어 일간이 신왕이 되고 있는 중에 월지에 식신 未土가 자리를 잡고 다시 월상에 己土 식신이 투출되어 있으므로 신왕월지식신격(身旺月支食神格)이 성격(成格)된다.

고로 용신은 겁중용관격(劫重用官格)으로 일간 丁火의 기운을 왕성한 비겁火氣로 부터 적절히 견제 내지는 억제할 수 있는 관성 水氣를 용신하고 관성水氣를 생조하는 재성 金氣는 희신으로 삼는 것이 제일 타당하다.

식상 土氣의 경우는 일간 丁火의 기운이 강력하여 신왕이 되고 있으니 원칙적으로 일간의 기운을 자연스럽게 누출시키는 것이 되어 길하게 작용하나 그 중에서 未, 戌 土氣는 오행의 성질로 보면 조토이니 오히려 불의 기운에 동조하여 더욱 더 火氣를 지피우는 현상이 되므로 불리하게 작용한다.

그렇다면 일간 丁火의 기운을 습기로서 억제하면서 아울러 일간의 기운을 무리없이 자연스럽게 누출시키는 습토인 辰, 丑, 土氣는 일간 丁火의 기운을 수기(秀氣)유행을 시키는 것이 되므로 대단히 길하게 작용하니 습토는 길신이다.

한편으로 사주팔자에 일면 木, 火의 기운이 대단히 강력하여 덥고 건조하기 짝이 없는데 그렇다면 시급히 조후법상 관성 水氣와 재성 金氣를 선택해야 하는 것이 되고 있으니 이것은 억부법이나 조후법상 일치되는 용신과 희신의 기운이라는 것을 알 수가 있다.

이렇게 용신과 희신의 성질을 채택하고 사주팔자를 살펴보니 사주년간 癸水편관이 일지 및 시지 巳火의 지장간 중기(中氣)에 뿌리를 두고 투출되어 있겠으나 월상에 己土 식신이 투출되어 있음을 엿볼 수가 있다.

따라서 일간 丁火의 중요한 용신의 기운인 癸水 편관을 癸－己 상충으로 파극하고 있으니 용신이 상극을 당하여 제대로 그 힘을 발휘를 하지 못하는 것이므로 이것은 사주상의 탁기를 남기는 것이 되어 대단히 좋지 못하는 성질이 되고 있다.

*. 본 장 십이운성 제왕(帝旺)지에 준한 판단,!

위 사주 주인공인 한 모씨는 여자 사주로서 이렇게 일간 丁火가 신왕하여 있는 중에 용신까지 미약한 것은 생식불식(生息不息)과 사주상에 탁기가 존재하는 것이 되어 대단히 좋지 못한 성질인 것을 알 수가 있다.

본 장 십이운성 제왕(帝旺)지에 준하여 위 사주팔자를 간명하여 보면 우선 일주와 시주가 각각 십이운성의 제왕(帝旺)지 앉아 있음을 볼 수가 있겠는데 이와 같은 현상은 여자 사주에 일간이 신왕하니 제왕의 통변법에 준하여 판단을 할 경우 대단히 좋지 못함을 알 수가 있겠다.

따라서 본 命理入門에 십이운성 제왕지에 준한 부분을 인용하여 보면 "사주팔자에 비견이나 겁재가 제왕이며 신왕사주가 될 때 폭력을 좋아하고 시비를 자초한다,"!라며 기술하고 있다.

*. 본 저자의 판단,!

그렇다면 사주 주인공인 한 모씨는 여자이니 이상 제왕지의 통변법에 준한 부분이 해당되고 있으므로 그 성격 자체가 조금 편굴한 성격이 될 것이며 아울러 자존심과 고집이 대단히 강력한 것으로 판단하여야 된다.

더하여 여자로서 일간이 신왕하여 있는 중에 일지나 월지에 비견이나 겁재가 자리를 잡아 일간에 대한 기신(忌神)이 되고 있을 경우 부부궁이 불길하여 무조건 이혼 내지는 삼혼을 거치는 팔자가 될 것이며 아울러 호색으로서 첩지명이다.

또한 일간에 대한 시주가 역시 제왕지(帝旺地)에 앉아 있는 것은 시주는 자식을 나타내고 말년을 뜻하니 시주에 일간에 대한 기신(忌神)이 자리를 잡아 말년이 자식덕이 없다는 것을 사주팔자가 무언중에 암시를 하고 있으며 결국 사주 주인공인 한 모씨는 말년이 불행한 숙명을 모면할 수가 없다는 것을 여실히 입증하고 있는 셈이다.

(자). 쇠(衰)

사람이 청장년 시절을 보내고 나면 노쇠 해지는 것과 같이 점차 기력이 떨어지는 시점을 말한다.

따라서 "쇠"가 사주에 있게 되면 해당하는 육친은 빈곤하거나 발달이 쇠약한 것으로 판단할 수가 있으며 더하여 "일주"에 쇠가 있게 되면 사주 주인공은 투기와 모험을 싫어하며 안정이나 보수주의로 나가는 경향이 현저하게 된다.

더하여 주위의 사람에게 정이 약하여 유혹을 뿌리칠 수가 없으므로 인정 때문에 보증관계나 금전거래 관계에 손실을 당해보기 쉽다.

*. 쇠(衰)의 통변법

*.비견이나 겁재가 쇠이면 형제의 도움을 받지 못하고 또한 형제의 발전이 부진하다.

*.식신이 쇠면 지능 정도가 낮을 뿐만 아니라 무슨 일이던 생각하지 않고 쉽게 시작해서 실패를 좌초한다. 또한 여자는 자식의 덕이 없고 남자는 의식주에 항상 부족함을 느낀다.

*.정재나 편재가 쇠면 재산을 모아도 빠져 나가는 일이 많으며 남자는 처덕이 부진하다.

*.정관이나 편관이 쇠면 직업적으로 변천이 많으며 직업에 대해 불평, 불만이 많다.

*.또한 남자는 자식이 우둔하고 여자는 남편이 하는 일에 사소하게 불평이 많다.

*.편인이나 인수가 쇠면 학업 중단이 있게 되며 더하여 부모의 덕이 부족하다.

※참고로 쇠(衰)가 사주원국의 일주에 있게 되면 유년에 질병으로 시달리거나 그렇지 않으면 가업의 운이 좋지 않아 집안이 몰락하여 곤궁에 처한 경험을 가진 경우가 많으며 특히 일주에 "백호대살"이나 "괴강살"이 있게 되면 부부 풍파가 대단히 많아 심할 경우 부부간에 생리사별한다.

***. 백호대살(白虎大殺)이란 무엇인가,?**

"甲辰", "戊辰", "丙戌", "壬戌", "丁丑", "癸丑", "乙未"가 백호대살이
되는데 사주원국에 어디에 있더라도 백호대살의 힘은 작용한다.

따라서 그 특성은 피빛을 보는 흉살중에 대 흉살로서 이 백호대
살이 사주에 해당하는 육친은 반드시 교통사고 및 암, 신체상 질병
등으로 "흉사"의 운명이 되는데 사주에 백호대살이 있고 다시 형,
충, 파, 해를 만나거나 다른 살성이 중첩하여 있다면 더욱 더 살의
작용은 강하게 된다.

하지만 백호대살의 흉함은 공망이 되던지 아니면 지합인 육합이
나 삼합등으로 백호대살의 기운을 "합"을 시켜 주어야 그 흉함을 면
하게 된다.

*. 괴강살(魁罡殺)이란 무엇인가,?

"壬辰", "庚辰", "戊戌", "庚戌"이 괴강살이 되는데 괴강살이 있는
여자는 비록 용모는 아름다우나 그 마음이 고집이 세어 남편과 참다
운 화합을 할 수가 없어 이혼하거나 과부되거나 병으로 신음하는 자
가 많다.

또한 남자는 이론적인 토론을 좋아하며 그 성질이 지나치게 결벽
증을 가지고 있는 살로서 이 괴강살이 "일지"에 있게 되면 부부풍파
가 많아 이혼하거나 사별하게 된다.

(예1).남자, 신　모씨(경남 함양) 1955년 음력 윤 3월 13일　丑 시

(십이운성) ──────▶ "衰"　"衰"

丁　乙　庚　乙
丑　丑　辰　未

식신　　정관 비견

(오　행) ──────▶ 火　(木)　金　木
土　土　土　土
편재 편재 정재 편재

본 장 십이운성 쇠(衰)에 해당하고 있는 실제인물의 사주이다.

***. 일간의 왕쇠(旺衰),!**

乙일간 辰월에 출생하여 실령(失領)하였으며 사주원국 월지 辰土 정재를 중심으로 사주지지 전부 재성 土氣로 구성되어 있는 중에 일간 乙木을 생조하는 기운은 년간 乙木 비견 밖에 없으니 일간 乙木이 아주 신약이다.

이렇게 일간 乙木이 신약이 극심하면 사주팔자가 외격(外格)의 종격(從隔)이나 가종격(假從格)으로 돌아가기 쉬운데 그렇다면 용신의

기운은 일간의 기운을 상극하는 재성 土氣와 관성 金氣를 삼아야 할 것이다.

*. 격국에 대한 판단,!

하지만 일간 乙木은 이렇게 강력한 재성 土氣의 극루함은 무척이나 괴로울 것이나 그래도 일간이 신약함을 견디고 있는 것은 일간 乙木이 사주지지에 辰土 정재의 지장간 여기(餘氣)와 중기(中氣)에 乙木 및 癸水가 있고 다시 년지 未土의 지장간 중기(中氣)에 乙木 그리고 일지와 시지 丑土의 지장간 여기(餘氣)에 癸水가 있으니 여기에 각각 일간 乙木이 뿌리를 두는 버팀목이 되고 있음을 알 수가 있다.

따라서 아무리 재성 土氣의 기운이 강력해도 절대로 왕성한 재성 土氣와 관성 金氣를 따라가는 외격(外格)의 종격(從格)이나 가종격(假從格)으로 돌아가지 않고 내격(內格)에 기준하여 억부법이나 조후법의 용신이 선정되는 것으로 판단하여야 된다.

보통 이런 유형의 사주팔자가 나오게 된다면 초심자들은 지지에 강력한 기운이 일간을 생조하던지 상극하는 기운으로 전부 이루어지고 있을 때 무조건 일간이 의지를 하지 못한다고 판단하여 종격(從格)으로 분류 용신을 선택하고 있음을 본 저자는 많이 보고 있는데 이것은 추명의 오류를 범하는 것이니 대단히 신중히 용신과 일간의 왕쇠(旺衰)를 판단할 필요가 여기에 있는 것이다.

*. 격국과 용신(用神),!

다시 위 사주팔자에 대한 격국과 용신을 판별하여 보면 우선 일간 乙木이 신약하니 사주월지 辰土 정재를 기준하여 지지 전부 재성 土氣로 구성되어 있으므로 재다신약격(財多身弱格)이 성격(成格)된다.

고로 용신은 재중용비격(財重用比格)으로 사주내 재성 土氣가 중중하여 시급히 비겁 木氣로 왕성한 土氣를 파헤치고 아울러 신약한 일간 乙木을 생조하는 것이 급선무인데 따라서 비겁 木氣를 용신하고 비겁 木氣를 생조하는 인성 水氣는 희신으로 삼는다.

이렇게 사주상에 용신의 기운과 희신을 선택하고 사주원국을 살펴볼 때 신약한 일간 乙木에 대한 용신의 기운이 년간 乙木이 있겠으나 일간과 너무 거리가 떨어져 있는 중에 설상가상으로 월상에 투출되어 있는 庚金 정관과 乙-庚合金으로 합을 탐한 나머지 기반(羈絆)이 되어 용신으로서 제 역할을 하지 못하고 있으니 이것은 대단히 좋지 못하는 것이 된다.

보통 이렇게 사주팔자가 구성이 되고 있을 경우 용신이 미약하고 일간에 대한 신약이 극심하니 사주 주인공은 일생 동안 기복과 재난이 수시로 떠날 날이 없을 것인데 사주 대운을 파악하여 보니 수명 또한 짧아 일생을 인사불성으로 보내기 쉬울 것이니 대단히 안타깝기 그지 없다.

***. 본 장 십이운성 쇠(衰)지에 대한 위 사주판단,!**

본 장 십이운성 쇠(衰)지에 대한 위 사주를 접목하여 간명하여 볼 때 우선 일주가 乙丑으로서 십이운성 쇠(衰)지에 앉아 있으며 더하여 시지가 丑土이니 일간 乙木을 기준하여 시지까지 십이운성 쇠(衰)에 해당되고 있으므로 일주와 시주 모두가 적용되는 사주원국이다.

따라서 본 장 십이운성의 쇠(衰)에 준한 통변법에 기술하고 있는 것을 인용하여 볼 때 "사주에 정재나 편재가 십이운성의 쇠(衰)에 해당하고 있으면 재산을 모아도 빠져 나가는 일이 많으며 남자는 처덕이 부진하다,"!라며 적고 있다.

그러므로 위 사주 주인공인 신 모씨는 남자 사주로서 이렇게 일간 乙木이 신약한 중에 재성 土氣가 많아 더욱 더 재성으로 인하여 고통과 근심이 많을 것인데 이렇게 십이운성에 편재의 기운이 쇠(衰)에 해당되고 있는 것은 남자 사주에는 여자와 금전을 나타내니 그것으로 인해 더욱 더 재화가 강력하게 발생한다.

이와 같은 현상은 만약 사주팔자의 일간이 신왕하여 재성을 용신으로 삼을 것 같으면 비록 십이운성의 쇠(衰)에 해당하고 있더라도 별 문제가 없이 오히려 대단히 길하게 작용을 하겠지만 이렇게 일간이 신약하고 있는데 더 더욱 재성의 기운에 의하여 일간이 상극을 당하는 것은 그 재화가 중첩하여 강하게 들어오는 현상임을 미루어 짐작할 수가 있겠다.

사주 주인공인 신 모씨는 이상의 부분을 전부 부합시켜 판단을 하였지만 이렇게 일간 乙木이 극심하게 신약한 중에 용신마져 합을 탐한 나머지 기반(羈絆)되어 용신으로서 제대로 그 역할을 하지 못하는 현상이 되고 있으니 숙명적인 흉함은 불을 보듯 뻔하다.

결국 사주 주인공인 신 모씨의 사주 대운을 판별하여 보니 60세 甲戌대운이 일간에 대한 정히 기신(忌神)이 되고 있으므로 그 재화가 대단히 강력하여 들어오는 대흉으로 흉사 내지는 단명까지 연결되는 운이 닥치고 있으니 애석한 일이 아닐 수가 없다.

(차). 병(病)

사람이 나이가 들어 몸이 쇠약해져 질병에 걸리는 것과 같으며 병환 때문에 자리에 누워 있는 것과 같고 안정과 조용한 것을 찾는다.

십이운성에 병이 "일주"에 있게 되면 활동적이지 못하고 항상 조용한 것을 좋아하며 내실을 돈독히 하는 보수주의적인 기질이 농후하다.

또한 무슨 난관에 부딪치면 당황부터 하게 되고 남의 도움을 받지 않으면 혼자 해결할 수가 없게 된다.

더하여 남녀 다같이 유년 시절에 신체가 허약한 것이 특징이며 중병을 앓아본 경험이 있다.

*. 병(病)의 통변법

*.비견이나 겁재가 병이면 형제 또는 근친가족이 질병으로 고생하며 그로 인하여 형제간에 근심이 많다.

*.식신이나 상관이 병이면 식도 및 위장 질환의 질병이 있는 수가 많고 여자는 자녀가 병약하고 근심이 많다.

*.정재나 편재가 병이면 재산 때문에 근심이 많고 남자는 아내의 질병으로 근심이 있다.

*.정관이나 편관이 병이면 직업이 보잘것 없고 남자는 자식에게 질병 때문에 고통과 번민이 있고 여자는 남편이 질병 때문에 근심이 많다.

*.편인이나 인수가 병이면 모친이나 서모, 계모가 병약으로 인하여 근심이 많고 부모 중에 한 부모가 일찍 단명하며 불연이면 긴 질병으로 근심 하는데 남,녀 공히 학술, 명예, 학업운이 나쁘다.

(예1).남자 전   모씨(경기 수원) 1960년 음력 5월
      21일 未 시

(십이운성) ──────▶ "病"

　　己　癸　壬　庚
　　未　酉　午　子

　　　　편관　　　겁재　인수
(오　행) ──────▶ 土　(水)　水　金
　　　　土　　金　火　水
　　　　편관　편인　편재　비견

**본 장 십이운성 병(病)지에 해당하고 있는 실제인물
의 사주이다.**

***. 일간의 왕쇠(旺衰),!**

　癸일간 午월에 출생하여 비록 실령하였으나 사주일지 酉金 편인
을 중심으로 하여 득지(得地)한 중에 다시 酉金의 십이운성 제왕지
에 앉은 년간 庚金 인수가 투출되어 있고 또한 월상 壬水 겁재 양인
이 사주년지 子水 비견의 호위를 받아 강력하게 일간 癸水를 생조하
고 있으므로 신강이다.

　이렇게 일간 癸水가 신강하면 마땅히 이를 억제할 수 있는 기운
이 필요한데 사주원국을 살펴보니 사주월지에 편재 午火가 자리를
잡고 다시 시주가 己未로서 편관 土氣가 일간 癸水를 적절히 억제하

고 있으므로 대단히 좋게 되어 있다.

더하여 사주팔자가 이와 같이 일간 癸水의 힘과 일간을 억제 내지는 단련시킬 수 있는 오행인 편재 火氣와 편관 土氣가 서로 인성 金氣 및 비겁 水氣간에 상호 균형을 이루고 있으니 완전히 중화(中和)의 법칙에 일치하는 현상이 되고 있으므로 이것은 가장 절묘한 배합을 이루고 있다 하겠다.

한편으로 볼 때 일간 癸水가 午월인 더운 한여름에 출생 하였으니 일면 조후법을 따라서 비겁 水氣와 인성 金氣를 용신으로 선택할 수가 있겠지만 이미 일간 癸水가 사주에 많은 비겁 水氣와 인성 金氣에 의하여 일간이 신강이 되고 있는 것은 벌써 조후를 충족 시키고도 남음이 있으므로 더 이상 일간이 신강하기 때문에 비겁 水氣와 인성 金氣는 곤란하다.

*. 사주격국과 용신(用神),!

따라서 위 사주팔자의 격국과 용신을 판별하여 보면 우선 일간 癸水가 사주내 비겁 水氣와 인성 金氣에 의하여 신강이 되고 있는 중에 월령이 午월인 편재가 자리를 잡고 있으니 신왕월지편재격(身旺月支偏財格)이 성격(成格)되는데 일면 식상생재격(食傷生財格)도 볼 수가 있다.

고로 용신은 겁중용관격(劫重用官格)으로 일간 癸水의 기운을 생조하는 비겁 水氣를 적절히 억제하고 아울러 일간 癸水를 단련 시키는 관성 土氣를 용신하며 아울러 관성 土氣를 생조하는 재성 火氣는 희신으로 삼는다.

더하여 식상 木氣의 경우는 원칙적으로 일간 癸水가 신강하기 때문에 일간의 기운을 자연스럽게 누출 시키고 아울러 수기(秀氣)유행의 법칙을 도모한 중에 편재 火氣를 생조하니 정히 길신으로 작용할 수가 있다.

그렇다면 일간 癸水에 대한 길신의 역할이 식상, 재성, 관성 등의 삼자가 모두 길하게 작용하고 있으니 이것은 보통 사주팔자에 길신이 하나에서 두 개의 기운을 받고 있는 것보다 삼자의 기운을 모두 써먹을 수가 있으므로 이것 또한 위 사주에서는 장점이 될 수가 있는 것이다.

*. 위 사주팔자를 본 장 십이운성 병(病)지에 준한 판단,!

위 사주 주인공인 전 모씨는 남자 사주로서 이상과 같은 맥락에 비추어 격국과 용신을 모두 선별하여 보았으나 사주월지 午火 편재를 사주년지 子水 비견이 子-午 상충으로 파극을 하고 있는 것을 문득 엿볼 수가 있다.

상황이 이럴진데 다시 일간 癸水와 시상에 투출되어 있는 己土 편관이 癸-己상충을 하고 있으니 사주 천간지지 모두 마땅히 상충의 작용을 완화시킬 수 있는 합이 없으므로 사주상의 탁기를 구성하는 것이 되어 대단히 좋지 못하다.

본 장 십이운성의 병(病)지에 준해서 위 사주팔자를 간명하여 볼 때 사주일주가 癸酉로서 일간 癸水를 기점하여 일지 酉金 편인이 십이운성의 병(病)지에 해당하고 있으므로 병(病)에 대한 통변법이 적용되고 있다.

따라서 이 부분을 다시 한번 인용하여 보면 "십이운성의 병(病)이 일주에 있게 되면 활동적이지 못하고 항상 조용한 것을 좋아하며 내실을 돈독히 하는 보수주의적인 기질이 농후하다".

"또한 무슨 난관에 부딪치면 당황부터 하게 되고 남의 도움을 받지 않으면 혼자 해결할 수가 없게 된다. 고로 남, 녀 다같이 유년시절에 신체가 허약한 것이 특징이며 중병을 앓아본 경험이 있다",!라며 대체로 자세하게 기술하고 있다.

더하여 "사주에 육친의 편인이 십이운성의 병(病)에 해당하고 있으니 편인이나 인수가 병이면 모친이나 유모 계모가 병약으로 인해 근심이 많고 부모중에 한 부모가 일찍 단명하며 불연이면 긴 질병으로 근심 하는데 남녀 공히 학술, 명예, 학업운이 나쁘다",!라며 또한 설명하고 있다.

이상과 같은 맥락에 비추어 사주 주인공인 전 모씨는 십이운성 병(病)에 해당하는 것이 일주가 癸酉로서 완전히 부합되니 일찍 유년에 죽을 뻔한 고비를 몇번 넘겼을 것이며 또한 일지에 酉金 편인이 존재하는 것은 결혼운이 나쁘다는 부분을 의미 하므로 사주 주인공인 전 모씨는 재혼하는 팔자가 될 것이다.

더하여 사주팔자 일간 癸水가 왕성한 비겁 水氣와 인성 金氣에 의하여 신왕하고 있는데 일지에 酉金 편인이 자리를 잡고 있는 것은 일간에 대한 기신(忌神)이 흉물을 드러내고 있는 부분을 단적으로 나타내고 있으니 그로 인한 재화는 모면할 수가 없다.

그렇다면 남자 사주에서는 일지는 처궁을 나타내니 처궁이 사주 일간에 대한 기신(忌神)으로 자리를 차지하고 있는 것은 처로 인한 봉변과 부부간의 풍파를 무시할 수가 없고 이것은 더욱 더 대단히 결혼운이 나쁘다는 것으로 귀착된다.

결국 사주 주인공인 전 모씨는 이상의 십이운성의 병(病)이 일지에 해당하고 있는 것은 일지는 자신을 나타내고 처궁을 표시하고 있으니 그에 해당하는 육친의 특성을 단적으로 나타내는 것이며 또한 이렇게 병(病)에 해당하는 기운이 일간에 대한 길신이 아니고 기신(忌神)이 되고 있는 것은 더욱 더 흉물스러운 것으로 판단하여야 된다.

(카). 사(死)

사람이 병들어 이제 죽음을 맞이하는 것을 말한다.
사주일주에 "사"가 있으면 성정이 차분하고 정직하며 천리 이치를 따라 순응하는 사람이고 효자나 효손 등이 많다.

또한 유년 큰 병으로 고생 하였거나 부모와 별거하고 대체로 일지에 "사"가 있으면 남녀 다같이 부부궁이 불길하여 재혼 하거나 불연이면 병약하다.

*. 사(死)의 통변법

*.비견이나 겁재가 사(死)면 형제의 사업 발전이 없고 그로 인해 형제간에 보증이나 금전거래등으로 고통과 근심을 받는다.

*.식신이나 상관이 사(死)면 의식주 및 생계에 타격을 받고 그것으로 인한 곤란을 종종 당한다.

*.정재나 편재가 사(死)면 부귀를 누리기 어렵고 재물 때문에 타격을 종종 받으며 남자는 여자덕이 없다.

*.정관이나 편관이 사(死)면 직업적인 부분에 곤란한 일이 생기는데 직장 발전이 없고 지지부진하며 또한 자식의 발달이 없으니 그로 인하여 고통이 많다.
더하여 여자는 남편 발달이 없으니 그래서 남편과 이혼, 또는 재가한다.

*.편인이나 인수가 사(死)면 모친과 인연이 박하고 학업중단 및 학술적인 명예가 없다.

(예1).남자 김   모씨(경남 의령) 1982년 음력 4월
     18일 酉 시

```
(십이운성) ─────→  "死"
            癸   甲   乙   壬
            酉   午   巳   戌


            인수        겁재  편인
(오  행) ──→  水  (木)  木   水
            金   火   火   土
            정관  상관  식신  편재
```

본 장 십이운성 사(死)지에 해당하고 있는 실제인물의 사주이다.!

*. 일간의 왕쇠(旺衰),!

甲일간 巳월에 출생하여 실령(失領)하였고 사주원국 월지 巳火 식신을 중심으로 하여 일지 午火 상관 및 년지 戌土 편재와 그리고 시지 酉金 정관이 자리를 잡아 일간 甲木의 기운을 강력하게 극루하고 있으니 신약이다.

이렇게 사주팔자 일간이 신약하면 이것이 왕성한 기운을 따르는 외격(外格)의 종격(從格)이나 가종격(假從格)으로 돌아가지 않는 이상 마땅히 내격(內格)에 기준하여 억부법이나 조후법상 용신이 선택되어야 할 것이다.

그렇다면 사주팔자 일간 甲木이 신약할 경우 마땅히 일간을 생조 내지는 부조하는 기운이 필요한데 사주원국을 살펴보니 시지 酉金 정관에 뿌리를 두고 시상에 癸水 인수가 투출되어 있는 중에 다시 월상과 년간에 乙木 및 壬水가 일간 甲木을 강력하게 생조하고 있는 것을 볼 수가 있다.

따라서 결코 왕신(旺神)의 기운을 따라가는 외격(外格)의 종격(從格)이나 가종격(假從格)으로 돌아가지 못하고 내격(內格)에 기준하여 용신이 선택되는 것을 알 수가 있겠으며 또한 일간 甲木이 신약하더라도 주위의 오행이 일간을 생조하는 기운이 있으니 일간이 그리 약하지 않음을 알 수가 있다.

만약 이렇게 시지 酉金 정관이 시상에 투출되어 있는 癸水 인수를 생조하지 못하고 있을 경우 일간 甲木은 사주천간의 일간을 생조하는 인성이나 비겁의 기운으로서는 대단히 신약함을 면치 못할 것이다.

하지만 불행중 다행으로 일간 甲木에 정관 酉金은 기신(忌神)이 되나 이렇게 사주 시상에 투출되어 있는 癸水 인수를 생조하므로 인하여 癸水 인수가 힘을 얻음에 따라 다시 인수는 일간을 생조 하고 있으니 살인상생(殺印相生) 및 관인상생(官印相生)의 법칙이 되어 절묘한 부분이라고 보겠다.

***. 사주격국과 용신(用神),!**

　　다시 위 사주팔자에 대한 격국과 용신을 판별하여 보면 우선 일간 甲木이 사주 주위의 식상, 편재, 관성의 기운에 의하여 신약하고 있는 중에 월지에 巳火 식신이 자리를 잡고 있으므로 진상관격(眞傷官格) 및 신약월지식신격(身弱月支食神格)이 성격(成格)된다.

　　고로 용신은 진상관용인격(眞傷官用印格)으로 일간 甲木이 사주 지지의 왕성한 식상 火氣의 기운에 신약하고 있으니 일간의 반대오행인 식상 火氣를 상극하고 아울러 신약한 일간 甲木을 생조하는 인성 水氣를 용신하고 또한 신약한 일간 甲木을 부조하는 비겁 木氣도 길신으로 작용한다.

　　한편으로 볼 때 사주원국에 일간 甲木이 巳월에 출생하여 있는 중에 다시 일지 午火 상관이 년지 戌土 편재와 午-戌合火하여 火氣의 기운이 대단히 강력한 것이 되며 월상에 투출되어 있는 乙木 겁재마져 있으니 사주에 木, 火의 기운이 왕성하게 되므로 일면 조후법상 인성 水氣를 선택하고 있는 것은 억부법이나 조후법상 용신이 일치하는 것이 되어 복록이 깊은 것이 된다.

　　이렇게 사주에 대한 용신의 기운과 길신의 기운을 선택하고 사주팔자를 살펴보니 일간 甲木에 대한 용신의 기운이 년간과 시상에 壬, 癸水 편인, 인수가 투출되어 있는 것은 이것은 사주상의 진용신(眞用神)이 자리를 잡은 것이 되므로 대단히 길하게 작용하고 있음을 판단할 수 있다.

***. 위 사주팔자에 대한 본 장 십이운성 사(死)에 준한판단,!**

위 사주 주인공인 김 모씨는 남자 사주로서 이상의 격국과 용신을 모두 판별하여 보았는데 일면 비록 사주상의 일간 甲木이 신약하고 있지만 그래도 일간을 생조하는 인성과 비겁의 기운이 있어 일간의 의지처가 있으니 일간이 무언중에 힘을 얻고 있으므로 대단히 길하게 판단한다.

따라서 본 장 십이운성 사(死)에 준하여 위 사주팔자를 간명하여 보면 일간甲木을 기준하여 사주일지 午火 상관이 십이운성의 사(死)에 해당하고 있으므로 본 장에 완전히 일치하는 현상이 되고 있다.

그렇다면 본 命理入門에 기술하고 있는 십이운성 사(死)의 통변법에 준하여 판단하여 보면 "사주일주에 사(死)가 있을 경우 성정이 차분하고 정직하며 천리의 이치에 따라 순응하는 사람이고 효자나 효손등이 많다".!

또한 "유년 큰병으로 고생하였거나 부모와 별거하고 대체로 일지에 사가 있으면 남녀 다같이 부부궁이 불길하고 불연이면 병약하다",!라며 대단히 자세하게 기술하고 있다.

이상의 부분을 위 사주 주인공인 김 모씨의 사주에 부합시켜 판단하여 보면 모두 일치하는 현상이 되고 있는데 일간 甲木이 신약한 중에 일지에 午火 상관이 자리를 잡고 기신(忌神)이 되고 있는 것은 더욱 더 재화가 강력하게 일어 난다고 판단한다.

더하여 사주상의 식신이나 상관이 십이운성 사(死)에 해당하고 있으므로 사(死)의 통변법에 준하여 설명하면 "식신이나 상관이 사이면 생계에 타격을 받고 그로 인한 곤란을 종종 당한다,"!라며 기술하고 있다.

이와 같은 현상은 신약한 일간 甲木에 대해 火氣는 식상의 기운이 되므로 더욱 더 재화가 강하게 발생하는 이치가 되고 있는데 일지에 午火 상관이 자리를 잡고 있는 것은 남자 사주에서 일지는 처궁을 나타내니 처로 인한 고통과 번민도 예상할 수가 있다.

***. 命理秘典 上권인 상관의 육친통변법에 인용하여,!**

이상의 부분을 간명 하다가 이렇게 상관이 십이운성 사(死)에 해당하고 있는 부분이 발견이 되므로 본 저자가 집필한 命理秘典 上권인 상관의 육친통변법에 적용하여 볼 때 "사주팔자에 상관이 십이운성의 사(死)에 해당하고 있을 경우 사주 주인공의 성격이 우유 부단하고 질투심이 강하다,"!라며 기술하고 있다.

그렇다면 사주 주인공인 김 모씨는 이상 상관의 특성이 모두 적용되는 것으로서 그 성격이 남에게 지기를 싫어하며 질투심과 고집스러운 일면이 종종 발생함에 따라 그것으로 인해 타인과 불화쟁론이 끊어지지 않을 것이다.

결국 십이운성의 사(死)에 해당하는 육친이 사주 일간에 대한 길신의 역할을 하고 있는 것인가 아니면 사주일간에 대한 기신(忌神)의 역할을 하고 있는가에 따라 그에 대한 길흉이 판가름이 난다해도 과언이 아닌데 이렇게 십이운성의 사(死)에 해당되어 있다 하더라도 일간에 대한 용신이나 희신의 역할이 되고 있으면 이상의 법칙과 반대로 길하다고 판단하는 것이 정석이다.

(타). 묘(墓)

곡식이 창고에 저장된 것과 같고 사람이 죽어 장지에서 묘에 들어가는 것을 말하며 "묘"가 "일주"에 있게 되면 매사 침착하고 낭비와 지출을 줄이는 검소한 성격의 소유자로서 부모형제와 인연이 박하고 그러므로 인하여 타향살이로 나간다.

*. 묘(墓)의 통변법

*.비견이나 겁재가 묘면 형제와 별거하거나 또는 형제가 일찍 사별하던지 형제중에 죄를 지어 교도소에 가는 형제가 있다.

참고로 비견이나 겁재가 묘지에 있을 경우 대체로 형제들의 성품이 온순하여 화합, 다정다감하게 사는 경우도 있다.

*.식신이 묘(墓)면 수전노같은 성품으로 재산을 모을줄만 알고 내놓을 줄은 모른다.

*.상관이 묘(墓)면 문학, 예술로서 이름은 날리나 최고 경지에 달하면 죽는 경우도 있다.

*.정재나 편재가 묘(墓)면 남자는 여자의 도움이 부진하고 금전에 도 실적이 없으며 더하여 자린고비나 수전노가 되기 쉽다.

*.정관이나 편관이 묘(墓)면 남자는 자식의 발전이 없으며 직장이 나 사회활동에도 막힘이 많고 여자는 남편의 도움이 없으며 더하여 남편이 저질러놓은 일 때문에 고통과 근심이 많다.

*.인수가 묘(墓)면 손위 사람의 은덕을 받아 혜택을 받고 때에 따 라서는 크게 발전하는 경우도 있다.

(예1).남자 천 모씨(경기도 안양) 1959년 음력 7월 29일 午 시

(십이운성) ──────→ "墓"

甲	丙	壬	己
午	戌	申	亥

	편인		편관	상관
(오 행)──→	木	(火)	水	土
	火	土	金	水
	겁재	식신	편재	편관

본 장 십이운성 묘(墓)지에 해당하고 있는 실제인물 의 사주이다.!

*. 일간의 왕쇠(旺衰),!

丙일간 申월에 출생하여 실령(失領)하였고 사주원국 월지 申金 편재를 중심으로 하여 편관 水氣와 식상 土氣의 기운이 대단히 강력하게 일간 丙火를 극루하고 있으므로 신약이다.

이렇게 일간 丙火가 신약하고 있으면 사주격국이 외격(外格)의 종격(從格)이나 가종격(假從格)으로 돌아가지 않는 이상 마땅히 내격(內格)에 기준하여 용신을 설정 하여야 될 것이다.

사주팔자를 살펴보니 일간 丙火의 기운을 생조하고 있는 시주가 甲午로서 완전히 일간 丙火를 생조하고 있으니 일간이 의지를 하고 있는 것은 결코 외격(外格)의 종격(從格)이나 가종격(假從格)으로 돌아가지 못하게 하고 그렇다면 내격(內格)의 억부법이나 조후법의 용신이 선정되는 것을 알 수가 있다.

또한 사주일간 丙火가 비록 신약하더라도 시지 午火 겁재가 양인이 되고 있는 중에 일지 戌土 식신과 午-戌合火하였고 다시 시상에 투출되어 있는 甲木편인이 일간 丙火를 강력하게 생조하고 있으니 비록 일간 丙火가 신약은 되지만 왕성한 편재 金氣와 편관 水氣의 힘과 서로 중화(中和)가 되어 있으므로 이것은 대단히 좋다고 볼 수가 있겠다.

*. 일부 학자들의 반대 의견,!

여기서 일부 학자들 중에는 이상의 일간의 강약 부분에서 약간

의문을 가지고 본 저자에게 질문을 하고 있다.

그것은 "방금 설명한 사주 시지 午火 겁재가 양인으로서 이것이 일지 戌土 식신과 午-戌合火하고 있는 것은 戌土 식신의 기운이 火氣로 변화되어 있으니 일지의 기운과 시지의 기운, 그리고 시상에 투출되어 있는 甲木 편인의 기운까지 합하면 일간 丙火가 신강으로 돌아갈 수가 있겠는데 어찌하여 운정 선생은 이렇게 합을 취용 하면서도 신강으로 판단하지 않고 신약으로 간주하고 있는지"에 대단히 의문을 표시하고 있다.

*. 이와 같은 학자들 의문에 대하여 본 저자의 견해,!

이상과 같은 합의 의미에 대하여 학자들이 의문을 가지는 부분과 본 저자의 시각이 서로 약간 각도차를 보이고 있는데 그것은 우선 일간 丙火를 기점하여 신약함을 거론하는 것은 사주시지 午火 양인과 일지 戌土 식신간에 午-戌合火가 제일 문제가 되는 것 같다.

*. 命理秘典 上권인 지지합의 부분에 인용하여,!

따라서 이 부분은 본 저자가 집필한 命理秘典 上권인 지지합의 부분을 인용할 필요가 있겠는데 다시 그 부분을 설명 한다면 "사주의 지지에 합을 구성하고 있는 기운이 사왕지지(四旺地支)로서 육합, 삼합, 방합을 구성하는 조건이 될 경우 사왕지지(子, 午, 卯, 酉)가 사주월지에 자리를 잡고 합을 구성하고 있을 때 완벽한 합이 성립될 수가 있을 것이다.

그러나 만약 월지를 제외한 사왕지지(四旺地支)가 합이 성립할 때
는 비록 합의 기운은 되나 그 결합이 쇠약할 수밖에 없다,"!라며 대
단히 구체적으로 기술하고 있다.

*. 본 저자의 결론적인 판단,!

이상의 命理秘典 上권인 지지합의 구성요건에 인용하여 표시하
고 있듯이 위 사주팔자는 비록 사왕지지인 午火가 들어 있어 합을
구성하고 있겠지만 午火가 사주 월지에 들어 있지 않고 시지에 자리
를 잡고 있으니 합의 결합은 인정 되겠지만 그 기운 자제가 미약할
수 밖에 없는 것으로 보아야 하는 요지이다.

상황이 이럴진데 더구나 사주팔자의 시지 午火가 완전한 삼합의
기운인 寅-午-戌이 들어 있지 않고 준삼합(準三合)의 기운인 寅木
이 빠진 午-戌합이 되고 있는 것은 사주 월지에 들어 있지 않는 것
도 문제가 되겠지만 더욱 더 하나의 기운이 빠진 상태에서 합을 구
성하는 것은 비록 합의 성립은 되더라도 그 기운이 미미하기 짝이
없는 것이니 결론은 일간이 신약으로 귀착한다.

*. 사주격국과 용신(用神),!

다시 위 사주팔자에 대한 격국과 용신을 판별하여 보면 일간 丙

火가 신약하고 있는 중에 사주 월지에 申金 편재가 자리를 잡고 있으므로 신약편재격(身弱偏財格)이 성격(成格)된다.

고로 용신은 재중용비격(財重用比格)과 관중용인격(官重用印格)을 같이 보고 재성 金氣와 관성 水氣를 억제하며 아울러 신약한 일간 丙火를 부조하는 비겁 火氣와 왕성한 관성 水氣를 살인상생(殺印相生) 및 관인상생(官印相生)으로 연결하는 인성 木氣를 같이 용신으로 선택하는 것이 마땅하다.

이렇게 사주원국 용신의 기운을 선택하고 사주팔자를 살펴 보니 편재 金氣를 억제하는 시지 午火 겁재가 자리를 잡고 있으며 더하여 편관 水氣를 살인상생(殺印相生) 및 관인상생(官印相生)을 도모하는 시상 甲木 편인이 투출되어 일간 丙火를 생조하고 있으므로 정히 진용신(眞用神)이 자리를 잡고 있는 것이 되어 복록이 깊다고 볼 수가 있다.

하지만 위 사주격국을 자세히 관찰하여 보면 일간 丙火가 비록 신약하다고 하나 일간 丙火가 그리 쇠약하지 않고 있는 중에 용신의 기운이 강력하니 대단히 좋다고 볼 수가 있겠지만 사주 지지에 午-戌合火하고 일간 丙火와 월상에 투출되어 있는 壬水 편관간에 丙-壬 상충이 되고 있음을 판단할 수가 있을 것이다.

이와 같은 부분은 사주내 왕성한 火氣와 편재 金氣간에 火剋金하고 또한 관성 水氣와 水剋火하여 전극(戰剋)이 벌어지고 있으니 오행 서로간 상극을 적절히 연결 시키는 오행이 없어 생식불식(生息不息)에 막힘이 많아지고 있는데 이것은 궁극적으로 오행상 탁기를 조성하는 것이 되니 아주 좋지 못한 것으로 판단한다.

***. 위 사주격국을 본 장 십이운성 묘(墓)지에 준해서 판단,!**

위 사주 주인공인 천 모씨는 남자 사주로서 이렇게 일간 丙火가 비록 신약하나 중화(中和)의 기점에 육박하는 것은 대단히 좋겠지만 이상과 같이 오행상 火剋金, 水剋火하여 상극이 벌어지고 있는 것은 일면 사주상의 탁기를 조성하는 것이니 격국의 판별을 신중히 하여야 될 필요가 여기에 있는 것이다.

따라서 본 장 십이운성 묘(墓)에 준하여 위 사주원국을 부합시켜 보면 우선 일간 丙火를 기점하여 사주일지 戌土 식신이 십이운성의 묘(墓)지에 해당하고 있으므로 십이운성 묘(墓)지에 해당하는 통변법이 적용되고 있다.

그렇다면 본 命理入門에 십이운성 묘(墓)에 준한 통변법을 인용하여 보면 "사주일주에 십이운성의 묘가 있게 되면 매사를 침착하고 낭비와 지출을 줄이는 검소한 성격의 소유자로서 부모형제와 인연이 박하기 때문에 타향살이로 객지에 나가는 운명이 된다,"!라며 기술하고 있다.

또한 "육친의 특성인 식신이 묘가 되면 수전노 같은 성품으로 재산을 모을 줄만 알고 내놓을 줄은 모른다,"!라며 금전적인 인색한 면을 대단히 강조하고 있다.

이상의 부분에 비추어 사주 주인공인 천 모씨는 십이운성 묘(墓)에 해당하는 성격과 육친의 운명을 갖추고 있음을 간파할 수가 있겠는데 특히 일지 戌土식신이 십이운성의 묘지에 적용되고 있으며 더구나 辰, 戌, 丑, 未는 고(庫)에 해당하고 있으므로 더욱 더 금전에 대한 인색함이 돋보인다 할 것이다.

결국 대체로 이상과 같은 사주명조를 구비한 사람은 재산은 비록 모아 부를 축척하는 일면은 있겠으나 늙어서 죽을 때는 자손이 박하다던지 말년에 사람들로 부터 외면 당하는 처지가 발생하고 대체로 불행한 숙명을 면할 수가 없는 공산이 큰데 대게는 모두 이와 같은 명조로 구성되고 있음을 본 저자는 많이 보고 있다.

(4). 십이운성(十二運星)의 응용

전장에 십이운성에 대해 잠깐 언급을 하였지만 십이운성은 육신과 더불어 상호작용을 하여 숙명적 운명을 판단한다고 설명하였다.

그러나 이 외에도 십이운성은 용신을 정할 때 일간에 미치는 강, 약 유무에 반드시 작용을 하므로 본 장은 이 부분을 중점적으로 파악하여 설명하기로 한다.

(가). 십이운성으로 본 일간의 강, 약

시　　일　　월　　년

(십이운성) ──▶　胎　　旺　　胎　　養
　　　　　　　　壬　　丙　　壬　　癸
　　　　　　　　子　　午　　子　　丑

(오　행) ──▶　水　　(火)　水　　水
　　　　　　　水　　火　　水　　土

***. 일간의 왕쇠(旺衰),!**

　위의 사주는 丙 일간에 일지에 십이운성의 帝旺地에 뿌리를 두고 월, 시는 胎지,년은 養지에 속해있다.

　사주원국이 왕성한 水氣에 의해 일간 丙火가 파극됨이 심하고 월령 子水와 시지 子水의 힘이 강한 중에 사주천간으로 壬水가 투출되니 일간이 신약하다.

　고로 일간 丙火가 힘이 약하니 용신은 일간 丙火를 생조하는 인성 木과 비겁 火인데 그 외중에 子-午 상충이 되므로 용신이 왕성한 子水의 힘에 의해 파극을 당해 용신의 기운이 사실상 쇠약 해졌다.

***. 본 장 십이운성의 강약에 준한 판단,!**

　이와 같이 비록 십이운성이 일간 丙火가 일지 午火 제왕지에 앉아 있다고 하나 약간의 힘의 비등을 가름할 뿐 완전히 일간이 신강이 되느냐 신약이 되는 것은 아니므로 십이운성으로 일간의 강, 약을 결정하는 것은 추명의 원리에 약간 무리가 따른다고 볼 수가 있다.

더하여 십이운성으로 일간의 강, 약 유무를 정하는 것이 사실상 양간(陽干)과 음간(陰干)을 막론하고 용신을 설정하는 내격(內格)에 기준한 억부법의 원리와 상반되는 것이 많으므로 십이운성으로는 일간의 강약을 참조하는 정도로 파악하는 것이 타당하다.

또한 음간(陰干)은 억부의 법칙과 상반되는 것이 많은데 이것을 자세하게 예를 들면 일간이 양간인 甲 일간의 경우 십이운성의 장생지는 亥水가 지지에 있으면 성립되는 것이다.

그렇다면 亥水는 일간 甲木에 대한 편인이 되니 오행별로 水生木의 조건을 갖추고 있기 때문에 일간 甲木이 힘을 얻게 되어 십이운성으로 일간을 생조하는 것은 완전히 부합하게 된다.

하지만 음간(陰干)인 乙 일간일 경우 십이운성의 장생지는 午火인데 午火가 사주의 지지에 있다면 단편적으로 십이운성으로 생각한다면 일간 乙木이 힘을 얻게 되는 것이 될 수가 있을 지는 모른다.

그렇지만 乙 일간은 십이운성의 장생지에 있는 午火의 생조를 받는 것이 아니고 오히려 오행별로 보면 木生火하여 왕성한 불길에 의하여 일간의 힘이 午火에게 빠져 버리고 마니 십이운성으로 일간의 강약을 정하는 데는 함정이 여기에 있는 것이다.

결국 십이운성은 비록 양간(陽干)에 적용하는 것은 타당할 것이지만 음간(陰干)은 상반되는 것이 많으니 일간의 힘을 음간(陰干)에 대해서는 적용하지 않는 것이 타당하고 참고 정도로 파악함이 좋을 것이다.

*. 결국 십이운성으로 일간의 강약을 결정하는 것은 원칙적으로 "양간(陽干)"은 오행별로 볼 때 부합 하므로 취용하는 것이 되나 "음간(陰干)"은 오행상생의 법칙에 상반되는 것이 되므로 원칙적으로 취용하지 않는 것으로 판단한다.

그러나 이것은 일간의 용신을 정함에 있어 일간의 힘을 결정하는 것을 말하는 것이지 음간(陰干)이라고 해도 육친통변법에 준하는 십이운성은 취용하지 못한다는 것은 아니다.

무슨 말인지 좀 더 자세하게 설명하면 전자에 말한 乙 일간에 사주원국에 午火가 있을 경우 午火가 십이운성의 장생지에 앉아 있게 된다.

그렇다면 乙 일간이 음간(陰干)이기 때문에 일간의 강, 약을 정하는 것은 안 될 것이지만 午火가 육친별로 보면 편인이 되기 때문에 편인은 조부님을 나타내는 고로 조부님이 십이운성의 장생지에 있는 것은 조부님이 부귀한 어른이거나 명문 집안의 어른으로 나타나는 등으로 판단하니 이와 같이 "음간(陰干)"이라도 육친통변법에는 적용하라는 것이다.

*. 내격(內格)이란 무엇인가,?

사주원국을 일간의 강, 약과 오행의 상생,상극에 의한 중화 균등을 판가름하여 가장 필요한 기운인 용신을 선정하는데 이와 같이 용신을 선정하는 과정이 격국(格局)에 따라서 달리 적용되게 된다.

따라서 일간의 강, 약이 극도로 치우쳐져 이것이 종격(從格)이나 가종격(假從格)으로 흘러가면 외격(外格)이라 하여 (사주원국상의 오행이 한쪽 오행으로 극단적으로 치우쳐져 오행의 균등을 포기하고 대세인 치우쳐진 오행을 따라 용신을 선정하는 格)별도의 용신법을 적용하여 용신을 판단하여야 될 것이다.

그렇지만 일간의 힘의 강, 약이 극도로 치우쳐져 있지 않고 다음 장에 나오는 용신의 기준에 부합하는 "억부법(抑扶法)"이나 "조후법(調候法)" 그리고 "병약법(病藥法)"등의 용신법을 적용하는 사주원국을 통틀어 "내격(內格)"이라고 칭하는 것이다.

제5장

육 신(六 神)

*.육신(六神)은 사주추명을 간명
하기 위한 수단으로서 오행의
음양을 나눈 것이며 그 종류별
로는 비견, 겁재, 식신, 상관, 정
재, 편재, 편관, 정관, 편인, 인
수로 세별한다.

제 5 장

육 신(六 神)

1. 육 신(六 神)

(1). 육 신(六 神)

사주팔자의 여덟 글자는 오행상 나타나는 것이 한정되어 있으므로 그것에 부수되어 간명(看命)을 한다면 올바른 감정을 할 수가 없는 것이다.

이것은 사주원국이 어느 한정된 오행에 종속되어 있어 결국은 추명의 한계에 부닥치게 되는데 이것을 자세하게 예를 들어 설명하면 전장에 기술 하였듯이 甲, 乙은 동일하게 木으로 취급되기 때문에 甲도 木일테고 乙도 木으로 감정 한다면 곧 추명의 한계에 도달하게 된다.

그렇다면 甲木의 성질이나 乙木의 성질을 분류 한다면 같은 木이라도 甲木은 강한 나무이요, 乙木은 약한 나무인데 성질은 동일하더라도 내부적인 면에는 대단히 복잡한 양면성을 가지고 있다고 해도 과언이 아니다.

따라서 이와 같은 난해점을 해소 시키는 것이 곧 육신(六神)인데 육신은 천간의 육신과 지지의 육신으로 분류되어 있으며 본 장에 설명하는 육신은 사주추명학의 정상궤도인 용신 및 격국과 함께 추명의 원리를 파악하는 것이기 때문에 대단히 중요하게 취급 하여야 된다.

결국 본 장 육신은 "사주추명학의 간명(看命)의 절차를 속속히 파헤쳐 주는 하나의 부호 및 암호"로서 이 육신을 모르고 서는 사주 감정을 수박 겉핥기 식으로는 몰라도 세밀하게 풀어 내지는 못할 것이다.

더하여 또한 한마디로 "간명비법(看命秘法)"의 원리는 "오행상생 및 상극, 그리고 육신과 용신의 강약 유무에 의하여 추명의 원리가 판가름"나는 것을 학자는 알 필요가 있다.

*. 천간(天干)육신의 도표

육신	甲일	乙일	丙일	丁일	戊일	己일	庚일	辛일	壬일	癸일
비견	甲	乙	丙	丁	戊	己	庚	辛	壬	癸
겁재	乙	甲	丁	丙	己	戊	辛	庚	癸	壬
식신	丙	丁	己	戊	庚	辛	壬	癸	甲	乙
상관	丁	丙	戊	己	辛	庚	癸	壬	乙	甲
편재	戊	己	庚	辛	壬	癸	甲	乙	丙	丁
정재	己	戊	辛	庚	癸	壬	乙	甲	丁	丙
편관	庚	辛	壬	癸	甲	乙	丙	丁	戊	己
정관	辛	庚	癸	壬	乙	甲	丁	丙	己	戊
편인	壬	癸	甲	乙	丙	丁	戊	己	庚	辛
인수	癸	壬	乙	甲	丁	丙	己	戊	辛	庚

*. 지지(地支)육신의 도표

육신	甲일	乙일	丙일	丁일	戊일	己일	庚일	辛일	壬일	癸일
비견	寅	卯	巳	午	辰戌	丑未	申	酉	亥	子
겁재	卯	寅	午	巳	丑未	辰戌	酉	申	子	亥
식신	巳	午	辰戌	丑未	申	酉	亥	子	寅	卯
상관	午	巳	丑未	辰戌	酉	申	子	亥	卯	寅
편재	辰戌	丑未	申	酉	亥	子	寅	卯	巳	午
정재	丑未	辰戌	酉	申	子	亥	卯	寅	午	巳
편관	申	酉	亥	子	寅	卯	巳	午	辰戌	丑未
정관	酉	申	子	亥	卯	寅	午	巳	丑未	辰戌
편인	亥	子	寅	卯	巳	午	辰戌	丑未	申	酉
인수	子	亥	卯	寅	午	巳	丑未	辰戌	酉	申

도표에서 표시 하였듯이 육신 표출법이 천간육신과 지지육신으로 구분되어 있는 것을 볼 수가 있다.

따라서 천간육신은 천간의 오행으로 각각 대조하여 판단하니 구별이 되고 쉬운 것 같은데 지지의 육신은 지장간의 "정기(正氣)"를 위주로 하여 일간과 대조하여 육신이 "선정"되어 있는 것을 볼 수가 있다.

지지의 육신을 판단하는 방법은 다음장에 지장간을 응용하면서 자세하게 다루고 있으므로 다음장을 참조를 하는 것이 좋을 것이며 학자는 육신을 표출하는 법이 조금 어려운 것 같으나 자기 본인의 사주를 육신도표를 보고 찾아 대입하면서 계속하여 공부를 한다면 그리 어려운 것은 아니라는 것을 알기 바란다.

(예1). 甲 일간 중심으로 하여 천간 육신을 표출하여 보면,!

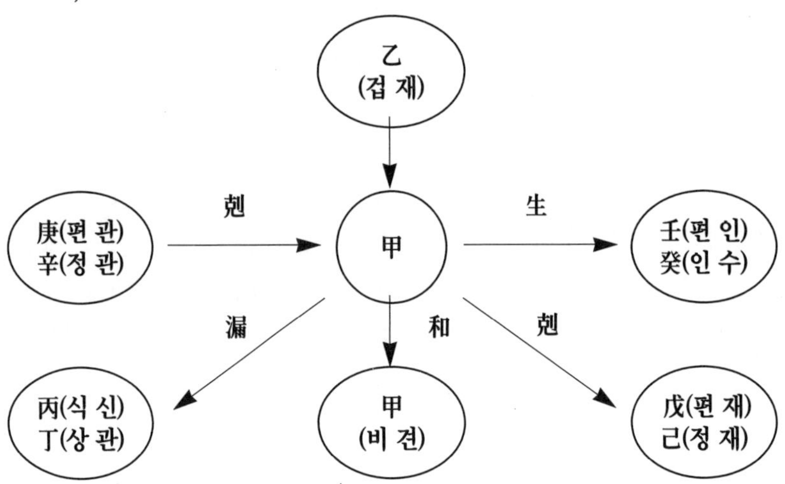

(가). 비견(比肩), 겁재(劫財)

*."비아자비(比我者比)":"나와 같은 자"는"비견"이나"겁재"
이다.

위에 설명한 문구는 필히 암기를 하여야 되는데 전장 도표에서
표시하고 있듯이 일간 "甲"을 기준하여 사주내에 "甲"이 있을 때 "비
견"이 되는 것이며 만약 "乙"이 있는 때는 甲과는 음양이 틀리니 "겁
재"가 된다.

비견과 겁재는 일간과 동일한 오행이며 보통 하나로 묶어서 "비겁
(比劫)"이라 칭하고 비견은 일간과 음양이 같고 겁재는 음양이 틀
린다.

(나). 식신(食神), 상관(傷官)

*."아생자식(我生子息)":내가 젖을 먹이는 것은 "자식"(식
신,상관)이다.

전 장 도표에서 보듯이 일간이 "甲"일 경우 자식이라 하는 "火"는
木生火하여 일간 "甲"의 기운이 누출되고 있는데 甲의 힘을 받는 火
는 기운이 강해질 것이다.

따라서 "甲"과 음양이 같은 "丙火"는 "식신"이 될 것이고 음양이 틀
리는"丁火"는 "상관"이 된다.

식신, 상관은 일간의 기운을 누출 시키는 오행이며 또한 일간이 생조하는 기운이다.

보통 식신과 상관을 하나로 묶어 "식상(食傷)"으로 통칭하기도 하는데 식신은 일간과 음양이 같고 상관은 음양이 틀린다.

(다). 편재(偏財), 정재(正財)

*.아극자재(我剋者財):내가 剋하는 者를 財라 칭한다.

도표에서 보면 일간이 "甲"일 경우 甲木이 상극하는 것은 "木剋土" 하여 "土"가 된다.

따라서 土는 財라 칭하고 명리학에서는 재물과 여자 혹은 아내로 보는데 그 중에서 일간 甲木과 음양이 같은"戊土"는 편재가 되고 음양이 틀리는 "己土"는 정재가 된다.

결국 편재나 정재는 일간이 상극(相剋)하는 오행을 말하고 편재와 정재를 하나로 묶어 "재성(財星)"으로 통칭하기도 하는데 편재는 일간과 음양이 같고 정재는 음양이 틀린다.

(라).편관(偏官), 정관(正官)

*.극아자관(剋我者官) : 나를 상극하는 자는 관청이니 벌

을 주는 것이다.

따라서 도표에서 인용하면 "甲"일간일 경우 "金剋木"하여 "木"을 상극하는 것은 "金"이 되니 金은 관성이 되는데 그 중에서 일간 甲과 음양이 같은 "庚金"은 "편관"이 되고 음양이 틀리는 것은 "정관"이 된다.

결국 일간을 정면으로 상극해 오는 오행을 말하는데 편관과 정관을 하나로 묶어 "관성(官星)" 및 "관살(官殺)"이라고 통칭하며 편관은 일간과 음양이 같고 정관은 일간과 음양이 틀린다.

(마). 편인(偏印), 인수(印綬)

*.생아자인(生我者印) : 나를 살게 해 주는 자는 어머니이다

도표에서 보면 일간이 "甲"일 때 甲木을 생조하는 것은 "水生木"하여 물인 "壬", "癸水"가 된다.

그 중에서 일간 "甲木"과 음양이 같은 "壬水"는 "편인"이 되고 음양이 틀리는 것은 "癸水"는 "인수"로 판단하는 것이다.

결국 일간을 생조해 주는 오행이며 편인과 인수를 하나로 묶어 "인성(印星)"으로 통칭 하기도 하는데 편인은 일간과 음양이 같고 인수는 일간과 음양이 틀린다.

308

(예2).

시	일	월	년
丁	丙	乙	甲
卯	寅	丑	子

겁재		인수	편인
火	(火)	木	木
木	木	土	水

*. 양 일간(甲, 丙, 戊, 庚, 壬)이므로 순행으로 "丙" 일간과 사주천간의 오행과 대조하여 육신을 "표출"한다.

(예3).

시	일	월	년
丙	壬	庚	戊
子	戌	午	寅

편재		편인	편관
火	(水)	金	土
水	土	火	木

*. 양 일간인 壬 일간이므로 천간 육신도표에서 "일간을 기준으로 순행 하면서 육신을 표출"한다.

(예4).

<table>
<tr><td>시</td><td>일</td><td>월</td><td>년</td></tr>
<tr><td>戊</td><td>丁</td><td>丙</td><td>乙</td></tr>
<tr><td>辰</td><td>卯</td><td>寅</td><td>丑</td></tr>
</table>

상관		겁재	편인
土	(火)	火	木
土	木	木	土

*. 음 일간(乙, 丁, 己, 辛, 癸)이므로 "일간 丁火를 중심으로 역행하여 오행을 판단 하면서 육신을 표출"한다.

(예5).

<table>
<tr><td>시</td><td>일</td><td>월</td><td>년</td></tr>
<tr><td>甲</td><td>乙</td><td>戊</td><td>庚</td></tr>
<tr><td>子</td><td>丑</td><td>寅</td><td>子</td></tr>
</table>

겁재		정재	정관
木	(木)	土	金
水	土	寅	水

*. 음 일간인 "乙木을 중심으로 하여 육신도표에 보면 역행으로 판단 하면서 육신을 표출"한다.

(2). 지장간(地藏干)

천지만물의 조화를 살펴볼 때 하늘은 천(天)이라 하고 땅은 지(地)라 하였는 것을 알 수가 있다.

이와 같은 현상을 사주 추명학상에 사주팔자의 간지도 하늘의 뜻을 본 따 천간이라 하고 땅을 본 따서 지지라 명칭을 표현한 것이다.

그런데 이 땅속에 하늘이 들어 있다고 말할 수가 있으며 또는 지지에 하늘과 같은 오행이 상주한다 하여 이것을 문자로 표시한 것이 "지장간(地藏干)"이라 하고 지지에서 천간을 표출시켜 내는 것이다.

하지만 지지의 지장간에는 천간오행과 달리 각각의 2-3개의 천간오행이 존재하여 있는데 이것을 두고 "여기(餘氣)", "중기(中氣)", "정기(正氣)"로 서로의 오행을 대변하고 있는 것을 볼 수가 있다.

따라서 이와 같이 지지의 지장간 속에는 하늘의 간(干)이 하나만이 존재하는 것이 아니고 2개에서 3개의 오행이 함께 존재하여 있음에 따라 그 양상이 복잡 미묘한 것은 "지장간의 변화가 천가지 만가지의 변화를 불러올 수 있음"을 뜻한다.

본 장은 지장간의 변화를 더욱 더 파악하고 더하여 지지의 육신을 표출시키는 것에 대하여 기술하고 있지만 앞으로 간명(看命)의 절차에서 여기 지장간을 모르고 서는 추명의 원리를 제대로 파악할 수가 없는 것으로 지장간 속에 서로 각각의 오행이 있음에 따라 별도의 숙명적 암시를 나타내고 있음을 간파해야 한다.

전장의 천간육신을 표출시키는 방법은 천간에 천간을 대조하면 쉽게 찾을 수 가 있지만 지지의 육신은 지장간 속에 "정기천간(正氣天干)"을 모르고 서는 지지육신을 표출시킬 수가 없다는 것을 명심하고 앞으로 용신 및 격국을 대면 할 때 "지장간 속에 들어 있는 오행을 얼마나 무궁무진하게 활용할 수 있는가 하는 정도에 따라 추명의 원리를 완전히 파악" 할 수 있는 척도가 될 것이다.

*. 지지 지장간(地藏干)의 도표

지장간	여 기(餘 氣)	중 기(中 氣)	정 기(正 氣)
(지지) 子	壬　10.35	=========	癸　20.65
丑	癸　9.30	辛　3.10	己　18.60
寅	戊　7.23	丙　7.23	甲　16.54
卯	甲　10.35	=========	乙　20.65
辰	乙　9.30	癸　3.10	戊　18.60
巳	戊　5.17	庚　9.30	丙　16.53
午	丙　10.35	己　9.30	丁　20.35
未	丁　9.30	乙　3.10	己　18.60
申	戊　7.20	壬　3.10	庚　17.60
酉	庚　10.35	=========	辛　20.65
戌	辛　9.30	丁　3.10	戊　18.60
亥	戊　7.23	甲　5.17	壬　18.60

*. 천　간(天　干) = 천　　원(天　　元)
*. 지　지(地　支) = 지　　원(地　　元)
*. 지 장 간(地 藏 干) = 인　　원(人　　元)

이상 도표에서 표시하고 있듯이 하나의 지지속에 2-3개의 천간이 암장되어 있는 것을 알 수가 있다.

더하여 하나의 암장된 천간의 힘이 각각 그 세력이 달리 표현되고 있는데 이와 같은 것은 계절의 절기에 따른 힘을 표시하고 있는 것이며 그렇다면 만약 사주 운명의 소유자가 태어난 달이 "여기(餘氣)"와 "중기(中氣)" 및 "정기(正氣)"의 부분 어느 한쪽에 지배를 받고 있다면 그 영향력은 대단히 강하게 될 것이다.

따라서 지지의 변화는 천간보다 훨씬 지지의 지장간이 변화무쌍한데 보통 사주추명의 감정에 들어가면 천간의 변화함은 단순히 천간 오행 그대로를 보고 적용하기 때문에 쉽지만 지지는 "지지의 지장간에 숨어있는 장간(藏干) 때문에 그 속에 내포되어 있는 길, 흉을 가려낼 필요"가 있는 것이므로 지장간의 변화를 깊이 파악할 필요가 있다.

한가지 예를 들어 설명 한다면 "사주원국 내 형제의 길흉을 볼 때 육신으로 보면 비견, 겁재가 되겠는데 사주팔자 속에 형제의 오행이 없고 지지의 지장간 속에 형제가 숨어 있게 되면 형제가 있는 것이 되고 더하여 운로인 대운이나 세운에서 형제가 숨어 있는 지지를 형, 충을 할 때 형제가 불길하다고 판단"하는 것과 같은 한 일례인 것이다.

이와 같은 성질에 비추어 볼 때 지지의 지장간은 그냥 스쳐 지나가는 정도로 공부 해서는 절대 안 되는 것으로 판단할 필요가 있는 것이며 더하여 지장간의 표출 여부가 운명의 암시를 예시하는 하나의 척도이니 절대로 소홀히 취급을 하지 않아야 할 것이다.

(3). 지장간의 성정(地藏干의 性情)

(가). 여 기(餘 氣)

전(前)달을 지배 하였던 오행을 반영하는데 예를 들면 火는 여름의 시작이므로 전월이 봄인 관계로 봄의 영향을 미숙 하나마 현재에도 받는 것이고 따라서 火에는 전월의 기운이 寅木중에 甲木이 미약하나마 영향을 주고 있는 것이다.

(나). 중 기(中 氣)

삼합이 되는 오행을 나타 내기도 하는데 寅, 申, 巳, 亥등의 중기는 삼합오행의 양간지를 나타내고 辰, 戌, 丑, 未는 삼합중에 음간을 나타낸다.
중기(中氣)는 여기(餘氣)보다 그 힘이 "강"하며 또한 출생월의 중기에 들어 있다면 중기의 힘은 더욱 더 강력할 것이다.

(다). 정 기(正 氣)

지지의 지장간중에 가장 강력한 기운으로 "중심의 오행 대표"를 나타낸다.
따라서 지장간의 정기(正氣)는 지지의 오행을 바로 나타 내기도 하는데 이것은 그만큼 정기의 힘이 강력하다는 것을 의미하는 것이다.

　또한 만약 사주원국의 용신이나 희신 및 기신(忌神)이 지지의 정기에 뿌리를 두고 있다면 그 힘은 대단히 강력 하다고 볼 수가 있다.

※참고로 지지의 힘 중에서 지장간의 힘은 반드시 무시할 수가 없는데 이것은 사주팔자의 "천간 지지를 비교 분석하면 천간보다 지지의 힘이 훨씬 강력하게 작용"한다.

특히 그 중에서 지장간의 힘을 비교 분석하여 볼 때 "월지"의 지장간은 다른 지지의 지장간보다 힘의 강도가 약 "2-3배"정도 강력한 것이며 더욱이 월지의 지장간 중에서도 특히 정기는 절입을 계산상 고려해 볼 필요도 없이 무조건 강력하게 작용하므로 지지의 오행은 정기(正氣)오행으로 대표하는 것을 알 수가 있다.

※참고로 사주원국을 살펴볼 때 "월지의 정기에 뿌리를 박은 것이 천간에 다시 동일 오행이 투출되어 나와 있다면 그 오행을 사주의 격(格)으로 잡고 운명을 해석"해도 무방하다.

또한 월지 이외의 "년지, 일지, 시지의 지장간에 뿌리를 박은 오행도 사주 천간에 투출되어 나와 있다면 그것 역시 무시하지 못할 강력한 힘"을 가진다고 판단해야 될 것인데 만약 이와 같은 현상이 되고 있으면 격(格)을 잡아 운명을 판단할 때 이와 같은 참고를 하여 간명(看命)함이 타당하다.

(예1).

<table>
<tr><td>시</td><td>일</td><td>월</td><td>년</td></tr>
<tr><td>戊</td><td>丁</td><td>丙</td><td>甲</td></tr>
<tr><td>辰</td><td>卯</td><td>寅</td><td>子</td></tr>
</table>

"인수"

<table>
<tr><td>土</td><td>(火)</td><td>火</td><td>木</td></tr>
<tr><td>土</td><td>木</td><td>木</td><td>水</td></tr>
</table>

위의 사주는 월지 寅木의 지장간 정기(正氣)에 뿌리를 박은 년간 甲木이 투출되어 있다.

그러므로 일간이 신왕하고 월지의 정기인 인수가 사주년간에 투출되어 있으니 "신왕인수격(身旺印綬格)"으로 "격(格)잡고 해석하면 되는 것이다.

(예2).

<table>
<tr><td>시</td><td>일</td><td>월</td><td>년</td></tr>
<tr><td>壬</td><td>癸</td><td>乙</td><td>甲</td></tr>
<tr><td>子</td><td>酉</td><td>丑</td><td>子</td></tr>
</table>

"겁재"

<table>
<tr><td>水</td><td>(水)</td><td>木</td><td>木</td></tr>
<tr><td>水</td><td>金</td><td>土</td><td>木</td></tr>
</table>

위의 사주원국은 시지 子水에 의하여 사주천간에 양인인 겁재 壬水가 투출되어 水氣가 매우 강력하다.

비록 월령에 丑土 편관이 자리잡고 있으니 "월지편관격(月支偏官格)"과 시간의 壬水 겁재 양인이 투출되어 그 세력이 매우 강력하므로 편관격과 "시상 양인격(겁재)"을 같이 보고 사주를 감정하면 좋을 것이다.

(예3).

시	일	월	년
甲	壬	己	壬
子	子	未	午

"정관"

木	(水)	土	水
水	水	土	火

위의 사주는 월지 寅木의 지장간 정기(正氣)에 뿌리를 박은 년간 甲木이 투출되어 있다.

그러므로 일간이 신왕하고 월지의 정기인 인수가 사주년간에 투출되어 있으니 "신왕인수격(身旺印綬格)"으로 "격(格)잡고 해석하면 되는 것이다.

(4). 지장간으로 보는 지지의 육신

사주원국의 천간의 육신은 천간오행 상생상극에 의하여 대조하면 그대로 육신이 표출되었지만 지지의 육신은 지장간의 오행정기를 보고 판단하여야 된다.

그것은 전장에 설명하였듯이 지지의 지장간 중에서 여기(餘氣), 중기(中氣)보다 "정기(正氣)"의 힘이 지지 오행을 대표하고 있으므로 따라서 그 힘이 대단히 강력하기 때문이다.

(예1).

시	일	월	년
丁	丙	乙	甲
卯	寅	丑	子

겁재		인수	편인
火	(火)	木	木
木	木	土	水
인수	편인	상관	정관

(지장간) ──▶ 甲	戊	癸	壬	(여 기)
	丙	辛		(중 기)
乙	甲	己	癸	(정 기)

위의 사주를 보면 지지의 지장간에 子는 壬, 癸, 그리고 丑에는 癸, 辛, 己 그리고 寅속에 戊, 丙, 甲 및 卯속에 甲, 乙이 있는데 명심할 것은 "지지 육신을 표출시킬 때에는 여기(餘氣)와 중기(中氣)는 사용하지 않으며 정기(正氣)를 보고 육신을 표출"한다.

더하여 학자는 지장간의 정기인 천간을 사주일간과 대조하여 육신표출도표에서 대조하면 바로 찾을 수가 있을 것이다.

(예2).

시	일	월	년
辛	庚	己	戊
未	午	巳	辰

겁재		인수	편인
金	(金)	土	土
土	火	火	土
인수	정관	편관	편인

(지장간) ⟶

丁	丙	戊	乙	(여 기)
乙	己	庚	癸	(중 기)
己	丁	丙	戊	(정 기)

위의 사주는 庚 일간에 지지를 대조하여 보니 이상과 같이 지장

간의 정기를 중심으로 하여 육신을 표출 하였다.

　더하여 다음으로 사주의 격(格)을 잡을 때에는 월지에 편관이 있으므로 편관의 오행이 중심이 되어 있는 것을 보고 "월지편관격(月支偏官格)"으로 판단하여 사주를 감평하면 될 것이다.

(예3).

	시	일	월	년
	丙	戊	辛	壬
	戌	辰	卯	子

	편인		상관	편재
	火	(土)	金	水
	土	土	木	水
	비견	비견	정관	정재

(지장간) ⟶	辛	乙	甲	壬	(여 기)
	丁	癸			(중 기)
	戊	戊	乙	癸	(정 기)

　위의 사주는 戊 일간 卯 월에 출생 하였고 일간 戊土를 기준으로 하여 각 지지의 지장간 정기를 중심으로 하여 대조하여 육신을 표출 하였다.

더하여 사주의 격(格)을 잡을 때에는 월지에 정관 卯木이 있어 정관의 기운이 강력하니 정관을 중심으로 일간이 신왕하므로 "신왕월지정관격(身旺月支正官格)"으로 보고 사주를 감평하면 될 것이다.

제6장

용신(用神)

✽.사주추명을 하려면 사주의 필요한 기운을 알아야 하고 따라서 사주의 필요한 기운을 용신이라 한다. 또한 용신(用神)은 그 성질별로 분류하여 억부용신(抑扶用神), 조후용신(調候用神), 병약용신(病藥用神), 전왕용신(專旺用神), 통관용신(通關用神)등으로 세분한다.

제 6 장

용 신(用 神)

1. 용 신(用 神)

(1). 용신(用神)

사주추명학은 수천년의 역사를 자랑하고 오늘날 문명이 최고로 발달한 시점에 이르기까지 유전되어 내려오고 있는 것을 볼 수가 있다.

이와 같은 현상은 사주 추명학이 그 명맥을 유지하고 오히려 과학이 발달한 현재에 와서 더욱 더 발전을 하고 있는 것은 명리학이 인간의 과거나 미래의 운명을 절대적으로 속속히 파헤쳐 그 운에 대한 방비와 대처를 하고 있기 때문일 것이다.

따라서 사주의 운명을 신과 같이 파악하게 된 열쇠가 바로 "용신(用神)"이라는 개념이고 그 실체를 완벽하게 잡아 내느냐 아니면 반대로 잡아내지 못하느냐에 따라 간명과 추명의 판단이 결정되는 것을 알 수가 있다.

학자들 중에는 "용신과 격국을 판단하는 정도가 되면 사주 추명학의 대가(大家)라 하여도 과언이 아니다",!라고 말하고 있는 것을 볼 때 그 개념의 깊이가 대단히 난해하고 어렵다고 생각하고 있는 것이 현실인 것 같다.

그러나 사주 추명학은 본래 오행의 근본 틀속에 한정되어 있는 것이 대부분이고 더하여 추명의 원리가 어느 한정된 법칙만 간파한다면 그다지 어려운 학문이 아니므로 학자는 지금부터 저자가 설명하는 용신과 격국에 대하여 거듭 숙지만 한다면 완벽한 용신의 실체를 파악할 수가 있을 것이다.물론 거듭 강조하거니와 단편적인 시각으로 접근하려 해서는 안되고 항시 열린 마음과 자세로 여러 각도에서 종합적으로 파악할수 있는 능력을 길러야 한다.한개념 한개념이 어렵다기 보다는 정치하고 종합적인 시각이 갖추어 지기가 어려울 뿐이다.

그러므로 용신에 대한 사주팔자의 오행은 여덟 개 글자로 구성되어 있는데 그 중에서 "일간을 중심으로 하여 오행 상생, 상극을 대조하여 강약을 결정"한다.

그래서 사주원국에 어느 한정된 오행이 강하면 덜고 약하면 부조하는 힘을 정하는 것이 용신(用神)이라는 실체이며 따라서 궁극적인 목표는 오행의 중화(中和)의 원칙을 도모하고 수평을 유지하는 것이라고 보면 되는데 이 용신의 기운이 "사주격국에 따라 그 종류가 5가지로 분류"되어 있다.

따라서 용신의 기운을 분류별로 파악하여 보면 첫 째로 사주의 오행의 강약의 유무에 결정하는 "억부용신(抑扶用神)",! 둘째로 사주 내 한습난조(寒濕暖燥)를 파악하여 계절별로 따지는 "조후용신(調候用神)",! 셋째로 오행의 양자의 힘이 서로 대립되어 있는 것을 화해 및 연결시키는 "통관용신(通關用神)",! 넷째로 오행의 힘의 강약이 극단으로 흘러 오히려 왕신(旺神)의 기운을 따르는 "전왕용신(專旺用神)",! 마지막 다섯번째로 사주원국에 병(病)이 있어 약신(藥神)으로 구제하는 "병약용신(病藥用神)"으로 세분된다.

결국 이 용신이 사주팔자를 감평 할 때에는 어느 운로가 길하고 어느 운로가 흉하다는 것을 완벽하게 판단하는 기준점이 될 것이며 또한 용신(用神)을 완벽하게 잡아 내느냐 아니면 못 잡아 내느냐에 따라 推命의 승패가 좌우될 것이고 결론적으로"용신은 사주팔자에 필요한 기운"을 "칭"하는 것으로 오행 상생,상극,합과충,일간의 강약 등의 종합적 판단에 근거해서 대운과 세운의 감평과 사주의 형세를 논하는 중심 개념이다.

(2). 일간의 왕쇠(日干의 旺衰)

사람이 신체가 튼튼하면 건강하고 질병에도 잘 걸리지 않으며 또한 신체가 건강하니 활동적이고 부지런하여 또한 열심히 일을 해서 돈도 잘 벌 것이다.

하지만 신체가 쇠약하면 질병에 견디지 못해 항상 자리에 누워 있을 것이며 금전에도 병석에 있기 때문에 가난과 빈곤으로 가득할 것인데 이것을 사주 추명학상으로 전자는 "신강사주(身强四柱)"이고 후자는 "신약사주(身弱四柱)"라고 말한다.

그렇다면 사주원국이 강건해야 부귀를 감당할 수가 있게 된다는 것이며 사주가 신약사주가 되면 몸이 허약하니 부귀를 감당할 수가 없다는 논리에 귀착하는 것이다.

그런데 여기서 중요한 것은 사주가 신강사주가 좋다고 하나 그 신강이 도가 넘쳐 있으면 이것이 종격(從格)이나 가종격(假從格)으로 가지 않는 이상 오히려 재화가 따른다는 것을 명심해야 할 것이다.

고서의 여러 사주추명의 대가들이 한결같이 말하기를 사주원국이 안정되고 용신이 강함을 기뻐한다고 했는데 그렇다면 결국 "사주 추명에서 부귀는 중화(中和)의 원칙"에서 온다.고 볼 수가 있을 것이며 더하여 사주 감정시는 일간의 신강, 신약을 먼저 살펴서 격국을 정한 뒤 완벽한 용신(用神)을 가려낼 수 있는 실력이 필요하다.

*. 가종격(假從格)이란 무엇인가,?

일간의 신약이나 신강은 보통 억부법 등을 적용하여 용신이 선정되는 것인데 그러나 일간의 강약이 중화(中和)의 기점에서 멀어져서 신강이나 신약을 억부법등의 용신으로 구제할 수가 없는 지경에 이르게 된다면 불가분의 관계에서 사주의 강력한 오행을 따르게 된다.

그렇다면 일간의 기운이 오히려 왕신(旺神)를 추종하여 왕신(旺神)의 오행을 용신으로 쓰게 되는데 이것은 "사주 내 일간이 극도로 신약하거나 극도로 신왕이 되어 비록 일간을 구조하거나 억제하는 기운이 사주에 있다 해도 그 힘이 여의치 못할 때 대세인 왕신(旺神)의 성질에 따르는 것을 가종격(假從格)"이라 칭하며 종격(從格)의 틀 속에 용신이 선정된다.

(3). 사주간지의 강약(四柱干支의 强弱)

*.사주 간지 강약 도표

9%		9%	4%
시	(일)	월	년

지	지	지	지
15%	20%	30%	13%

도표에서 보는 것과 같이 사주원국이 전체가 100%이라고 가정할 때 일간을 중심으로 하여 출생월 지지의 힘은 약 30%의 비중을 가지고 있으며 따라서 사주원국의 오행 중에서 "일간을 생조해오는 기

운이 약 40%이상이면 신강사주로 판단"해도 무방하다.

그러나 간혹 40%이하라도 신강이 되는 수도 있으니 단편적으로 판단해서는 안되고 여기에는 몇 가지 중요한 것을 숙지하여 일간의 강약을 결정하는데 하나의 참고로 활용해야 할 것이다.신강,신약도 역시 단순히 기계적으로 간지 강약도표에 의해서 결정되는 것이 아니라,오행 상생,상극,합과충,십이운성등 다른 여러 개념들과의 종합적 틀속에서 판단되고 결정 되어지는 것이다. 해서 사용 하기에 따라서 대단히 유용한 개념이나 단순한 시각이나 인식에서 발생될수 있는 오류를 경계하는 바이다.

(가).월지(月支)의 육신이 일간(日干)의 오행과 같은 비견, 겁재나 편인, 인수가 되는지를 살펴 보는데 만약 월지의 육신이 일간과 같은 비견, 겁재나 편인, 인수가 된다면 "득령(得領)하였다고 하여 일간의 기운이 강해진다.

(예1).남자 황   모씨(경북 구룡포) 1963년 음력 5월 2일 午 시

(십이운성) ──▶ 旺　　病　　旺　　浴
　　　　　　　甲　　丙　　戊　　癸
　　　　　　　午　　申　　午　　卯

편인　　　　　　식신　정관
木　　(火)　　土　　水
火　　金　　火　　木
겁재　편재　겁재　인수

본 장 (가), 항에 부합하는 실제인물의 사주팔자이다.

*. 일간의 왕쇠(旺衰),!

丙일간 午월에 출생하여 득령 하였으며 다시 사주원국 시지 午火 겁재 양인에 일간이 생조되고 있는 중에 시상에 투출되어 있는 甲木 편인이 년지 卯木 인수의 제왕지에 앉아 일간 丙火를 생조하고 있으므로 대단히 신왕하다.

본 장 (가)항에 적용하여 사주팔자를 판별하여 보면 월지의 육신을 살펴보니 사주월지에 일간과 같은 午火가 자리를 잡고 있으므로 일간 丙火가 대단히 기운을 강력하게 얻고 있다.

따라서 이렇게 일간이 월지의 午火 겁재에 뿌리를 두고 있을 경우 득령(得領)이라고 하여 일간이 대단히 강력하게 된다는 요지이다.

위 사주팔자는 일간 丙火가 신왕하기 때문에 용신은 일지 申金 편재이고 년간에 투출되어 있는 정관 癸水는 희신으로 삼는다.

**(예2).여자 김   모씨(경기도 부천) 1961년 음력 5월
　　　13일 子 시**

(십이운성)——▶ 胎　　胎　　旺　　養
　　　　　　　　壬　　戊　　甲　　辛
　　　　　　　　子　　子　　午　　丑

　　　　　　　편재　　　　　편관　상관
　　　　　　　水　　(土)　　木　　金
　　　　　　　水　　水　　火　　土
　　　　　　정재　　정재　　인수　겁재

**본 장 (가),항에 부합하고 있는 실제인물의 사주팔자
이다.**

***. 일간의 왕쇠(旺衰),!**

戊일간 午월에 출생하여 득령하고 사주원국 일지 및 시지 子水 정재가 자리를 잡고 있는 중에 다시 子水의 십이운성 제왕지에 앉은 시상 壬水 편재가 투출되어 일간 戊土를 강력하게 극루하고 있으므로 신약이다.

　　본 장 (가),항에 적용하여 위 사주팔자를 간명하여 볼 때 이렇게 일간 戊土가 월지에 인수 午火가 자리를 잡아 일간과 火生土를 이루고 있으니 일간 戊土가 힘을 대단히 강력하게 받고 있음을 알 수가 있다.

　　따라서 전장 예1과 같이 이것을 두고 월지에 기운이 일간과 같은 비견이나 겁재 및 편인, 인수가 자리를 잡고 있을 때 득령(得領)한다고 하여 일간의 힘이 매우 강력하게 된다는 취지이다.

　　위 사주원국을 살펴보니 사주강약도표에 준하여 볼 때 월지와 년지의 기운이 각각 43%가 되어 신강이 되겠으나 년지 丑土는 일간과 무정하여 멀리 떨어져 있는 중에 일지 및 시지 子水 정재가 일간이 의지를 하고 있는 월지 午火를 子-午 상충으로 파극하여 월지 午火의 기운이 쇠약하고 있으니 신약으로 되는 것이다.

　　고로 용신은 일간 戊土를 부조하는 비겁 土氣를 용신하고 비겁 土氣를 생조하는 인성 火氣는 희신으로 삼는다.

(나).사주원국의 지지에 "삼합", "육합", "방합"하여 나오는 오행을 보고 "합을 하여 나오는 오행이 사주천간에 투출되는지를 살펴"보아야 한다.

　　만약 이렇게 지합하여 나오는 오행이 일간의 동기인 비견, 겁재나 편인, 인수의 오행이 나오게 되면서 사주천간에 동일 오행이 투출되어 있다면 완전한 한 나라의 왕국을 세우는 결과가 되므로 신강, 신약을 결정하는데 매우 중요한 열쇠가 된다.

(예1).남자 강 모씨(부산 초량) 1950년 음력 4월 26
　　　일 未 시

(십이운성)──▶ 帶　　墓　　祿　　死
　　　　　　　丁　　丁　　壬　　庚
　　　　　　　未　　丑　　午　　寅

　　　　　　비견　　　　정관　정재
　　　　　　火　　(火)　水　　金
　　　　　　土　　土　　火　　木
　　　　　　식신　식신　비견　인수

　본 장 (나)항에 부합하고 있는 실제인물의 사주팔자
이다.

***. 일간의 왕쇠(旺衰),!**

　丁일간 午월에 출생하여 득령하고 사주원국 월지 午火 비견을 중
심으로 하여 년지 寅木 인수와 寅-午合火 한 중에 시상의 丁火 비견
이 투출되어 일간 丁火를 생조하고 있으므로 신왕하다.

　본 장 (나)항에 적용해서 이렇게 지지에 준삼합하여 사주천간에
합의 중심이 되는 오행인 시상에 丁火 비견이 투출되어 나왔으므로
완전히 일간 丁火의 신강, 신약을 결정하는데 결정적인 기준을 제공
하고 있음을 알 수가 있다.

위 사주는 비록 이렇게 사주지지에 寅-午合火가 되지 않더라도 사주강약도표에 준하여 년지, 월지 그리고 시상에 丁火를 모두 합쳐도 신왕할 수는 있겠으나 이렇게 寅-午合火하여 시상에 丁火가 투출된 것은 더욱 더 火氣의 기운이 강력하게 되므로 방금 설명한 전자의 기운과는 비교가 될 수가 없다.

고로 용신은 일간 丁火가 신왕하니 월상에 투출되어 있는 壬水 정관을 용신하고 壬水 정관을 생조하는 년간 庚金은 희신으로 삼는데 월상 壬水 정관이 일간과 시간 丁火와 丁-壬合木하여 용신의 기운이 기반(羈絆)되어 합을 탐한 나머지 용신 본래의 임무를 망각하고 있으므로 대단히 좋지 못하게 되어 있다.

(예2).여자 강 모씨(충북 청주) 1955년 음력 2월 25일 亥 시

(십이운성) ──▶	胎	病	病	帶
	乙	己	己	乙
	亥	卯	卯	未
	편관		비견	편관
	木	(土)	土	木
	水	木	木	土
	정재	편관	편관	비견

본 장 (나),항에 준하는 실제인물의 사주팔자이다.!

*. 일간의 왕쇠(旺衰),!

己일간 卯월에 출생하여 실령(失領)하였으며 사주원국 월지 卯木 편관을 중심으로 하여 일지 및 시지 그리고 년지 未土 비견과 전부 亥-卯-未 삼합 木局이 구성된 가운데 그 세력의 중심을 대표하는 년간 및 시상 乙木 편관이 투출되어 일간 己土를 완전히 상극하니 극도로 신약하다.

이렇게 일간 己土가 신약이 극심하면 마땅히 신약한 일간 己土를 생조를 하는 것이 바람직 한데 일면 월상에 투출되어 있는 己土 비견이 사주년지 未土 비견의 십이운성 관대(冠帶)지에 앉아 그 속에 뿌리를 두고 있으니 일간 己土를 생조할 것 같다.

그러나 사주년지 未土는 이미 사주월지 및 일지 卯木 편관과 시지 亥水 정재와 같이 亥-卯-未 삼합 木局으로 둔갑하니 일간을 생조하는 여력을 완전히 상실한 상태이며 월상에 투출되어 있는 己土 비견도 년간에 투출되어 있는 乙木 편관에 己-乙 상충으로 파극이 되고 있는 것은 일간이 의지할 데가 없게 만들고 있으므로 외격(外格)의 기명종살격(棄命從殺格) 및 종관살격(從官殺格)이 성격(成格) 되는 사주이다.

*. 본 장 (나),항에 준한 판단,!

본 장 (나),항에 준하여 위 사주원국을 간명하면 이렇게 비록 일간 己土가 의지할 수 있는 월상 己土 비견과 년지 未土 비견이 있다손 치더라도 지지가 亥-卯-未 삼합 木局으로 변화되어 있을 경우 일간 己土는 완전히 뿌리를 두지 못하는 상태가 됨에 따라 종격(從格)으로 돌아가 버린 사주팔자이다.

따라서 이렇게 사주팔자가 지지의 육합, 삼합, 방합하여 사주천간에 중심 오행이 투출되어 나올 경우 일간에 대한 신강, 신약을 결정하는 중요한 요인이 발생되니 이렇게 합을 하여 나오는 성질이 될 때 그 힘은 절대적으로 일간의 강, 약을 결정하는 기준이 되므로 판단을 신중이 하여야 된다.

만약 위 사주팔자가 이렇게 지지가 亥-卯-未 삼합 木局으로 돌아가지 않는 성질이 되고 있을 때는 방금 본 저자가 설명 하였듯이 사주년지 未土와 월상에 己土 비견이 존재하여 그 세력에 일간이 의지하는 것이 되어 절대로 종격(從格)으로 되지 못하고 내격(內格)의 억부법이나 조후법에 준한 火, 土가 용신이 될 것이다.

결국 위 사주는 외격(外格)의 종격(從格)인 기명종살격(棄命從殺格)이 되므로 용신은 왕신(旺神) 木氣를 따르는 水, 木이 용신이 된다.

(다).사주원국의 월지나 지지가 비록 일간을 극루하는 오행이라도 지지의 지장간 속에 일간과 같은 "비견", "겁재" 및 "편인", "인수"가 지장간의 "중기(中氣)나 정기(正氣)에 존재"하여 그 속에 뿌리를 박은 일간의 동기인 비겁이나 인성이 사주의 천간에 "투출"되어 나오면 그 세력이 강하기 때문에 일간의 기운이 강해진다.

(예1).남자, 정 모씨(부산시 동래) 1973년 음력 3월
　　15일 丑 시

(십이운성) ──▶　帶　　　墓　　　養　　　帶
　　　　　　　　癸　　　癸　　　丙　　　癸
　　　　　　　　丑　　　未　　　辰　　　丑

　　　　　　비견　　　　　　정재　비견
　　　　　水　　(水)　　火　　水
　　　　　土　　　土　　　土　　　土
　　　　　편관　　편관　　정관　편관

본 장 (다),항에 적용되는 실제인물의 사주팔자이다.!

*. 일간의 왕쇠(旺衰),!

　癸일간 辰월에 출생하여 실령(失領)하였으며 사주원국 월지 辰土 정관을 중심으로 하여 년지 및 일지 그리고 시지 모두 辰, 丑土 관성 土氣로 구성되어 있는 중에 월상 丙火 정재까지 관성 土氣를 생조하고 있으므로 일간 癸水가 극심한 신약을 면치 못하고 있다.

　이렇게 일간 癸水가 신약이 극심하면 마땅히 일간의 기운이 외격(外格)의 종격(從格)이나 가종격(假從格)으로 돌아가지 않는 이상 일간을 생조하는 기운이 필요할 것이다.

사주팔자를 자세히 관찰하여 보니 일간 癸水가 년간과 시상에 투출되어 있는 癸水 비견이 월지 辰土 정관의 지장간 중기(中氣)에 癸水, 그리고 년지와 시지 丑土의 지장간 여기(餘氣)와 중기(中氣)에 각각 癸水와 辛金이 존재하여 그 속에 뿌리를 두고 있으니 결코 외격(外格)의 종격(從格)이나 가종격(假從格)으로 돌아가지 못한다.

그렇다면 년간과 시상에 투출되어 있는 癸水가 의지가 되어 일간 癸水를 생조하는 성질이 되고 있는 것은 마땅히 내격(內格)의 억부법이나 조후법의 용신이 선정되어 시급히 신약한 일간 癸水를 부조하고 생조하는 것이 마땅할 것이다.

*. 위 사주팔자를 본 장 (다),항에 준하여 판단,!

본 장 (다),항에 준하는 성질에 위 사주팔자는 적용이 되고 있는데 이렇게 일간 癸水가 비록 지지에 일간을 생조하는 기운이 없더라도 년간과 시상에 투출되어 있는 癸水 비견이 사주월지 辰土를 주동하여 년지 및 시지 丑土의 지장간에 각각 여기(餘氣)와 중기(中氣)에 뿌리를 두면서 일간을 생조하는 것은 일간이 무언중에 힘을 얻고 있으니 완전히 부합하고 있는 사주팔자이다.

만약 위 사주원국이 이렇게 지지의 습토인 辰土나 丑土가 존재하지 않고 조토인 未, 戌 土氣로 구성되어 있을 경우는 아무리 일간 癸水의 동기인 비견이 년간과 시상에 투출되어 있다손 치더라도 사주지지에 뿌리를 두지 못하는 것은 일간이 의지를 할 수 없기 때문에 무용지물이 될 수 밖에 없다.

그렇다면 사주팔자가 이렇게 지지에 조토인 未, 戌 土氣로 구성되어 있을 경우는 일간 癸水는 외격(外格)의 종격(從格)인 기명종살격(棄命從殺格) 및 종관살격(從官殺格)으로 둔갑하여 왕신(旺神) 土氣를 따르는 용신법이 적용될 것이다.

결국 위 사주팔자는 일간 癸水가 지지의 습토인 辰, 丑 土氣의 지장간에 의지를 하고 있으며 더하여 년간과 시상 癸水가 일간에게 힘을 보태고 있으니 金, 水를 용신으로 선택하는 내격(內格)에 준한 사주원국이다.

(예2). 남자. 성 모씨(전북 정읍) 1955년 음력 7월 15일 申 시

(십이운성) ⟶ 　胎　　衰　　胎　　養
　　　　　　　甲　　乙　　甲　　乙
　　　　　　　申　　丑　　申　　未

　　　　　　겁재　　　　　겁재　비견
　　　　　　木　 (木)　　木　　木
　　　　　　金　　土　　金　　土
　　　　　　정관　편재　정관　편재

본 장 (나), 항에 적용되는 실제인물의 사주팔자이다.

*. 일간의 왕쇠(旺衰),!

乙일간 申월에 출생하여 실령하였고 사주원국 월지 申金 정관을 중심으로 하여 사주지지 전부 정관 申金과 편재 土氣로 구성되어 일간 乙木을 대단히 극루하고 있으니 신약이다.

이렇게 일간 乙木을 극루하는 편재 土氣와 정관 金氣가 강력함에 따라 마땅히 위 사주가 외격(外格)의 종격(從格)이나 가종격(假從格)으로 돌아가지 않는 이상 신약한 일간 乙木을 생조하는 것이 제일 시급하다.

따라서 사주팔자를 살펴보니 일간 乙木이 사주천간에 전부 투출되어 있는 甲, 乙 비견이나 겁재가 지지의 申金이나 丑, 未土의 지장간에 각각 여기(餘氣) 및 중기(中氣)에 乙, 壬, 癸水가 존재하여 여기에 뿌리를 두고 있는 것을 알 수가 있다.

그렇다면 일간 乙木이 이상과 같은 원칙에 입각하여 완전히 힘을 얻게 되어 있으니 결코 외격(外格)의 종격(從格)이나 가종격(假從格)으로 돌아가지 못하고 내격(內格)의 억부법이나 조후법에 준하여 용신이 선정되는 것을 알 수 가 있다.

*. 위 사주팔자를 본 장 (나),항에 준하여 판단하여 보면,!

본 장 (나),항에 준하여 위 사주팔자를 간명하여 보면 완전히 일치를 하고 있는데 이렇게 사주의 지지에 육합, 삼합, 방합이 안되더라도 지지의 지장간에 일간의 동기인 비겁이나 인성이 존재하여 있는 중에 다시 사주천간에 그 속에 뿌리를 둔 인성이나 비겁이 투출하여 나오게 될 때 일간이 힘을 얻게 되어 그 기운이 강력 해진다 라며 기술하고 있다.

　이상의 부분에 부합시켜 위 사주을 볼 때 지지에 이렇게 申, 丑, 未가 자리를 잡고 지장간의 여기(餘氣)나 중기(中氣)에 각각 일간의 동기인 인성이나 비겁인 癸, 壬, 乙이 존재하여 다시 사주 년, 월, 시 상에 각각 甲, 乙이 투출되어 일간을 생조하고 있으니 일간이 완전히 의지를 하게 되므로 힘을 얻고 있음을 알 수가 있는 것이다.

　결국 이렇게 사주 지지에 합의 성질인 육합, 삼합, 방합하여 나오는 성질이 되지 않더라도 지지의 지장간에 일간의 동기인 인성이나 비겁이 자리를 잡고 다시 사주천간에 일간의 동기인 인성이나 비겁이 존재하여 있을 경우 일간이 완전히 의지를 하게 되는 성질을 전장 예1과 같이 판단하여야 되는 사주원국이다.

(라).사주원국의 지지에 (다)항과 같이 되지는 않으나 지지의 지장간의 "중기(中氣)"속에 일간과 같은 "비견", "겁재" 및 "편인", "인수"가 존재하여 비록 사주천간에 투출된 일간과 같은 오행이 없더라도 "일간이 홀로 그 속에 뿌리를 박고" 있으면 일간의 의지처가 있기 때문에 일간이 힘을 얻을 수가 있다.

(예1).남자, 신 모씨(부산 영도) 1958년 음력 9월 25 일 子 시

<table>
<tr><td>(십이운성) —▶</td><td>胎</td><td>墓</td><td>墓</td><td>墓</td></tr>
<tr><td></td><td>戊</td><td>丙</td><td>壬</td><td>戊</td></tr>
<tr><td></td><td>子</td><td>戌</td><td>戌</td><td>戌</td></tr>
</table>

<table>
<tr><td>식신</td><td></td><td>편관</td><td>식신</td></tr>
<tr><td>土</td><td>(火)</td><td>水</td><td>土</td></tr>
<tr><td>水</td><td>土</td><td>土</td><td>土</td></tr>
<tr><td>정관</td><td>식신</td><td>식신</td><td>식신</td></tr>
</table>

본 장 (라),항에 부합하고 있는 실제인물의 사주팔자
이다.

***. 일간의 왕쇠(旺衰),!**

丙일간 戌월에 출생하여 실령 하였으며 사주원국 월지 戌土 식신
을 중심으로 하여 사주 전체가 일간 丙火를 생조하는 기운이 없고
년지 및 일지 戌土 식신이 자리를 잡고 있는 가운데 그 식신의 기운
을 대표하는 년간 및 시상 戊土 식신이 투출되어 일간 丙火를 완전
히 상극하고 있으니 신약이다.

일면 사주팔자가 지지와 천간에 일간 丙火를 생조하는 기운이 하
나라도 없으므로 이것은 외격(外格)에서 말하는 종격(從格)이나 가
종격(假從格)의 성질로 돌아가지 않겠는가 하고 의심을 품을 정도로
일간이 쇠약함은 두말할 것도 없다.

그러나 사주년지 및 월지 그리고 일지 戊土 식신은 오행상 성질로 볼 때 조토이니 조토는 오히려 일간 丙火의 기운에 동조하는 성질이 강하게 되므로 일간의 기운을 극도로 상극하지 못하고 때에 따라서는 일간이 의지하는 기운이 되기도 한다.

따라서 일간 丙火는 비록 식신 土氣가 사주에 대부분을 차지하여 일간을 상극하는 것처럼 보이나 이렇게 사주팔자가 조토로서 구성되어 있을 것 같으면 일간 丙火는 의지를 하는 것이 되니 무언중에 일간 丙火가 기운을 얻고 있으므로 결코 외격(外格)의 종격(從格)이나 가종격(假從格)으로 돌아가지 않고 내격(內格)의 억부법이나 조후법상 용신이 선정되는 것을 알 수가 있다.

*. 위 사주원국을 본 장 (라),항에 적용하여 판단,!

위 사주팔자를 본 장 (라),항에 적용하여 판단 하고자 다시 그 부분을 인용하면 "전장 (다),항의 사항과 같이 되지 않더라도 일간이 홀로 지지의 지장간에 뿌리를 박고 있을 경우 일간이 힘을 얻게 된다,"!라며 기술하고 있다.

그렇다면 위 사주팔자는 이상의 부분에 완전히 일치하고 있는데 사주에 비록 일간 丙火의 동기인 비겁이나 인성이 하나도 보이지 않고 있겠으나 이렇게 지지에 戊土가 3개씩이나 차지하여 있는 것은 戊土의 지장간 중기(中氣)에 丁火가 있으므로 일간 丙火가 그 속에 통근(通根)을 하여 뿌리를 깊게 박고 있음을 알 수가 있다.

결국 일간에 대한 오행을 생조할 수 있는 인성이나 비겁의 기운 이 비록 없더라도 위 사주처럼 지지의 지장간에 일간이 의지할 수 있는 기운이 있을 것 같으면 일간이 기운을 얻고 있기 때문에 절대 로 외격(外格)의 종격(從格)이나 가종격(假從格)으로 돌아가지 못하 고 내격(內格)에 준하여 용신이 선정되는 것이다.

고로 위 사주는 내격(內格)의 억부법이나 조후법에 준하여 일간 丙火를 생조하는 인성 및 비겁인 木, 火가 용신이다.

(예2).여자 이 모씨(인천시 부평) 1953년 음력 4월 18일 巳 시

(십이운성) ⟶	死	死	死	死
	癸	辛	丁	癸
	巳	巳	巳	巳

	식신		편관	식신
	水	(金)	火	水
	火	火	火	火
	정관	정관	정관	정관

본 장 (라),항에 해당하고 있는 실제인물의 사주팔자 이다.!

***. 일간의 왕쇠(旺衰),!**

辛일간 巳월에 출생하여 실령 하였으며 사주원국 월지 巳火 정관을 중심으로 하여 지지전부 정관 火氣로 구성되어 있겠으며 그 십이운성 제왕지에 앉은 월상 丁火 편관이 투출되어 있는 중에 사주전부 관성 火氣와 식신 水氣로 자리를 잡고 있으니 일간 辛金이 아주 신약하다.

이렇게 일간 辛金이 신약함이 극심하여 의지할 수 있는 기운이 미약할 것이면 마땅히 외격(外格)의 종격(從格)이나 가종격(假從格)으로 돌아가지 않는 이상 신약한 일간 辛金을 시급히 생조하는 것이 급선무일 것이다.

따라서 사주팔자를 살펴보니 일간 辛金이 비록 사주내 전부 정관 火氣와 식신 水氣로 구성되어 일간이 의지를 할 수가 없을지 모르겠지만 지지의 巳火정관의 지장간 중기(中氣)에 庚金이 존재하여 있으므로 여기에 일간 辛金이 뿌리를 두고 있음을 알 수가 있다.

그렇다면 일간 辛金이 의지할 수 있는 기운이 있을 것 같으면 결코 외격(外格)의 종격(從格)이나 가종격(假從格)으로 돌아가지 못하고 내격(內格)의 억부법이나 조후법의 용신이 선정되는 격국임을 알 수가 있다.

***. 위 사주팔자를 본 장 (라),항에 부합하여 판단,!**

본 장 (라),항에 위 사주격국을 부합시켜 판단할 경우 "사주내 일간을 생조하는 인성이나 비겁이 없더라도 일간이 홀로 지지의 지장간 중기(中氣)에 뿌리를 박는 것이 있다면 일간이 기운을 얻게 된다,"!라며 기술하고 있다.

이상의 부분을 위 사주팔자를 놓고 판별하여 볼 때 완전히 일치하는 현상이 되고 있는데 전장 (예1)의 사주처럼 일간의 동기인 비겁이나 인성이 사주에 비록 없겠으나 지지의 巳火 정관의 지장간 중기(中氣)에 庚金 겁재가 존재하여 있으므로 여기에 일간 辛金이 의지하여 그 세력을 두고 있으니 일간 辛金이 무언중에 힘을 얻고 있음을 판단할 수가 있겠다.

이렇게 사주팔자에 일간이 의지를 할 수 있는 일간의 동기인 비겁이나 인성이 비록 없더라도 이렇게 지지의 지장간 중기(中氣)에 일간이 의지할 수 있는 기운이 있을 것 같으면 결코 외격(外格)의 종격(從格)이나 가종격(假從格)으로 돌아가지 못하고 내격(內格)의 억부법이나 조후법에 준한 용신이 설정 되어야 하는 것을 판단할 수가 있다.

고로 위 사주팔자의 용신은 내격(內格)의 억부법이나 조후법에 준한 신약한 일간을 생조하는 土, 金이 용신이 되는데 위 사주는 일면 사주에 火氣가 강력하여 조후법상 水氣가 길신으로 작용한다.

그중에서 인성 土氣는 未, 戌 土氣는 조토라서 조후법에 상반되어 불리하고 습토인 辰, 丑 土氣는 왕성한 火氣를 수습하면서 신약한 일간 辛金을 생조하니 습토는 대단히 길하게 작용하는 것이다.

(마).사주팔자 내 "십이운성을 각 지지를 일간과 대조"하여 "장생"," 건록","제왕","관대지"등이 해당하는지를 참조하여 볼 것이다. 이와 같은 것은 지지는 천간의 힘보다 약 "3배"이상 강력하므로 지지에 해당하는 십이운성의 강, 약이 일간에 대해 영향력을 직 접 행사한다.

또한 일간에 대해 가까히 있는 오행이 일간에 미치는 영향력은 떨어져 있는 오행보다 매우 강력하게 작용하며 더하여 지지의 지장 간에 뿌리를 박은 천간의 영향력은 매우 강력하다고 판단한다.

(예1).여자 진 모씨(경남 진주) 1973년 음력 3월 15일 子 시

(십이운성)——▶ 　禄　　　墓　　　養　　　胎
　　　　　　　　壬　　　癸　　　丙　　　癸
　　　　　　　　子　　　未　　　辰　　　丑

　　　　　　　겁재　　　　　　정재　비견
　　　　　　　水　　(水)　　火　　水
　　　　　　　水　　　土　　　土　　　土
　　　　　　　비견　편관　　정관　편관

본 장 (마),항에 해당되고 있는 실제인물의 사주팔자 이다.!

*. 일간의 왕쇠(旺衰),!

癸일간 辰월에 출생하여 실령하였으며 사주팔자 월지 辰土 정관을 중심으로 하여 년지 丑土 편관과 일지 未土 편관이 각각 자리를 잡고 다시 월상에 丙火 정재가 관성 土氣를 생조하고 있으므로 신약이다.

하지만 일간 癸水는 사주시지 십이운성 건록지에 해당되고 있는 子水 비견에 득세(得勢)한 중에 사주월지 辰土 정관과 子-辰合水하여 그 세력을 대표하는 시상 壬水 겁재가 투출되어 있으며 또한 년간에 비견 癸水가 일간 癸水를 생조하고 있음을 알 수가 있다.

이와 같은 현상은 비록 일간 癸水가 신약하나 사주내 왕성한 관성 土氣와 정재 火氣간에 힘의 기운이 서로 대적할 만하니 양자의 기운이 중화(中和)가 되어 있어 대단히 길하게 작용하고 있다.

이렇게 일간 癸水가 비록 신약으로 판단되고 있겠으나 단편적으로 보아도 水氣의 기운이 대단히 강력하게 있음이 판단되는데 그렇다면 일간 癸水는 중화(中和)의 기점을 육박하는 40%에 그 힘이 근접하여 있으니 일간 癸水가 그리 신약하지 않음을 알 수가 있다.

그렇다면 위 사주팔자는 일간 癸水가 신약하니 일간을 생조하는 인성 金氣와 비겁 水氣를 용신으로 선택하는 내격(內格)의 억부법이나 조후법의 용신이 선택되어야 할 것인데 일면 사주격국이 관성 土氣가 강력한 중에 지지의 子-辰合水 등으로 사주내 水氣가 왕성하니 일간의 강, 약을 불문하고 조후법상 재성 火氣가 용신으로 선택되어야 마땅할 것이다.

이상의 부분에 대하여 더욱 더 판단의 여지가 없는 것은 사주내 관성 土氣가 강력하여 일간이 신약함은 되나 일면 관성 土氣를 유심이 살펴보면 월지 辰土나 년지 丑土는 습토가 되고 있는 중에 다시 월령 辰土 정관은 사주시지 子水비견과 子-辰合水로 변화되고 있으니 단편적으로 보아도 사주팔자가 과습하기 짝이없다.

고로 용신은 일간이 신강, 신약을 불문하고 일간이 그리 쇠약하지 않으니 조후법상 재성 火氣를 용신하며 재성 火氣를 생조하는 식상 木氣는 희신으로 삼는 것이 마땅한데 식상 木氣는 강력한 관성 土氣를 제살(制殺)의 법칙에 충족시킴으로 더욱 더 길하게 작용한다.

*. 일부 학자들의 의문,!

여기서 일부 학자들 중에서 약간의 의문을 가지고 본 저자에게 질문을 하고 있는데 그것은 "사주팔자의 일간이 癸水로서 일간 자체가 물이 되고 있는데 물의 기운이 신약하면 마땅히 물을 생조하는 金氣나 水氣가 도움이 되는 것은 기정 사실일 텐데 왜, 구태여 재성 火氣와 식상 木氣를 용신으로 써야 하는지",!에 의문을 제기하고 있다.

*. 이 부분에 대하여 본 저자의 판단,!

단편적으로 보면 신약으로 분류되나,종합적 시각에서 예리하게 관찰해 본다면 단순히 신약으로 결정짓기 어렵다.사주가 전체적으로 신약이라 할수 없고 제일 큰 특징은 일단 과습하기 짝이 없다.

*. 위 사주팔자를 본 장 (마),항에 부합시켜 판단,!

본 장 (마),항에 위 사주팔자를 부합시켜 판단하여 간명하면 "십이 운성의 장생, 건록, 제왕, 관대 등이 일간과 월지, 및 지지에 해당하는지를 살피는데 지지는 천간의 힘보다 약 3배이상 강력하므로 지지에 해당하는 십이운성의 강, 약이 일간에 대해서 직접 영향력을 행사한다,"!라며 기술하고 있다.

그렇다면 위 사주팔자는 이상의 부분에 완전히 일치하고 있음을 판단하는데 우선 일간 癸水를 주동하여 사주년지 丑土 편관은 십이운성의 관대(冠帶)지에 해당하고 있겠으며 더하여 시지 子水 비견은 십이운성의 건록(健祿)지에 자리를 잡고 있으니 일간 癸水가 완전히 기운을 얻게 되는 점을 알 수가 있다.

결국 본 장 (마),항에 기술하고 있는 부분은 일간의 강, 약이 지지의 십이운성의 왕성한 기운에 해당하고 있을 경우 일간이 기운을 얻게 되는 것을 단편적으로 표기할 수가 있겠으며 더하여 왕성한 십이운성 기운인 건록(健祿)이나 제왕(帝旺)에 해당되고 있을 경우 일간의 기운이 대단히 강력하게 뿌리를 둔다고 판단하는 것이 정석이다.

(예2).남자 박 모씨(전북 남원) 1959년 음력 11월 23일 누 시

(십이운성) ───► 旺　　　生　　　胎　　　絕
　　　　　　　　戊　　　戊　　　丙　　　己
　　　　　　　　午　　　寅　　　子　　　亥

　　　　비견　　　　　　편인　겁재
　　　　土　　（土）　　火　　土
　　　　火　　　木　　　水　　水
　　　　인수　편관　　　정재　편재

본 장 (마), 항에 부합되고 있는 실제인물의 사주팔자 이다.!

*. 일간의 왕쇠(旺衰),!

　　戊일간 子월에 출생하여 실령 하였으며 사주원국 월지 子水 정재를 중심으로 년지 亥水 편재 그리고 일지 寅木 편관이 왕성하게 일간 戊土를 상극하고 있으니 일면 신약사주로 판단할 수 있을 것 같다.

　　그러나 위의 사주는 우선 사주간지 강약도표에서 보면 년, 월, 시간과 시지 午火의 생조를 합해도 37%밖에 되지 않아서 신약(身弱)사주로 간주해야 할 것이나 戊土 일간은 일지 寅木의 십이운성의 장생(長生)지에 있으며 시지 午火 제왕(帝旺)지에 각각 통근하여 있다.

　　더하여 사주원국의 시지 午火를 중심으로 하여 일지 寅木과 寅─

午合火하니 사주 월상에 丙火가 투출되어 있으므로 火局이 태왕하게 되어 신강사주로 판단되어야 한다.

*. 일부 학자들의 의문,!

여기서 일부 학자들 중에는 방금 본 저자가 설명한 일간이 신강한 부분에 대하여 약간의 의문을 가지고 질문을 하고 있다.

그것은 "사주팔자의 일지 寅木이 비록 사주시지 午火 인수간에 寅-午合火를 하기 이전에 먼저 사주월지 子水가 시지 午火를 子-午 상충으로 파극하고 있으니 합을 하지 못하게 방해하기 때문에 이것을 합으로 취용하는 것은 무리가 있지 않겠느냐,"!라고 의문을 표시하고 있다.

*. 일부 학자들이 의문을 제기한 부분에 대하여 본 저자판단,!

이 부분을 놓고 일부 학자들이 의문을 제기한 합의 성질에 대하여 학자들의 의견은 일부 타당성은 있겠으나 하지만 합을 구성하는 오행의 성질을 면밀히 관찰하여 볼 필요가 있겠다.

따라서 위 사주팔자를 우선 자세히 살펴보면 寅-午合火의 성질이 비록 월지 子水 정재가 子-午 상충을 하여 합의 기운을 파극하기 이전에 이미 월지 子水 정재가 일지 寅木 편관에게 가로막혀 水生木의 이치를 실현하고 있음을 알 수가 있다.

그렇다면 왕성한 월지 정재 水氣를 편관 寅木이 그 힘을 쭉 빨아들임으로서 水氣와 火氣간에 水剋火 상극을 하지 못하게 만들고 다시 寅木 편관은 시지 인수 午火에게 木生火로 연결하고 있으니 水剋火의 상극은 성립되지 못한다고 판단해야 한다.

이상의 학자들이 염려한 子-午 상충의 의미는 방금 설명한 부분에 부합시켜 판단하여 볼 때 일부 午火와 子水간에 약간의 상극을 받는 것은 사실이겠지만 상충의 작용은 퇴색되는 것으로 보아야 함이 타당하다.

더하여 이상과 같은 맥락에 비추어 볼 때 비록 합의 결합이 쇠약해진 부분은 인정되더라도 寅-午合火하여 火氣의 중심을 대표하는 월상 丙火 편인이 투출되어 일간 戊土를 강력하게 생조하는 현상까지 발생되고 있으니 일간이 신강으로 귀착하는 이유가 여기에 있다.

결국 사주격국과 사주의 오행의 합과 상극의 의미를 세밀하게 살펴야 만이 일간의 강, 약을 찾아낼 수가 있으니 단편적으로 판단하면 오류를 범할 수가 있는 것이며 위 사주원국은 일간이 신강하므로 용신을 金, 水로 선택하는 내격(內格)의 억부법이나 조후법의 용신이 된다.

지금까지 기술한 사항은 용신 및 일간의 강약을 판단할 때 중요하게 작용하는 하나의 기준점이 되는 것이니 절대로 소홀히 취급하지 않기 바라며 학자들은 용신의 부분을 독파를 하여야 추명의 원리를 제대로 파악할 수 있는 것이 되므로 이것은 절대적이라 하겠다.

더하여 이상의 용신의 부분에 대하여 좀 더 자세한 사항은 본저자의 졸저 命理秘典 上권과 命理秘典 下권에서 실제인물을 적용하여 대단히 자세하게 기술하고 있으니 참고 바란다.

*. 일간의 강약에 기준한 용신판단법,!

본 장 일간의 강약에 기준한 용신 판단법에서는 그동안 본 저자가 약 25년동안 실제인물을 적용하여 용신을 판별하였던 사항을 기술하고 있음을 알 수가 있겠다.

이것은 지금까지 역학에 입문을 해서 초학자들이 사주추명을 공부하여 어느 정도 경지에 도달하였을 때 학자들이 사주간명상 용신을 선정하여 놓고 자신이 선택한 용신이 도대체 맞는 것인지 그렇지 않으면 틀리는 것인지 그 확답을 알 수가 없어 대단히 전전긍긍하고 있는 것을 본 저자는 많이 보아왔다.

만약 초학자들의 주위에 친분이 있는 철학관을 운영하는 역학의 대가가 있을 경우에 문의하여 용신의 부분을 조언 받을 경우 별 문제가 되지 않겠지만 문제는 이상 역학의 대가들도 신이 아닌 이상 사람이기 때문에 종종 용신의 기운을 잘못 잡는 경우가 있다.

하물며 이렇게 역학의 대가들이 주위에 있는 경우도 그 문의를 하는 절차가 순조롭지 못할 것인데 초학자가 독학을 하는 경우는 더욱 더 어려움이 많을 것이라 사료된다.

이에 대해 본 저자는 집필을 하는 동안에도 수많은 초학자나 중급의 학자들이 어려움을 호소하는 것을 십분 수용하여 오늘날 命理入門에는 그동안 命理秘典 上권 및 命理秘典 下권 그리고 命理大要 上,中, 下권에 적용하였던 실제인물의 사주명조를 파악하여 그 중에서 용신의 기운을 대체로 쉽게 선택할 수 있는 것을 선별하여 본 서에 기술하였다.

*	(木)	*	*
*	木	木	*

*.일간 木을 기준하여 월지가 득령 및 일지에 득지하였으니 사주강약도표에 50%가 되므로 신왕이 된다.

*	(木)	*	*
木	*	木	*

*.일간 木을 기준하여 월지가 득령 및 시지 득세하였으니 사주강약도표에 준해 45%가 되므로 신왕이다.

*	(金)	*	*
*	*	金	金

*.일간 金을 기준하여 월지에 득령 및 년지에 생조되어 사주강약도표에 43%가 되어 신왕이겠지만 년지 기운은 일간과 원격하니 신약이다. 하지만 년지와 월지가 십이운성의 건록지나 제왕지에 해당하고 있으면 신왕이다.

*	(金)	*	金
金	*	*	金

*.시지에 득세 하였고 년천간 지지가 일간을 생조하나 사주강약도표에 준하여 32%이므로 신약이다.

金	(金)	金	金
金	*	*	金

*.시지에 득세 하였고 년지 및 년간,그리고 월상에 생조되어 사주강약도표에 준하면 41%가 되어 신왕이나 년지의 기운은 일간과 원격하므로 신약이다.

金	(金)	金	金
金	*	*	金

*.시지에 득세하고 년지에 생조한 중에 천간이 전부 일간을 생조하니 사주강약도표에 준하면 51%가 되므로 신왕이다.

火	(火)	火	火
火	*	*	*

*.시지에 득세한 중에 천간에 일간을 전부 생조해도 사주강약도표에는 37%이니 신약이다. 일면 위 사주는 비록 신약하나 火氣가 강력하니 일간의 강약을 불문하고 조후법상 관성 水氣나 재성 金氣가 필요한데 사주에 水氣나 金氣가 강력하면 그때는 억부법상 木, 火를 용신한다.

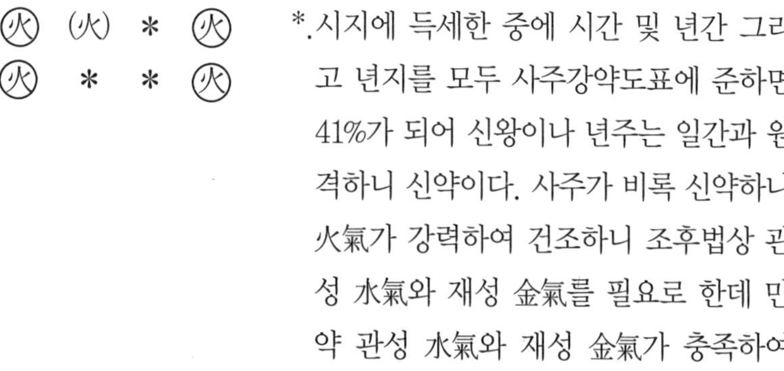

*.시지에 득세한 중에 시간 및 년간 그리고 년지를 모두 사주강약도표에 준하면 41%가 되어 신왕이나 년주는 일간과 원격하니 신약이다. 사주가 비록 신약하나 火氣가 강력하여 건조하니 조후법상 관성 水氣와 재성 金氣를 필요로 한데 만약 관성 水氣와 재성 金氣가 충족하여 있을 경우 그 때는 억부법상 木, 火를 용신 한다.

*.년지와 사주천간 모두 일간을 생조하는 기운이나 사주강약도표에 준하면 35%이니 신약이다.

*.득지, 득세하여 사주강약도표에 준하면 35%가 되어 신약이나 만약 일지 및 시지가 십이운성 건록지나 제왕지에 해당하면 신왕이다.

*.시지에 득세한 중에 년지 및 월상이 일간을 생조하나 사주강약도표에 준하면 37%이므로 신약이다.

＊　(水)　㊌　＊
㊌　＊　＊　㊌

＊.시지에 득세하고 년지 및 월간에 생조하
　는 것이 사주강약도표에 준하면 42%가
　되어 신강이나 년지는 일간과 원격하니
　원칙적인 신약이다. 만약 년지가 건록이
　나 제왕지에 있고 다시 일지에 건록이나
　제왕지에 뿌리를 두고 월상에 겁재가 될
　경우 신왕이 된다.

＊　(水)　㊌　＊
＊　㊌　＊　㊌

＊.일지에 득지하고 년지 및 시간에 생조되
　니 사주강약도표에 준하면 42%가 되어
　신왕이나 년지는 일간과 원격하니 신약
　이다.

㊏　(土)　㊏　＊
＊　㊏　＊　＊

＊.일지에 득지하고 월상과 시상에 일간이
　생조되니 사주강약도표에 준하면 38%
　가 되어 신약이나 일지와 월상 그리고
　시상이 일간과 근접하여 생조되는 것은
　유정(有情)의 법칙에 준하여 신왕이다.

＊　(木)　㊍　㊍
＊　㊍　＊　＊

＊.일지에 득지하고 월상과 년간이 일간을
　생조하면 사주강약 도표에 준할 경우
　33%가 되어 신약이다.

⊛(木)　(木)　*　⊛(木)
*　⊛(木)　*　*

*.일지에 득지하고 년간과 시상이 일간을 생조해도 사주강약도표에 준하면 33%가 되어 신약이다.

⊛(木)　(木)　*　*
⊛(木)　⊛(木)　*　*

*.일지 및 시지에 득지, 득세한 중에 시간에 생조가 있으니사주강약도표에 준하면44%가 되므로 신왕이다.

*　(火)　⊛(火)　*
⊛(火)　⊛(火)　*　*

*.일지 및 시지 득지, 득세한 중에 월상에 생조하는 기운이 있으니 사주강약도표에 보면 44%가 되니 신왕이다.

*　(木)　*　⊛(木)
⊛(木)　⊛(木)　*　*

*.득지 및 득세한 중에 년간에 생조되고 있으니 사주강약도표에 준하면 39%이므로 신약이나 일지와 시지는 일간과 유정(有情)하여 신왕이다.

*　(火)　*　*
⊛(火)　⊛(火)　*　⊛(火)

*.득지 및 득세한 중에 년지에 생조되어 사주강약도표에 준하니 48%가 되어 신왕이다. 일면 사주가 火氣가 강력하므로 조후법상 관성 水氣와 재성 金氣를 필요로 한다.

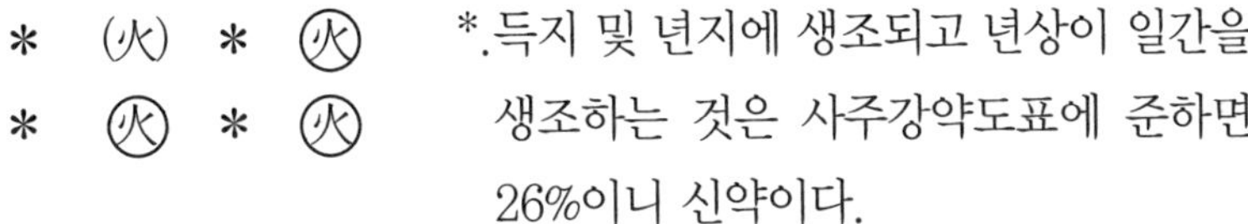

*	(火)	*	火
*	火	*	火

*.득지 및 년지에 생조되고 년상이 일간을 생조하는 것은 사주강약도표에 준하면 26%이니 신약이다.

*	(火)	火	火
*	火	*	火

*.득지 및 년지, 그리고 월상과 년간의 기운을 사주강약도표에 준하여 합하니 41%이므로 신왕이다. 위 사주 역시 신왕한 중에 火氣가 강력하니 관성 水氣와 재성 金氣를 용신으로 삼는다.

金	(金)	金	金
*	金	*	*

*.득지 및 사주천간에 전부 일간을 생조하는 기운이므로 사주 강약도표에 준하면 모두 42%가 되어 신왕이다.

金	(金)	金	*
*	金	*	金

*.득지 및 년지에 생조되고 사주월간 및 시간에 생조되니 사주강약도표에 준하면 51%가 되어 신왕이다.

*	(金)	金	金
*	金	*	金

*.득지 및 년간 및 월간에 생조 되고 다시 년지에 생조되고 있으니 사주강약도표에 준하면 46%가 되므로 신왕이다.

＊	(金)	＊	金
＊	金	＊	金

＊.득지 및 년지 그리고 년간에 생조되나 일간과 년주는 무정(無情)하고 또한 사주강약도표에 준하면 37%이니 신약이다.

土	(土)	＊	土
＊	土	＊	土

＊.득지하고 년주와 시간이 생조 되어 사주강약 도표에 준하면 46%가 되어 신왕이다.

土	(土)	＊	土
＊	土	＊	土

＊.득지 및 년주, 그리고 시간이 생조되니 사주강약도표에 준하면 46%가 되니 신왕이다.

＊	(水)	＊	＊
水	水	水	＊

＊.득령, 득지, 득세하여 사주강약도표에 준하면 65%이니 신왕한데 계절이 추운 겨울이므로 필히 조후법에 따라 火용신이 선정돼야 한다.

＊	(水)	水	＊
＊	＊	水	＊

＊.득령하고 월상에 생조되어 사주강약도표에 보면 39%가 되니 신약이다. 하지만 추운겨울이니 일간의 강약을 불문하고 조후법상 火를 용신하는데 사주에 火氣가 충족되어 있을 경우에는 억부법으로 金, 水가 용신이 된다.

㉙ (土) ＊ ＊
＊ ＊ ㉙ ＊

＊.득령하고 시상에 생조되니 사주강약도표에 준하면 39%이니 신약이다. 계절이 더운 여름이니 일간의 강약을 불문하고 조후법에 용신을 써야 하는데 이미 사주에 조후를 충족하고 있으면 억부법에 따라 일간을 생조하여야 된다.

＊ (土) ＊ ㉙
＊ ＊ ㉙ ＊

＊.득령하고 년간에 생조하였으나 사주강약도표에 준하면 34%이니 신약이다. 역시 계절이 더운 여름이니 조후법이 사주에 충족되었는가에 따라 용신을 선정하여야 된다.

＊ (木) ㊍ ㊍
＊ ＊ ㊍ ＊

＊.득령하고 년 및 월상에 생조되어 사주강약도표에 준하면 43%이니 신왕이다.

㊍ (木) ㊍ ＊
＊ ＊ ㊍ ＊

＊.득령하고 월, 시상에 생조되어 사주강약도표에 준하면 48%이므로 신왕이다.

㊌ (水) ＊ ㊌
＊ ＊ ㊌ ＊

＊.득령하고 년간 및 시상에 생조되어 사주강약도표에 준하면 43%이므로 신왕이다.하지만 계절이 추운겨울이니 조후법

상 사주내 火가 충족 되어 있지 않을 경
우 필히 재성 火를 용신으로 삼는다.

火 (火) 火 火
* * 火 *

*.득령한 중에 사주천간 전부 일간을 생조
하므로 사주강약도표에 준하면 52%로
아주 신왕하니 왕신(旺神)의 성질이 되
어 從하지 않을 경우 필히 관성 水氣로
용신한다.

* (火) * 火
* * 火 火

*.득령하고 년지 및 년간에 생조되어 사주
강약도표에 준하면 47%이므로 신왕이
다.사주내 관성 水氣가 충족 되어 있지
않을 경우 관성 水氣와 재성 金氣를 용
신한다.

* (水) * *
水 * 水 水

*.득령, 득세한 중에 년지에 생조되니 사
주강약도표에 준하면 58%이므로 신왕
이다.계절이 추운 겨울이므로 사주내 조
후법을 충족할 수 있는 재성 火氣가 강
하지 않을 경우 필히 木, 火를 용신한다.
만약 사주내 火氣가 강력하여 水氣와 火
氣간에 상극이 되고 있을 경우는 통관용
신(通關用神)법에 준하여 水氣와 火氣간

을 연결하는 식상 木이 용신이다.

* (木) 木 木
* * 木 木

*.득령, 년지 및 년간과 월간에 생조되니 사주강약도표에 준하면 56%이므로 신왕이다. 사주가 대체로 이렇게 되면 왕신(旺神)의 성질이 되어 오행상 대치되는 현상이 일부 발생하므로 이 때에는 통관용신(通關用神)이 적용되는 성질인지 면밀히 관찰하여야 된다.

* (木) * *
木 木 木 木

*.득령, 득지, 득세한 중에 년지까지 생조되니 사주강약도표에 준하면 73%까지 육박하니 대단히 신왕이다. 대체로 사주 팔자가 이상과 같이 구성되면 대다수 왕신(旺神)의 성질이 되고 있는데 만약 합을 하여 木局으로 성격되고 있을 경우 종격(從格)이나 가종격(假從格)의 성질이 되므로 이 때에는 전왕용신(專旺用神)법에 준하여 용신이 선정되어야 한다.

木 (木) * *
木 * 木 *

*.득령하고 득세한 중에 시간에 생조되니 사주강약도표에 준하면 54%가 되어 신왕이다. 木이 왕성하니 관성 金을 용신

하는데 만약 사주에 관성 金氣가 강하면
식상 火 및 재성 土를 용신으로 삼는다.

* (木) 木 *
木 * 木 *

*.득령, 득세한 중에 월간이 생조되니 사주 강약도표에 준하면 54%가 되어 신왕이다. 사주에 관성 金氣가 강하고 있으면 식상 火를 용신하고 만약 관성 金氣가 강하지 않다면 관성 金氣를 용신한다.

* (木) * 木
木 * 木 *

*.득령하고 득세한 중에 년간에 생조되고 있으니 사주강약도표에 준하면 49%가 되어 신왕이다. 조후법을 따져보고 사주에 관성 金氣가 강력하면 식상 火를 용신하고 만약 식상 火가 강력하면 관성 金氣를 용신한다.

*.이상으로 본 장 일간의 강약으로 본 용신판단법을 기술하였는데 용신 선정의 어려움을 덜어 보고져 고민하고 고민하다,나름대로 쉬이 접근하고 이해할 수 있는 틀을 한번 구성해 보았다.살펴서 연구한다면 더러 도움이 될 것이라 확신한다.

더하여 이와 같은 일간의 강약으로 본 용신판단법은 본 저자가 그 동안 약 25년 동안 경험상에 비추어 설명 하였지만 그러나 이경우에도 사주팔자의 오행의 원리가 하나같이 똑같이 않고 이상의 법칙에 적용되다가도 지지의 합을 하여 타오행으로 변화되는 수가 많이 발생하고 있다.

따라서 순수한 합을 하지 않고 독립적으로 오행이 구성되고 있을 때는 아주 적중률이 높게 일간의 강약이 판단 되겠지만 만약 합을 하는 성질이 되고 있을 경우 합을 하는 비중도 감안하여 일간의 왕쇠를 정해 용신을 선정하여야 됨은 두말할 것도 없다.

또한 사주팔자의 용신법이 조후를 중요시 하여야 되니 비록 일간이 신강, 신약을 떠나서 계절상 조후를 시급히 충족시켜야 할 경우는 일간의 강, 약을 제쳐두고 조후법을 먼저 따라서 용신이 선정되어야 할 것이다.

결국 다시 말하면 이렇게 일간의 강약을 구성하고 용신의 기운을 선정하는 것이 사주팔자가 억부의 원리와 조후의 원리가 일치되지 않고 서로간 상반이 되어 고민이 발생되고 있을 때 그 때는 억부법보다 조후법을 먼저 따라서 용신을 선정을 하게 되면 무리가 없다고 판단한다.

2. 용신의 분류(用神의 分類)

(1). 억부용신(抑扶用神)

사주원국에 "일간을 생조하는 육신이 많으면 신왕(身旺)"이며 따라서 "신왕이면 오행상으로 일간의 힘을 줄여주는 극, 루(剋, 漏)하는 육신이 필요"하고 반대로 "일간을 극, 루(剋, 漏)하는 육신이 많으면 신약(身弱)"이다.

그러므로 이렇게 일간이 신약할 때는 일간의 힘을 생조하는 육신이 용신이고 일간을 생조하는 오행이 많아서 신왕할 때는 일간의 힘을 덜어주는 것이 용신이 된다.

(예1). 남자, 박 모씨(경기도 포천)1973년 음력 12월 12일 子 시

胎	旺	胎	養
戊	丙	甲	癸
子	午	子	丑

식신		편인	정관
土	(火)	木	水
水	火	水	土
정관	겁재	정관	상관

*. 일간의 왕쇠 및 용신,!

丙 일간 子 월에 출생하여 실령(失領)하여 있으며 일간 丙火는 일지 午火 겁재에 십이운성의 제왕지와 사주원국의 월상에 투출되어 있는 甲木 편인만이 일간 丙火를 생조하고 있으나 사주강약도표에 준하여 보면 신강의 기점인 40%를 미치지 않아 일간이 신약이다.

한편으로 볼 때 사주팔자가 일지 午火 겁재 및 월상에 투출되어 있는 甲木 편인을 제외한 사주의 오행 대부분이 일간 丙火를 극, 루하는 육신이므로 대단히 좋지 못한데 설상가상으로 일간 丙火의 중요한 기운인 일지 午火 겁재를 월지 및 시지 子水 정관이 이중으로 子-午 상충 가격하니 일간의 의지처가 파괴되고 있다.

고로 용신은 일간이 신약하니 억부용신법(抑扶用神法)에 따라 강하면 덜고 약하면 보태주는 원칙에 입각하여서 일간 丙火를 생조하는 인성과 비겁인 "木","火"가 용신이 된다.

(예2).남자, 정 모씨(전남 여수 덕충동)1933년 음력 5월 17일 申 시

病　　旺　　旺　　死
丙　　丙　　戊　　癸
申　　午　　午　　酉

비견　　　　식신　정관
火　（火）　土　　水
金　　火　　火　　金
편재　겁재　겁재　정재

***. 일간의 왕쇠 및 용신,!**

丙 일간 午 월에 출생하여 제왕지인 午火 겁재에 득령하고 일지
역시 午火 겁재에 십이운성의 제왕지에 생조되어 있는 중에 시간에
비견 丙火가 투출되어 일간 丙火를 생조하니 신왕이다.

따라서 火氣가 태왕하므로 왕성한 火氣를 수습할 수 있는 관성 "
水氣"를 용신하고 관성 水氣를 생조하는 재성 "金氣"는 희신으로 삼
는다.

사주원국을 살펴보니 다행히 년간 癸水가 년지 酉金 정재에 의하
여 생조되면서 사주년간에 투출되니 대단히 길하게 작용하고 있다.

(예3).여자,황 모씨(충북 청주 우암동)1958년 음력 3월 5일 巳 시

<table>
<tr><td>生</td><td>浴</td><td>養</td><td>衰</td></tr>
<tr><td>辛</td><td>庚</td><td>丙</td><td>戊</td></tr>
<tr><td>巳</td><td>午</td><td>辰</td><td>戌</td></tr>
</table>

<table>
<tr><td>겁재</td><td></td><td>편관</td><td>편인</td></tr>
<tr><td>金</td><td>(金)</td><td>火</td><td>土</td></tr>
<tr><td>火</td><td>火</td><td>土</td><td>土</td></tr>
<tr><td>편관</td><td>정관</td><td>편인</td><td>편인</td></tr>
</table>

***. 일간의 왕쇠 및 용신,!**

庚 일간 辰 월에 출생하여 득령하였고 사주원국이 월지 辰土 편인 및 더하여 시상에 辛金 겁재가 투출되어 일간 庚金을 생조하고 있는 중에 년주 戊戌인 편인까지 있으므로 신강하다.

따라서 신강한 일간 庚金의 기운을 억제하고 아울러 편인 土氣를 극루하는 재성 "木"을 용신으로 삼을 것이며 재성 木을 생조하는 식상 "水氣"는 희신으로 선택한다.

***. 용신에 대한 판단,!**

사주원국이 월지 辰土 편인 및 년지 戌土 편인간에 辰-戌 상충이 성립되고 더하여 일간 庚金과 월상에 투출되어 있는 丙火 편관과 丙-庚 상충이 성립되니 사주원국의 천간지지 모두 탁기(濁氣)를 남기고 있는 것이 되어 대단히 좋지 못하다.

결국 일간이 신강하면 일간을 신강하게 하는 기운을 억제하는 것이 좋고 더하여 궁극적인 목표가 중화(中和)의 원칙에 입각하는 것이 되니 억부법에 준하는 대표적인 용신법이다.

*. 탁기(濁氣)란 무엇인가,?

사주원국을 간명하는 절차는 우선 오행의 중화(中和)의 원칙에 입각하여 추명을 하게 되는데 그 중에서 사주팔자를 청탁(淸濁)에 대한 구분을 우선적으로 지어 주어야 한다.

대단히 어렵고 난이한 부분으로서 命理秘典 下권인 간명비법에 실제의 인물을 예로 들어 자세하게 설명하고 있는데 우선 "탁기(濁氣)"는 사주에 "형", "충", "파", "해"가 존재하여 용신의 기운이나 희신의 기운을 상극하여 그 힘이 쇠약해지는 현상을 "제일"로 치는 것이며 두번째는 "오행"의 "생식불식(生息不息)"에 "막힘"이 되는 것이다.

좀 더 자세하게 설명하면 생식불식(生息不息)은 오행이 木, 火, 土, 金, 水가 서로간에 유통됨이 막힘이 없는 것을 말하는 것이며 그렇다면 오행이 한쪽으로 치우쳐 편중(偏重)이 되고 있다면 생식불식에 막힘이 있다고 하여 사주상의 탁기(濁氣)를 남기는 것으로 판단하는 한 일례와 같은 것이다.

(예4). 남자, 강   모씨(경남 밀양) 1970년 음력 5월 28일 申 시

生　　　胎　　　胎　　　帶
戊　　　壬　　　壬　　　庚
申　　　午　　　午　　　戌

편관　　　　　　비견　　편인
土　　　(水)　　水　　　金
金　　　火　　　火　　　土
편인　　정재　　정재　　편관

***. 일간의 왕쇠 및 용신,!**

壬 일간 午 월에 출생하여 실령하고 시지 申金 편인에 의하여 득세(得勢)한 중에 년간 庚金 편인과 월상에 투출되어 있는 壬水 비견이 일간 壬水를 생조하나 사주강약도표에 준하여 볼 때 중화(中和)의 기점인 40%를 미달하므로 신약이다.

사주원국이 월지와 일지 午火 정재가 대단히 강력하여 火氣가 태왕한데 이것을 적절히 억제시키고 아울러 일간 壬水를 생조하는 인성 金과 비겁 水가 용신이 되나 그 중에서 재성 火氣가 강력하여 일간 壬水가 대단히 고통을 당하므로 재성 火氣를 바로 상극하는 비겁 "水氣"가 주된 용신이 되고 비겁 水氣를 생조하는 인성 "金氣"는 희신으로 삼는다.

더하여 위의 사주는 월령이 午월에 태어나 火氣가 강력하니 억부법의 용신과 조후법의 용신이 일치하는 현상이 되고 있다.

(예5).남자. 민　모씨(광주시 동명동)1962년 음력 12월 21일 巳 시

<table>
<tr><td>旺</td><td>帶</td><td>墓</td><td>死</td></tr>
<tr><td>己</td><td>己</td><td>癸</td><td>壬</td></tr>
<tr><td>巳</td><td>未</td><td>丑</td><td>寅</td></tr>
</table>

<table>
<tr><td>비견</td><td></td><td>편재</td><td>정재</td></tr>
<tr><td>土</td><td>(土)</td><td>水</td><td>水</td></tr>
<tr><td>火</td><td>土</td><td>土</td><td>木</td></tr>
<tr><td>인수</td><td>비견</td><td>비견</td><td>정관</td></tr>
</table>

***. 일간의 왕쇠 및 용신,!**

己 일간 丑 월에 출생하여 득령하고 사주원국이 월지 丑土 비견을 중심으로 하여 일지 未土와 시지 인수 巳火에 십이운성의 제왕지에 뿌리를 두고 시상에 己土 비견이 투출되어 일간을 생조하니 대단히 신왕하다.

따라서 일간 己土가 신왕하게 된 것은 일간의 동기인 비견 土氣가 왕성하여 일간이 신왕이 되고 있으므로 비견 土氣를 바로 억제하는 관성 木氣를 용신한다.

위의 사주는 丑 월인 추운 겨울에 태어 났으므로 조후법에도 관성 木氣를 사용하여야 되는데 그렇다면 억부법과 조후법을 같이 쓰는 용신법인 것을 알 수가 있으며 위 사주 역시 사주의 지지에 丑-未 상충과 천간에 癸-己 상충이 있으므로 사주상의 탁기(濁氣)를 남기는 것이 되어 대단히 좋지 못하게 작용하고 있다.

※참고로 민 모씨의 사주원국은 용신이 木이 가장 대길하나 여기서 조후법상 丑월에 태어 났으니 인성 火氣를 조후용신으로 선택할 수가 있지만 일간 己土가 신왕하여 있는 중에 만약 인성 火氣를 거듭 만나게 되었을 경우 신왕한 일간을 더욱 더 신왕하게 만들게 되므로 그 길함이 적을 것이다.

이와 같은 현상은 비록 丑 월에 태어나서 조후법상 火氣를 선택하는 것이나 이것은 한편으로 볼 때 조후를 충족하여서 일면 길하게 될 것 같지만 일간이 신왕하기 때문에 억부법과 조후법의 용신이 서로 다투는 일면이 있는 고로 가장 길한 용신은 "木"으로 선택되는 것을 알아야 한다.

(2). 조후용신(調候用神)

사람이 태어나는 계절에 따라 춥고 덥고의 차이가 난다.

또한 사주원국에 더운 기운이 많이 있으면 金과 水로서 水氣를 유지해야 하고 만약 습하고 추우면 木, 火의 기운으로서 따뜻하게 해야만이 음, 양의 조화가 이루어져 만물이 성장할 수가 있을 것이다.

주역에서도 수화기재(水火旣齋)라 하여 물과 불의 안정적 조화를 가장 중요시 여기고 있는 것을 볼 때 이렇게 "한(寒)", "난(暖)", "조(燥)", "습(濕)"의 조화를 시키는 용신이 조후용신(調候用神)이다.

※참고로 보통 사주원국을 관찰하다 보면 억부법의 용신과 조후법의 용신이 일치하는 격국(格局)을 많이 보고 있는데 이것은 대단히 복록이 많은 것으로 판단하여야 되며 더하여 대운의 운로가 정히 용신이나 희신의 운로로 치달리고 있는 다면 그야말로 승승장구할 운명이다.

또한 사주원국이 억부법의 용신법과 조후법의 용신법이 상반되는 사주명조가 있다면 그것은 "전자보다 복록이 떨어진다"고 판단하여야 될 것이다.

이와 같은 이유는 억부법의 용신와 조후법의 용신이 서로간의 용신의 쟁탈이 벌어지기 때문에 그로 인하여 복록이 감퇴되기 때문이다.

(예1). 남자, 김　모씨(경기도 양평)1933년 음력 11월 17일 누 시

<table>
<tr><td>絶</td><td>病</td><td>祿</td><td>病</td><td>(십이운성)</td></tr>
<tr><td>戊</td><td>癸</td><td>甲</td><td>癸</td><td></td></tr>
<tr><td>午</td><td>酉</td><td>子</td><td>酉</td><td></td></tr>
</table>

<table>
<tr><td>정관</td><td></td><td>상관</td><td>비견</td></tr>
<tr><td>土</td><td>(水)</td><td>木</td><td>水</td></tr>
<tr><td>火</td><td>金</td><td>水</td><td>金</td></tr>
<tr><td>편재</td><td>편인</td><td>비견</td><td>편인</td></tr>
</table>

*. 일간의 왕쇠 및 용신,!

癸 일간 子 월에 출생하여 득령(得領)하고 년주, 일지 酉金 편인에 의하여 일간 癸水가 생조되니 신왕하다.

억부법의 용신법에서도 용신이 결정 나겠지만 제일 먼저 계절이 子 월에 태어나 추운 겨울에 만물이 전부 얼어 붙었으므로 조후법상 火로서 얼은 물을 녹여 주어야 할 것이다.

따라서 사주원국을 살펴보니 시지에 午火 편재가 자리잡고 있어 조후를 충족시키고 있으니 대단히 길하게 작용한다고 보겠다.

고로 용신은 신왕한 일간 癸水의 힘을 덜어주고 아울러 조후법에서도 충족시킬 수 있는 "재성 火"를 용신하며 재성 火를 생조하는 "식상 木"은 희신으로 삼는데 사주원국에 일간이 신왕하니 억부법과 조후법에서도 용신이 일치하고 있으므로 금상첨화이다.

또한 사주원국이 火氣를 필요로 하는 팔자에 사주시간 및 년간에 戊土 정관이 투출되어 일간 癸水와 戊-癸合火하니 용신의 기운이 천간에 합을 하여 작화(作火)하므로 대단히 좋다고 볼 수가 있다.

*. 득령(得領)이란 무엇인가,?

일간의 같은 오행이나 생조하는 오행이 "월지에 자리잡은 것"을 말하며 이것은 "통근(通根)"이라고도 칭한다.

따라서 월지에 비견, 겁재나 편인, 인수가 있게 되면 일간의 기운이 대단히 강하게 되므로 이것을 득령(得領)이라고 말하는 것이다.

만약 이것이 일지에 있다면(비견, 겁재, 편인, 인수) "득지(得地)"했다 하고 시지에 자리잡은 것은 "득세(得勢)"라고 하는데 모두 다 일간의 기운이 강력해 진다

또한 지지의 힘의 강약의 부분에는 역시 사주강약도표에서 준하여 판단하고 있듯이 월지는 30%이며 일지는 20%, 시지는 15%의 순으로 힘의 차등을 두어야 할 것이다.

(예2).남자, 진 모씨(경남 마산시 장군동) 1933년 음력 5월 17일 申 시

病　　旺　　旺　　死
丙　　丙　　戊　　癸
申　　午　　午　　酉

비견　　　　식신　정관
火　　(火)　土　　水
金　　火　　火　　金
편재　겁재　겁재　정재

*. 일간의 왕쇠 및 용신,!

丙 일간 午 월에 출생하여 득령하고 사주원국의 월지 午火 겁재를 중심으로 하여 일지 역시 午火 겁재인 양인이 있는 중에 다시 양인의 십이운성의 제왕지에 뿌리를 두고서 시상에 丙火 비견이 투출되어 일간 丙火를 생조하고 있으므로 대단히 신왕하다.

한편으로 사주팔자가 午火 양인이 주도하여 火氣가 태왕하고 있으니 대단히 건조하고 더운데 제일로 재성 金氣와 관성 水氣로서 적절히 조후를 충족시키야 대길하게 될 것이다.

고로 용신은 일간 丙火가 지지의 강력한 午火 양인에 의하여 일간이 신왕하게 되므로 조후용신인 "관성 水氣"를 용신하고 관성 水氣를 생조하는 "재성 金氣"는 희신으로 삼는다.

더하여 丙일간의 기운을 자연스럽게 누출시키고 더하여 조후를 충족할 수 있는 식상 土氣인 辰土나 丑土는 습토이므로 길신으로 작용할 수가 있으나 조토인 未, 戌 土氣는 오히려 불의 기운에 동조하는 성질이므로 흉으로 판단한다.

위의 사주원국은 정관 水氣가 있으나 사주의 년간에 투출되어 일간과 무정(無情)하니 조금 아쉬운 점이 많는데 다행히 재성 金氣가 시상에 투출되어 있어 그 부족함을 충족시키고 있다.

*. 무정(無情)이란 무엇인가,!

사주의 용신이나 희신은 일간과 근접하여 있어야 되는데 그렇다면 일간을 중심으로 하여 멀리 떨어져 있다면 용신이나 희신으로서 일간에 대해 영향력을 직접 행사하지 못한다.

따라서 일간에 대해 용신이나 희신의 기운이 멀리 떨어져 있어 그 영향력을 제대로 행사할 수가 없는 성질을 "무정(無情)"이라고 하며 이와 같은 현상은 사주원국의 일간에 대해 년간이나 "년지 등에 용신이나 희신의 기운이 있는 것이 무정(無情)의 대표"적인 한 실례이다.

(예3).여자, 정 모씨(경기도 안양시) 1928년 음력 11 월 8일 未 시

墓　　胎　　祿　　養
己　　癸　　甲　　戊
未　　巳　　子　　辰

편관　　　　상관　정관
土　（水）　木　　土
土　　火　　水　　土
편관　정재　비견　정관

*. 일간의 왕쇠 및 용신,!

癸 일간 子 월에 출생하여 득령하였으나 월지를 제외한 오행 전부가 일간을 극, 루하는 오행이다.

고로 일간 癸水가 신약인데 억부법에서 보면 신약사주에서는 일간에게 힘을 주는 비견이나 겁재 및 편인, 인수인 金, 水가 용신이 되겠으나 위 사주는 子 월에 출생하여 만물이 얼어 붙을데로 얼어 있으므로 난조지기로 일간 癸水를 덥게 하는 육신이 용신이 된다.

따라서 용신은 "재성 火氣"를 용신으로 선택하고 재성 火氣를 생조하는 "식상 木氣"는 희신으로 삼는다.

이와 같이 사주원국이 일간이 신약하더라도 억부법에 준하는 용신법과 조후법에 준하는 용신법이 약간씩 차이가 나고 있으므로 학자는 판단에 신중을 기하지 않으면 착오를 불러 일으키게 된다.

사주원국을 살펴보니 일지에 巳火 정재가 자리잡고 있는 중에 월상에 甲木상관이 巳火 정재를 木生火하여 생조하므로 조후를 충족시키면서 용신이 되니 대단히 좋다고 볼 수가 있다.

※참고로 억부법의 용신법과 조후법의 용신법이 사주의 격국에 따라 같지 않고 틀리는 경우가 생기는데 이것은 사주 추명학상 감정하는 부분에서 오류를 불러일으킬 수 있는 염려를 다분히 가지고 있으므로 판단을 신중히 하여야 될 것이다.

보통 위의 사주는 억부법의 용신법에 준하여 용신을 해결하려고 하면 무리가 따른다는 것을 명심하고 따라서 억부법의 용신과 조후법의 용신이 일치하고 있지 않다면 일간이 극도로 신약으로 치우치지 않는 이상 조후법의 용신을 먼저 따라서 용신을 채택하는 것이 바람직하다.

결국 사주팔자의 용신의 선정과정이 다소 격국에 따라 차이가 나겠지만 억부법의 용신보다 "조후법의 용신을 우선"으로 선택하여야 된다.

(예4). 남자, 전 모씨(충남 서산) 1958년 음력 11월 9일 子시

死　　浴　　死　　衰
丙　　庚　　甲　　戊
子　　午　　子　　戌

편관　　　　편재　편인
火　　(金)　木　　土
水　　火　　水　　土
상관　정관　상관　편인

*. 일간의 왕쇠 및 용신,!

庚 일간 子 월에 출생하여 실령하고 년주 편인 戊戌 土氣를 제외한 사주원국의 지지 오행 전부가 일간 庚金을 극, 루하는 육신이다.

따라서 일간이 신약한데 억부법의 용신에 의하면 일간 庚金이 신약하기 때문에 일간 庚金을 생조하는 비견, 겁재 및 편인, 인수가 용신이 되겠으나 위의 사주는 子 월에 출생하여 일간 庚金이 추운 겨울이니 쇠가 얼어붙을 데로 얼어 있으므로 더욱 더 시급히 관성 火氣를 보아서 얼은 金氣를 녹여 주어야 될 것이다.

고로 용신은 조후법의 용신법에 준하여 "관성 火氣"를 용신하고 관성 火氣를 생조하는 "재성 木氣"는 희신으로 삼는다.

*. 격국에 대한 판단,!

위의 사주는 일간 庚金이 신약이 태과하여 종격(從格)이나 가종격 (假從格)으로 가면 길할 수가 있으나 일간 庚金이 의지하는 년주 편 인 戊戌의 土氣가 생조하므로 종(從)으로 가지 못한다.

이와 같이 용신을 선정함에 억부법의 용신이나 조후법의 용신이 각각 차이가 나고 있는 것을 볼 수가 있으므로 판단을 신중히 하여 야 될 것이며 더하여 위의 사주는 억부법과 조후법의 용신이 일치하 지 않기 때문에 복록이 그리 많지 않는 것을 알 수가 있다.

※참고로 사주원국의 격국이 약간씩 틀리게 작용하는 것이 많으므 로 용신을 선택할 때 억부법과 조후법의 용신이 일치하는 것보다 억부법과 조후법의 용신이 일치하지 않는 사주팔자가 부귀가 낮 다는 점을 판단하여야 될 것이다.

(예5). 여자, 신 모씨(경북 울주) 1960년 음력 1월 6 일 亥 시

病	祿	墓	病
丁	庚	丁	己
亥	申	丑	亥

정관		정관	인수
火	(金)	火	土
水	金	土	水
식신	비견	인수	식신

*. 일간의 왕쇠 및 용신,!

庚 일간 丑 월에 출생하여 득령 하였고 사주원국의 월지 丑土 인수와 일지 申金 비견에 득지(得地)하여 있는 중에 년간 己土 인수가 투출되어 일간 庚金을 생조하여 있으므로 일간이 신강하다.

이렇게 일간 庚金이 신강하면 이것을 적절히 억제할 수 있는 기운이 필요한데 계절이 丑 월인 한겨울이므로 庚金이 대단히 얼어 있으니 제일로 조후법상 관성 火氣를 필요로 하게 될 것이다.

고로 용신은 조후법상 얼은 庚金을 녹여주는 "관성 火氣"를 용신하고 관성火氣를 생조하는 "재성 木氣"는 희신으로 삼는데 일간 庚金이 신강하니 관성 火氣와 재성 木氣는 억부법의 용신이나 조후법의 용신이 일치하는 것이 되므로 복록이 깊다고 볼 수가 있다.

따라서 사주원국을 살펴볼 때 시상과 월상에 투출되어 있는 丁火 정관이 있으므로 조후법을 충족하는 것이 되니 진용신(眞用神)이 자리잡은 것이 되어 사주팔자가 대길해 졌다.

※참고로 억부법의 용신은 사주팔자의 신강, 신약을 따져서 선정해야 될 것이나 만약 사주상의 계절이 우선 한다고 하여 조후용신을 억부용신보다 우선 채택할 일이 있게 된다.

따라서 만약 이 때에는 사주원국이 조후법의 역할을 담당하고 있는 오행이 "3개정도 있어 왕(旺)"하면 이미 조후법이 충족되어 있으므로 그 때에는 억부법의 용신을 우선 선택할 수가 있다.(사주원국

이 자체로 선천적으로 조후를 충족하고 있는 경우)

*. 진용신(眞用神)이란 무엇인가,?

사주팔자 내 용신을 선정함에 있어 일간의 기운이 너무 강하던지 아니면 약하던지 또한 계절별로 필요한 기운을 필요로 할 때 이것을 적절히 충족하는 육신이 있어 주어야 길하게 되는 것이다.

만약 이와 같은 육신이 사주팔자에 들어 있다면 이것이 곧 용신이라고 하는 것이며 "진용신(眞用神)" 및 "진신(眞神)"이라고 칭한다.

하지만 사주원국에 용신이 들어 있지 않고 희신을 용신대용으로 쓰고 있던지 아니면 아예 존재하지 않아서 오로지 운로인 대운이나 세운에서 용신의 기운을 기다리고 있는 사주는 "가신(假神)" 및 "가용신(假用神)"이라 하여 "복록이 진 용신(眞用神)이 들어 있는 것보다 떨어지게 된다".

이와 같은 부분은 대단히 어렵고 난이한 점이 있다고 보는데 실제로 간명상 진가(眞假)의 구별은 추명의 척도가 될 수가 있으므로 절대로 소홀히 취급을 하여서는 아니된다.

자세한 설명은 命理秘典 下권인 간명비법편에 진가(眞假)의 부분에서 실제인물을 예로 들어 대단히 자세하게 수록되어 있음을 참고 바란다.

(3). 병약용신(病藥用神)

사주원국이 일간이 신약하여 인성(편인이나 인수)의 생조를 필요로 하는 사주팔자가 있는데 그렇다면 인성은 일간을 구조하는 용신이나 희신으로서 대단히 중요한 존재라 아니할 수 없다.

그러나 재성(편재나 정재)이 있어서 일간의 중요한 인성의 기운을 상극한다면 일간의 의지처인 용신이 파극되므로 인하여 그 힘을 못 쓸 것이며 따라서 재성은 기신(忌神)으로서 사주원국의 병에 해당하게 된다.

따라서 병약용신법에서는 사주팔자에 병이 있으면 약이 있는 것인데 이 경우처럼 약신(藥神)은 "재성을 제거하는 비견, 및 겁재가 약신(藥神)"이 되는 것이다.

※참고로 병약용신법(病藥用神法)에 적용되는 사주원국은 보통 일간이 신약사주에서 많이 적용되는 것을 보고 있으며 신왕사주에서는 조금 보기 드문 용신법으로서 일면 억부용신법(抑扶用神法)과 대동 소이한 현상을 가진다고 생각하면 좋을 것이다.

(예1).남자.진 모씨(경기도 안양시) 1968년 음력 4월 28일 申 시

絕　　死　　病　　絕
壬　　甲　　丁　　戊
申　　午　　巳　　申

편인　　　　　상관　편재
水　　(木)　　火　　土
金　　火　　火　　金
편관　상관　식신　편관

*. 격국(格局)과 용신,!

　甲 일간 巳 월에 출생하여 실령(失領)하였고 사주원국의 월지 상관 巳火가 대단히 강력한 중에 일지 및 월상 丁火 상관이 투출되어 있으므로 일간이 극도로 신약하다.

　따라서 진상관격(眞傷官格) 또는 진상관용인격(眞傷官用印格)으로 일간의 기운을 생조 하면서 강력한 식상 火氣를 상극하는 "인성 水氣"를 용신하고 아울러 "비겁 木氣"도 같이 길신으로 선택하는 것이 좋을 것이다.

*. 격국에 대한 판별,!

　나무가 여름에 태어나서 극도로 매말라 있으니 그 성질이 불에 타다 못해 뿌리까지 죽을 지경인데 때마침 시상에 투출되어 있는 壬

水 편인이 일간 甲木과 근접하여 일간을 도우면서 아울러 火氣의 기운을 물로서 불을 꺼주고 있으므로 대단히 길하게 작용하고 있다.

따라서 사주원국의 식상 火氣가 강력하여 일간의 기운을 대단히 소진시키고 있으니 식상 火氣는 병(病)이 되고 식상 火氣를 상극하면서 더하여 일간의 기운을 부조하는 인성 水氣는 약신(藥神)이 된다.

이렇게 식상 火氣가 강하여 일간이 대단히 쇠약하여 있을 경우 다시 운로인 대운이나 세운에서 중첩하여 식상 火氣를 만날 경우 극루교가(剋漏交加)라 하여 대단히 큰 재화가 들어오는 것은 자명한 일이 될 것이다.

*. 고서(古書)나 원서에 대한 본 저자의 비판,!

고서(古書)나 원서에서는 사주팔자에 병(病)이 없으면 큰 사람이 될 수가 없다.!라고 기술하고 있지만 본 저자는 그 부분에 대해서는 조금 지나친 감이 많다고 볼 수가 있다.

그것은 사주원국은 격국이 맑고 용신이 강령하고 안정되어 있어야만 최묘(最妙)로 치는 것인데 이렇게 사주상의 "병(病)의 기운이 많을 것 같으면 사주상의 탁기를 구성"하는 것이므로 결코 대 발복을 하지 못하는 것에 비추어 볼 때 쉽게 판단이 되는 부분이다.

고서의 위와 같은 정의는 오랜 동양사상에서 아마도 유래한 듯한데 흔히 아래에 인용한 맹자의 유명한 구절의 영향이 아닌가 싶다. 하지만 원칙은 원칙이고 예외는 예외인 것이다. 본말이 전도되어 예외적인 현상이 오히려 원칙인 듯한 해석을 해서는 혼란이 온다. 가령 사주를 떠나서 우리의 신체만 보더라도 병약한 신체를 가진자가 타인보다 월등하기는 백에 하나 정도이고 약한 신체를 극복하고 대중의 찬사를 받는 이 없지는 않지만 역으로 신체가 약해야 훌륭한 사람이 된다란 식의 해설은 비약을 넘어 본말이 전도된 것임에 틀림이 없다. 물론 사람이 크게 될려할땐 자신앞에 놓인 숱한 장애들을 넘어서는 강인한 의지를 소유해야 한다. 우리는 그 초인적인 의지에 찬사를 보내는 것일 뿐이다.

사주팔자에 병이 있다 함은 원론적으로 말하자면 좋지 못한 것이다. 그것을 극복하고 못하고는 역시 개인의 몫이고, 사주 추명학을 공부해서 미리 안다면 몸소 삼가하고 꾸준히 노력해 그 지혜롭기가 예사롭지 않으리라!

맹자인용

天將降大任於是人也신대 必先苦其心志하며 勞其筋(힘줄근)骨하며 餓其體膚하며 空乏其身하여 行拂亂其所爲하나니 所以動心忍性하여 曾益其所不能이니라.

하늘은 장차 이 사람에게 대임을 내리려 할 적에 반드시 먼저 그 심지를 괴롭게 하며, 그 근골을 수고롭게 하며, 그 몸을 궁핍하게 하여, 그가 행함에 그 하는바를 거역하고 어지럽게 하나니, 마음을 움직이고 성질을 참게 하여 일찍이 그가 능하지 못한바를 늘리기 위한 것이다.

(예2). 여자, 민 모씨(경기도 가평) 1964년 음력 7월 18일 표시

養　　旺　　病　　帶
己　　丙　　壬　　甲
丑　　午　　申　　辰

상관　　　　편관　편인
土　(火)　水　　木
土　　火　　金　　土
상관　겁재　편재　식신

*. 일간의 왕쇠 및 용신,!

丙 일간 申월에 출생하여 실령하고 사주원국의 월지 申金 편재를 중심으로 하여 년지 辰土 식신과 申-辰合水한 중에 그 세력을 업은 월상 壬水 편관이 투출되면서 시주 己丑 상관까지 일간 丙火를 극루하니 신약이다.

이렇게 일간 丙火가 신약하면 일간의 기운을 생조할 수 있는 기운이 필요한데 다행히 일지 午火 양인이 자리잡아 일간의 기운을 부조하면서 년간 甲木 편인이 투출되어 있으므로 일간 丙火가 의지처가 있다할 것이다.

고로 용신은 일간의 힘을 생조하는 "비겁 火"인데 월지 申金 편재가 년지 辰土식신과 申-辰合水 하여 水氣를 대표하는 편관 壬水가 월상에 투출되어 강력히 일간의 기운을 극루하니 대단히 두렵게 되어 있다.

따라서 사주원국의 일지 午火는 일간 丙火가 의지하는 매우 중요한 기운인데 이렇게 지지에서 합을 하여 水氣가 강력한 중에 월상에 壬水 편관이 투출되어 일지 午火 양인을 水剋火하여 파극하고 있으니 병약용신법에 준하여 사주상의 병이 존재하고 있음을 알 수가 있다.

고로 마땅히 사주팔자에 병이 존재하면 약신이 있기 마련인데 왕성한 관성水氣를 살인상생(殺印相生) 및 관인상생(官印相生)하는 인성 木氣로 왕성한 관성 水氣를 흡수하여 일간의 기운을 생조하는 "인성 木氣"를 약신으로 선택하고 아울러 신약한 일간의 기운을 부조함이 마땅하다.

***. 격국에 대한 판별,!**

사주원국을 살펴보니 년간에 甲木 편인이 투출되어 있겠으나 일간 丙火와 원격하고 있는 중에 월상에 壬水 편관이 투출되어 일간 丙火를 水剋火하여 먼저 일간을 공격하고 있으니 적절히 편인 甲木이 편관 水氣를 일간에게 살인상생(殺印相生)의 이치를 실현하지 못하니 대단히 좋지 않게 되어 있다.

따라서 사주상에 병이 강하게 작용하고 있는데 비록 약신이 있겠

으나 적절히 약의 힘을 구제할 수 없는 형상이 되고 있으므로 마땅
히 운로에서 시급히 약신의 기운을 보아야 대길함을 맛 볼 수가 있
을 것이다.

(예3).남자, 이 모씨(경기도 안양시) 1968년 음력 4 월 28일 申 시

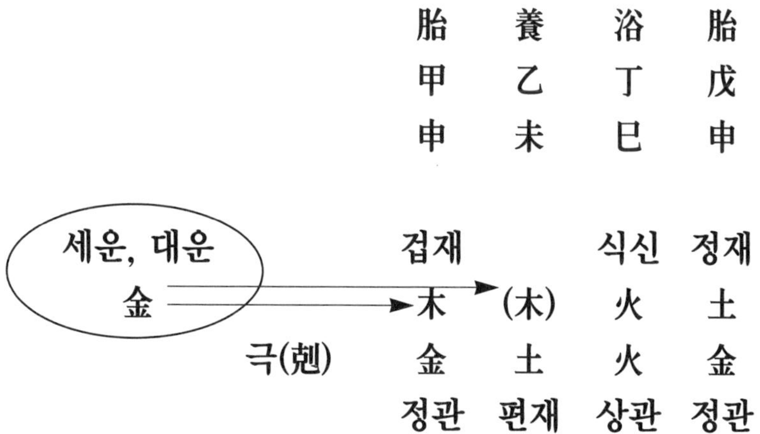

***. 일간의 왕쇠 및 용신,!**

乙 일간 巳 월에 출생하여 실령하고 사주원국의 월지 巳火 상관
을 중심으로 하여 일간 乙木의 기운이 누출되고 있는 중에 월지 巳
火 상관의 십이운성의 제왕지에 뿌리를 두면서 월 천간 丁火 식신이
투출되어 식상 火의 기운이 태왕하니 일간 乙木이 극심한 신약을 면
치 못하고 있다.

이렇게 일간 乙木이 강력한 식상 火氣의 기운이 극심하면 차라리 식상 火氣를 따르는 종격(從格)이나 가종격(假從格)으로 돌아가 버리면 좋을 텐데 乙 일간이 일지 未중의 지장간인 중기(中氣) 乙木에 통근하고 시간의 甲木 겁재가 투출되어 있어 일간 乙木을 생조하니 일간이 의지하는 경우가 되어 쉽사리 종(從)하지 못하게 되어 있다.

상황이 이럴진데 더구나 사주원국의 지지에 그나마 왕성한 상관 巳火와 년지 정관 申金이 서로간 巳-申合水가 성립되어 이것 역시 암합리에 일간 乙木을 생조하므로 더욱 더 일간이 종격(從格)이나 가종격(假從格)으로 돌아가지 못하는 현상이 되고 있을 것이다.

고로 용신은 일간 乙木이 왕성한 식상 火氣에 의하여 신약하니 시급히 일간乙木의 기운을 부조하는 "비겁 木氣"를 용신으로 삼는 것이 타당한데 때 마침 시상에 甲木이 투출되어 있어 정히 용신의 기운이 되고 있다.

***. 격국에 대한 판별,!**

하지만 설상가상으로 시지 申金 정관이 金剋木하여 용신의 기운을 파극하고 더욱 더 식상 火氣에 의하여 그 기운이 너무 소진되고 있으니 병약용신법에 따라 병이 존재하여 있는 사주가 되었다.

따라서 무엇보다 약신인 인성 水氣로서 식상 火氣의 불길을 꺼주어야 하겠고 더하여 강력한 관성 金氣도 살인상생(殺印相生) 및 관인상생(官印相生)의 원칙을 도모하면서 일간 乙木의 기운을 생조하는 인성 水氣를 약신으로 선택한다.

이렇게 일간 乙木이 병의 기운인 식상 火와 관성 金氣에 의하여 극루함이 심하게 되고 있는데 다시 운로인 세운이나 대운에서 관성 金이나 식상 火氣의 공격을 받게 된다면 일간 乙木은 극루교가(剋漏交加)라 하여 더욱 더 불리하게 될 것이다.

※참고로 사주 주인공인 이 모씨는 이렇게 사주원국이 식상 火氣와 관성 金氣에 의하여 신약함이 극심하므로 병이 존재하여 있는 사주가 되고 있음을 판단하였다.

따라서 만약 용신을 잘못 판단하여 식상 火氣의 기운이나 관성 金氣의 기운으로 용신이나 희신으로 선택하였을 때 완전히 운로 자체를 거꾸로 간명하였으니 그에 대한 판단상의 오류는 불을 보듯 뻔하게 될 것이다.

이와 같은 현상은 중화(中和)의 기점이 사주강약도표에 준하여 판단하여 볼 때 40%가 되겠는데 위의 사주는 중화의 기점을 훨씬 멀어져 가는 신약으로 치달리고 있음을 알 수가 있다.

그렇다면 사주명조가 신약으로 치달리고 있는 것은 그만큼 일간의 기운이 쇠약하다는 것과 일치되니 이는 운로인 대운이나 세운에서 조금의 상충이나 삼형의 작용을 맞이하게 된다면 대단히 흉함이 심하게 발생되는 것으로 귀착한다.

결국 사주 추명학에 근접하여 역학의 대가(大家)가 되어 있음은 타인의 사주명조를 보고 완벽한 용신이나 희신의 기운을 가려내어 길흉의 판단을 곧바로 할 수가 있어야 될 것인데 초학자는 용신의 부분을 완전히 통달하기까지는 시간과 세월이 가야 되므로 본인의 노력에 완성의 속도가 달렸다 하여도 과언이 아니다.

(예4).여자, 최 모씨(경남 진주시) 1978년 음력 6월 25일 卯 시

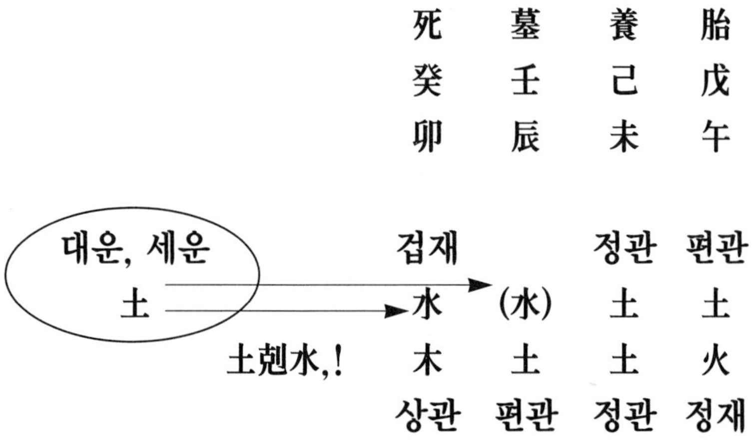

***. 일간의 왕쇠 및 용신,!**

壬 일간 未 월에 출생하여 실령 하였으며 사주원국의 월지 未土 정관을 중심으로 하여 일지 辰土 편관에 뿌리를 두고 투출되어 있는 년, 월간의 戊, 己土 관성을 년지 午火 정재가 대단히 강력하게 생조 하고 있으니 일간 壬水가 극심한 신약을 면치 못하고 있다.

이렇게 일간 壬水가 강력한 관성 土氣와 재성 火氣에 의하여 대단히 강력하게 극루 당하고 있으니 어떡해 보면 일간 壬水가 의지처가 없기 때문에 강력한 관성 土氣를 따르는 종격(從格)이나 가종격(假從格)으로 돌아갈 듯 싶다.

그러나 일간 壬水는 일지 辰土 편관이 습토이며 또한 辰중의 지장간인 중기(中氣)에 癸水가 존재하여 있으니 그 속에 뿌리를 둔 시상 癸水 겁재가 투출되면서 일간 壬水를 생조하고 있으므로 결코 종격(從格)이나 가종격(假從格)으로 돌아가지 못한다.

고로 용신은 신약한 일간을 생조하는 "비겁 水氣"를 용신하고 있는데 따라서 사주원국을 살펴보니 때 마침 시상에 癸水 겁재가 투출되어 있어 정히 용신으로서 자리를 잡고 있다.

*. 격국에 대한 판별,!

그러나 사주팔자가 관성 土氣가 지지에 강력하게 자리를 잡고 있는 중에 다시 그 세력을 업은 년, 월상에 戊, 己 土가 투출되어 용신인 癸水 겁재를 土尅水하여 용신의 기운을 파극하고 있으므로 본 장 병약용신법에 준하여 사주에 병이 존재하는 현상이 되고 있음을 알 수가 있다.

따라서 본 장 병약용신법에 준하여 용신인 癸水를 파극하는 관성 土氣는 병이 되고 있는데 관성 土氣를 상극하고 아울러 용신인 癸水를 보호하는 "식상 木氣"를 약신(藥神)으로 채택하여야 될 것이다.

*. 일부 학자들의 의문,!

일부 학자들 중에는 이와 같은 약신(藥神)인 식상 木氣는 일간 壬水가 신약함이 극심한데 식상 木氣도 신약한 일간의 기운을 설기하는 기운이므로 오히려 불리하지 않겠느냐 하고 대단히 의문을 표시하고 있다.

그러나 본 저자는 이 부분에 대해 물론 일간이 신약하여 식상 木氣의 기운도 일간의 기운을 누출시키는 일면이 되겠으나 하지만 강력한 관성 土氣의 기운이 일간을 상극하는 것은 식상의 기운보다 대단히 괴로운 것이 될 것이다.

따라서 이에 대해 일간 壬水의 기운을 조금 누출시켜 식상 木氣로 하여금 강력한 관성 土氣의 기운을 제살(制殺)하므로 인하여 그 반대 급부로 일간이 구조되는 현상을 도모할 수가 있다.

이와 같은 현상은 사주팔자에 일간이 신강, 신약을 불문하고 관성이 태과할 때에는 식상을 용신으로 삼는다는 법칙에 위 사주도 적용되는 것이 타당하며 아울러 본 장 병약용신법에도 서로간 부합하는 것은 같은 맥락으로 판단의 여지가 없다.

더하여 사주원국이 관성 土氣가 대단히 강력하여 일간 壬水가 신약함이 괴로운데 다시 운로인 세운이나 대운에서 재차 관성 土氣나 재성 火氣를 만나게 된다면 신약한 일간은 더욱 더 극루교가(剋漏交加)라 하여 그 재화는 대단히 강력하게 발생한다.

(예5).남자 강 모씨(경남 창원시) 1958년 음력 8월 2일 酉 시

胎	死	胎	養
癸	甲	辛	戊
酉	午	酉	戌

인수		정관	편재	생조		세운, 대운
水	(木)	金 ←	土 ←			土
金	火	金	土			
정관	상관	정관	편재			

***. 일간의 왕쇠 및 용신,!**

甲 일간 酉 월에 출생하여 실령하고 사주원국의 월지 酉金 정관을 중심으로 지지에 관성 金氣와 재성 土氣에 의하여 일간 甲木을 극루하는 오행이 많으니 일간이 신약하다.

이렇게 일간 甲木이 신약함이 관성 金氣에 의하여 극심하게 극루함이 강하므로 시급히 일간 甲木의 기운을 생조하고 부조하는 오행이 있어야 만이 신약한 일간 甲木이 살아남을 것이다.

따라서 사주팔자를 살펴보니 일간 甲木은 오로지 시상에 투출되어 있는 癸水인수에 의하여 일간이 의지를 하고 있는데 그렇다면 시상에 투출되어 있는 인수 癸水는 일간 甲木을 돕는 아주 귀중한 존재라 할 수가 있겠다.

*. 본 장 병약용신법에 준한 판단,!

보통 내격(內格)의 억부법상 사주원국에 이렇게 신약한 일간이 되면 일간을 생조하는 水, 木을 용신으로 써야 되나 위의 사주팔자는 왕성한 관성 金氣가 태왕하므로 그 기세에 일간 甲木이 金氣에 의해 나무뿌리 채 잘려 버리고도 남음이 있다.

더구나 이렇게 관성 金氣가 태과할 때 설상가상으로 운로인 대운이나 세운에서 관성 金氣를 생조하는 재성 土氣를 만나게 된다면 강력한 관성 金氣는 더욱 더 힘을 받게 되어 그 기세로 다시 일간 甲木을 맹렬히 공격하게 되므로 오히려 호랑이에게 날개를 달아주는 셈이니 극루교가(剋漏交加)라 하여 그 재화가 극심하게 발생한다.

결국 위 사주는 관성이 태왕하여 일간 甲木이 극심하게 상극을 당하고 있으므로 관성 金氣는 병이 존재하는 사주가 되어 있으니 시급히 약신인 "식상火氣"로서 강력한 관성 金氣를 제살(制殺)을 도모하여야 되는 현상이 되고 있음을 알 수가 있겠다.

아울러 일간 甲木이 신약함이 극심하니 강력한 관성 金氣를 살인상생(殺印相生) 및 관인상생(官印相生)하는 "인성 水氣"도 좋을 것이다.

*. 제살(制殺)이란 무엇인가,?

사주원국에 일간이 신강, 신약을 불문하고 관성이 태왕하거나 강력하여 일간이 극루함이 대단히 힘들게 되므로 이 때에는 반드시 강력한 관성의 기운을 억제하거나 제화시켜야 일간이 관성의 극루함으로부터 해방이 될 수가 있다.

이 때에 일간의 기운을 강력한 관성의 기운으로부터 막아 주는 것이 식상이 되겠는데 이것은 오행상 식상은 관성을 바로 억제하는 중요한 기운이 되기 때문이다.

결국 "관성이 사주팔자에 강력할 때 식상으로 관성의 기운을 상극하여 반대급부 현상인 일간이 관성으로부터 구조되는 것을 식상제살(食傷制殺)의 법칙"이라고 칭하는 것이다.

(4). 전왕용신(專旺用神)

사주원국에 오행이 어느 일방으로 치우쳐져 있으면 그 세력이 극히 왕성하여 견제가 불능할 경우가 생긴다.

따라서 이 때에는 보통 내격(內格)의 억부법이나 조후법상의 조절이 곤란하게 되는데 만약 강력한 세력을 억지로 견제 내지는 통제를 하게 될 때는 왕신(旺神)이 반발을 하여 오히려 재화가 속출하게 된다.

그렇다면 왕신(旺神)을 억제하지 말고 자연스럽게 그 강력한 기운에 순응하는 것이 좋은데 이것이 곧 "전왕용신(專旺用神)"이다.

좀 더 자세하게 예를 들면 사주원국에 관성이 많아서 일간이 신약하면 원칙적으로 강력한 관성의 기운을 살인상생(殺印相生) 및 관인상생(官印相生)하는 인성이 용신으로 필요하지만 사주원국에 인성이나 비겁이 무력하여 신약이 극심하다면 오히려 강력한 관성의 기운을 따라가야 한다는 논리이다.

그러므로 지금까지 내격(內格)의 억부법이나 조후법에 의한 논리에 익숙하였던 학자도 본 장 전왕용신(專旺用神)에 들어가면 상당히 혼란스러움을 금치 못하는데 중요한 것은 이와 같은 운명의 소유자가 다소 나타나고 있다는 점이다.

따라서 본 장 전왕용신(專旺用神)은 사주추명의 한계의 벽에 부딪치는 시점이고 그래서 본 전왕용신(專旺用神)에 적용되는 운명의 소유자들 때문에 학자들이 어려움을 호소하게 된다.

이에 대해 命理秘典 下권인 종격(從格) 및 가종격(假從格)부분에서 대단히 상세하게 기술하고 있는데 학자는 본 장 전왕용신(專旺用神)법이 어렵다고 해서 절대로 소홀히 취급하지 않기 바라며 결국 "종격(從格)", "가종격(假從格)", "화격(化格)"등 "외격(外格)"에 속하는 사주팔자가 모두 "전왕용신(專旺用神)법"으로 다루어 져야 한다.

(예1).남자, 최 모씨(경남 마산시) 1958년 음력 6월 4일 未 시

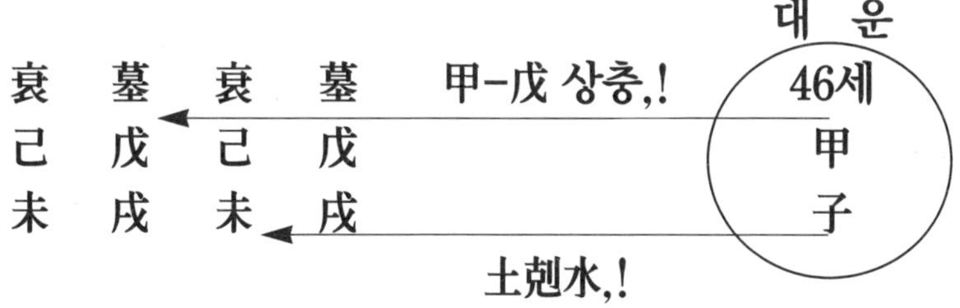

●대운천간 甲木이 사주일간 戊土를 甲-戊 상충을 하여 파극하고 다시 대운지지 子水가 왕성한 왕신인 土氣를 土剋水하므로 왕신이 반발을 한다.

***. 일간의 왕쇠 및 용신,!**

戊일간 未월에 출생하여 득령하고 사주원국의 월지 未土 겁재를 중심으로 하여 지지와 천간전부 일간의 동기인 비겁 土氣로 구성되어 종왕격(從旺格)이다.

이렇게 비겁 土氣가 강력하니 내격(內格)의 억부법이나 조후법에 준하는 용신으로 위의 사주를 해결하려고 하면 대단히 무리가 따르겠으며 오히려 왕신인 土氣가 반발하여 대단히 흉을 자초한다.

고로 용신은 전왕용신법에 준하여 일간 戊土를 생조하는 "인성 火氣"와 "비겁 土" 그리고 왕성한 비겁 土氣를 자연스럽게 누출시키는 "식상 金" 등의 3자가 모두 길신으로 채택 되는데 그 중에서 가장 주된 용신은 "식상金氣"가 된다.

*. 본 장 전왕용신법에 준한 판단,!

이렇게 오행의 편중이 한쪽으로 치우쳐져 있으므로 오행의 중화를 도모하기 위하여 여때까지 기술하였던 내격(內格)의 용신 부분에 적용한다면 생각하였던 것보다 완전히 상반되는 결과를 가져오는 것을 알 수가 있다.

따라서 억부법이나 조후법의 논리에 따라서 위의 사주원국을 오행 土氣가 강력하니 재성 水氣나 관성 木氣로서 억제하려고 하면 대단히 왕신인 土氣가 발동하는 처사를 불러 올 수가 있는 조건이 되므로 용신의 선정과정을 세밀히 분석 결정하지 않으면 안된다.

*. 격국에 대한 대운흐름,!

위의 사주 주인공인 최 모씨는 대운이 46세 甲子대운에서 대단히 큰 흉을 당하는 것을 알 수가 있는데 도표에서 보듯이 대운천간 甲木이 일간 戊土를 甲-戊 상충으로 가격하고 대운지지 子水가 월지 未土를 土剋水하니 십중구사의 운명이 되는 것을 알 수가 있다.

(예2).남자, 천 모씨(경기도 안양) 1959년 음력 6월 27일 未 시

養	祿	養	死
癸	乙	辛	己
未	卯	未	亥

세운, 대운
土, 金

극 旺神冲旺! 편인

	편관	편재
水 → (木)	金	土
土 木	土	水
편재 비견	편재	인수

***. 일간의 왕쇠 및 용신,!**

乙일간 未월에 출생하여 실령 하였으나 사주원국 지지에 전부가 亥–卯–未 삼합 木局으로 변화되어 있다.

따라서 비록 未월에 출생하여 실령 하였다고 하나 이렇게 삼합이 성립하여 사주 지지가 전부 木局이 되니 일간의 기운이 신강의 도가 넘쳐 그 세력이 막강한데 이렇게 일간이 강해 신왕하면 억부법상 강력한 관성 金으로 나무가지를 솎아줄 필요가 있다.

하지만 문제는 사주원국에 관성이 유기(有氣)하여 힘이 있어야 되는데 위의 사주원국에 관성이 월간의 辛金 편관이 존재하여 용신으로서 적절히 사용할 수 있을 것 같으나 월간 辛金 편관은 오로지 년간 己土 편재의 생조에 의지하려 하고 있다.

그러나 년간 편재 己土가 사주지지의 힘에 뿌리(통근)를 두어야 재성의 힘을 편관 辛金이 받을 수가 있는 것인데 지지전부 亥-卯-未 삼합 木局하여 木剋土하니 강력한 木氣로서 편재 己土가 파극되어 더 이상 쓸모 없는 재성이 되고 만다.

그렇다면 재성의 기운이 무용지물이 되고 있으니 월간의 편관 辛金은 재성의 기운을 생조를 받지 못함에 따라 용신으로서 본래의 목적을 상실한 채 편관 辛金 역시 왕성한 木氣에 의해 오히려 쇠가 부러져 더 이상 쇠붙이로서 사용을 못하게 됨으로 이 사주는 견제대상이 없으니 木局으로 나무의 나라가 된 셈이다.

고로 辛金과 己土가 파극되니 곡직인수격(曲直印綬格)인 종격(從格)으로 성립되며 종격(從格)을 따르는 "인성 水氣"와 "비겁 木", 그리고 왕성한 비겁 木의 기운을 자연스럽게 누출시키는 "식상 火" 3가지가 용신이 되는데 그 중에서 가장 길한 것은 木氣가 태과 하므로 운로에서 식상 "火"를 만나면 가장 길하게 된다.

*. 본 장 전왕용신법에 준한 판단,!

만약 위의 사주를 억부법으로 용신을 잡아 해결하려고 하면 대단히 무리가 따르는데 그 이유는 지지의 삼합, 방합, 육합하여 완전한 한나라의 국(局)이 성립하여 있는 중에 그 강력한 한 기운을 제압하려고 상극 한다면 힘이 강한 국(局)의 오행이 매우 강력하게 발동하게 된다.

이와 같은 현상을 두고 추명용어상 왕신충왕(旺神沖旺), 쇠자왕신
발(衰者旺神發)혹은 쇠신충왕(衰身沖旺)이라 하여 왕신이 발동을 하
면 오히려 십중구사의 운명을 면치 못하게 된다고 판단하는 것이다.

결국 위의 사주는 전왕용신법에 의해 용신이 선정되는 것인데 이
러한 전왕용신이 선정되면 사주원국에 전왕용신을 거슬리는 오행은
마땅히 제거 되어야만이 사주가 대길해 질 수가 있을 것이다.

다행히 위의 사주도 년간 편재 己土나 월간의 辛金 편관등이 있
으나 다행히 지지의 오행전부가 亥-卯-未 삼합 木局하여 辛金이나
己土를 완전히 파극하여 힘을 못쓰게 함으로 사주원국이 맑아진 것
이다.

(예3).남자, 추 모씨(경남 밀양) 1954년 음력 1월 16일 午 시

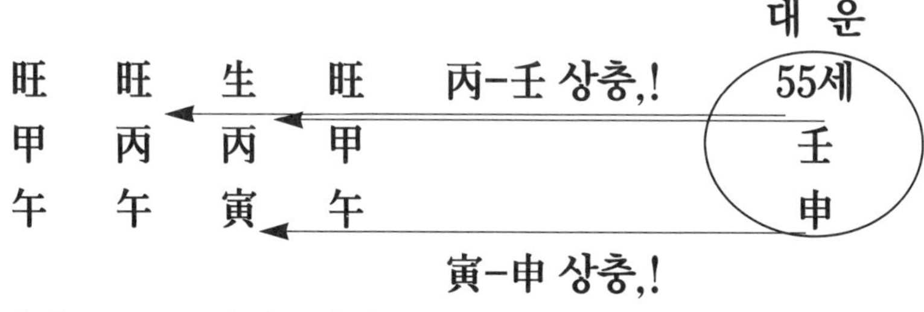

●대운천간 壬水가 사주월상 및 일간 丙火를 丙-壬 상충으로 파극하고 다시 사주월지 寅木을 寅-申 상충으로 파극하므로 왕신이 반발을 하여 십중구 사의 운명이다.

*. 일간의 왕쇠 및 용신,!

丙일간 寅월에 출생하여 득령하고 년, 일, 시지, 午火와 월령의 寅木 편인과 寅-午合火하여 월 천간 丙火가 투출되어 있는 중에 년, 시상의 甲木이 일간 丙火를 생조하니 사주지지와 천간 전부가 일간 丙火를 생조하는 인성 및 비겁으로 이루어져 염상격(炎上格)인 종격(從格)이 되고 있다.

이렇게 사주원국의 지지에 火氣가 태왕하니 이를 수습할 수 있는 관성 水氣와 재성 金氣가 필요할 지 모르지만 이렇게 火氣가 한 나라를 세우고 있으면 오히려 관성 水氣와 재성 金氣는 왕신충왕(旺神沖旺), 쇠자왕신발(衰者旺神發)의 법칙에 따라 왕신인 火氣가 발동하므로 대단히 불리하게 작용한다.

고로 용신은 왕성한 火氣를 따르는 비겁 "火"와 인성 "木", 그리고 왕성한 火氣를 누출시키는 식상 "土氣" 삼자가 모두 길신으로 채택될 수 있는데 그 중에서 비겁 火氣가 태왕하여 종격(從格)인 염상격(炎上格)이 성립되므로 식상인 土氣가 왕성한 비겁 火氣를 자연스럽게 누출시키는 것이 되니 제일 길하게 작용한다.

*.본 장 전왕용신법에 준한 판단,!

만약 위의 사주원국을 火氣와 木氣가 태왕하다고 하여 이것을 내격(內格)의 기준인 억부법이나 조후법상 관성 水氣와 재성 金氣를 용신으로 선택하면 완전히 거꾸로 용신을 잡는 결론에 도달하니 사주 주인공은 이상의 기운을 운로인 대운이나 세운에서 만날 경우 대단히 그 재화가 극도에 치달리므로 세심한 주의가 필요하다.

*. 위 사주에 대한 대운의 판단,!

위 사주 주인공인 추 모씨는 이상의 격국이 종격(從格)인 염상격(炎上格)이 성립되어 전왕용신법에 적용되는 사주가 되고 있는데 대운의 흐름을 판단하여 보니 그 중에서 55세 壬申대운이 추 모씨의 일생 동안 제일 힘든 고비라 판단하고 있다.

그것은 대운천간 壬水가 일간 丙火 및 월상에 투출되어 있는 丙火 비견을 같이 丙-壬 상충으로 가격하고 다시 대운지지 申金이 강력한 월지 寅木을 寅-申 상충으로 가격하므로 왕신인 火氣가 반발하여 십중구사의 운명으로 치달리고 있음을 알 수가 있다.

따라서 만약 내격(內格)의 억부법이나 조후법의 용신이 선정되는 사주팔자 인것 같으면 죽음까지는 생각하지 않겠지만 이렇게 동일한 오행으로 편중이 되어 있다 보니 왕신인 오행을 가격할 경우 필연코 그 흉함이 하늘을 찌르고도 남음이 있다 할 것이다.

※참고로 이상의 종격(從格)이나 가종격(假從格)인 전왕용신법을 설명하고 있는데 보통 내격(內格)의 억부법이나 조후법에 적용하는 사주팔자는 비록 작명의 부분이 용신을 상극한다 하여도 복록에는 영향을 미칠 뿐 사람의 수명에는 그다지 장애가 발생하지 않는다.

하지만 위의 사주처럼 종격(從格)인 전왕용신법에 적용하는 사주팔자는 왕신이라는 동일오행이 지배하고 있기 때문에 오행상 사주내 형, 충으로 조금의 충격이나 운로인 세운이나 대운에서 기신(㤼神)의 성질이 왕신을 상극할 경우 그 흉의는 대단히 강력하게 발생되고 있음을 저자는 간파하고 있다.

(예4).남자, 황 모씨(경북 경주) 1964년 음력 3월 23일 未 시

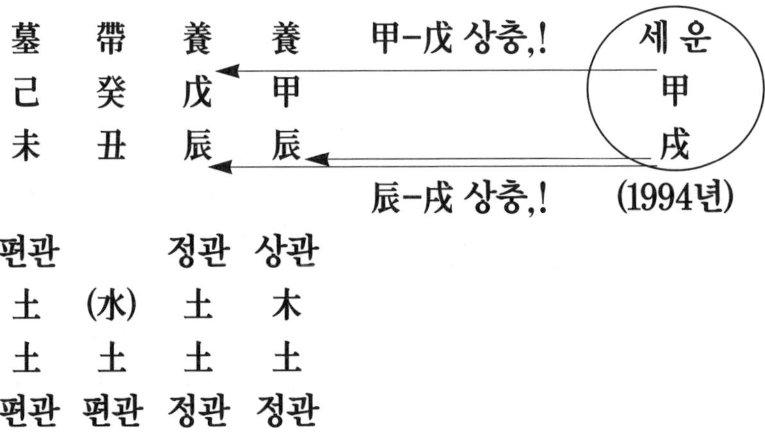

●세운천간 甲木이 사주월상 戊土를 甲-戊 상충으

로 파극하고 다시 세운지지 戌土가 사주월지 및 년지 辰土를 辰-戌 상충으로 대접하므로 왕신이 반발을 하게 되니 십중구사의 운명으로 치달리는 것은 누구도 막을 수가 없다.!

*. 일간의 왕쇠 및 용신,!

癸일간 辰월에 출생하여 실령하고 사주원국이 온통 관성 土로서 장악되고 있으니 일간 癸水는 사주지지 및 천간에 일간 癸水를 생조하는 인성 金氣나 비겁 水氣가 하나도 없어 일간이 의지를 하지 못하므로 일면 왕성한 관성 土의 기운을 따라가는 종관살격(從官殺格)이 될 듯 싶다.

하지만 일간 癸水는 년, 월지 辰중과 일지 丑중의 지장간에 癸水와 인성 辛金이 존재하여 일간 癸水가 그 속에 뿌리를 두고 있으므로 절대로 왕성한 관성 土氣의 힘을 따라가는 종살(從殺)이 되지 못한다.

따라서 왕성한 관성 土氣의 기운에 일간 癸水가 산 같은 흙더미 속에 물이 흡수되어 그 빛을 발휘하지 못하는데 제일 먼저 년간에 투출되어 있는 甲木 상관이 년, 월지 辰중의 지장간 乙木에 통근하여 힘을 얻고 있으므로 정히 상관 甲木이 木剋土하여 강력한 관성 土氣를 파헤쳐야 일간 癸水가 살수 있을 것이다.

고로 용신은 병약용신법에 준하는 식상 "木"으로 왕성한 관성 土

氣를 제거하여야 될 것이며 아울러 일간 癸水가 신약하니 일간의 기운을 부조하고 식상 木氣를 생조하는 비겁 "水氣"는 희신으로 삼는데 일간 癸水가 신약하니 일간을 생조하는 인성 "金氣"도 길신으로 사용한다.

*. 위 사주원국에 대한 일부 학자들의 의문,!

학자들 중에는 위와 같은 사주원국을 두고 서로간에 의견이 분분한데 그것은 일간 癸水가 음 일간이기 때문에 주위의 세력에 의지하려는 성질이 강력하게 작용하고 있다.

더하여 월령 辰土 정관을 중심으로 하여 지지에 전부 관성 土氣가 존재하여 있는 중에 사주천간에 관성이 투출되어 있으므로 일간 癸水가 절대 세력에 따라갈 수가 있지 않겠느냐 라고 의문을 표시하고 있다.

*. 학자들의 의문에 대한 본 저자의 견해,!

하지만 이 부분에 대해 본 저자는 세 가지 이유를 들어 설명을 하자면 그 첫째로 위의 사주가 일간이 음 일간이지만 지지의 그것도 월지의 지장간인 중기(中氣)에 일간의 동기인 인성이나 비겁이 존재하여 있을 경우 월지는 억부법에 의하여서도 사주에 지배하는 힘이 30%이기 때문에 그 중에서 중기의 힘에 일간이 의지하여도 종(從)하지 못하게 된다.

둘째로 이상의 월지 만의 힘에도 그럴진데 하물며 년지 辰土 및 일지 丑土가 각각 존재하여 일간이 역시 뿌리를 두게 만들고 있는 현상이 되고 있음을 알 수가 있다.

따라서 이것은 하나의 지장간인 중기(中氣)에 자리를 잡는 것보다 이렇게 여러 군데 의지하는 기운이 있을 것 같으면 그 세력이 강력하니 종(從)하지 못하는 이유가 둘째이다.

다음 셋째로 사주원국내 오행의 성질을 볼 때 辰土나 丑土는 습토이기 때문에 물과 같은 성질이라서 습토는 완벽하게 일간 癸水를 상극하지 못하고 오히려 물에 동조하는 성질이 강하다고 보겠다.

상황이 이럴진데 더하여 일간 癸水가 사주일지 丑土인 십이운성의 관대지에 해당하고 있으니 일간이 무언중에 힘을 얻고 있는 것이 그 셋째이다.

***. 본 장 전왕용신법에 준한 판단,!**

이상과 같은 맥락에 비추어 본다면 비록 일간이 음 일간이지만 절대세력인 강력한 관성 土氣의 힘을 따라가지 못하는 이유가 여기에 있는 것을 알 수가 있다.

위 사주는 전왕용신법에 사실상 해당되지 않는 사주팔자이지만 이와 같이 전왕용신법에 준하여 판단의 오류가 나올 수 있는 비슷한 사주이기 때문에 내격(內格)의 억부법이나 조후법의 용신과 외격(外格)의 종격(從格)이나 가종격(假從格)의 성질을 면밀히 구분할 필요가 있을 것이다.

*. 위 사주에 대한 운로의 판단,!

위 사주 주인공인 황 모씨는 종격(從格)인 전왕용신법에 준하는 사주인 것 같으나 사실상 판단의 오류를 불러일으킬 수 있는 내격(內格)의 억부법이나 조후법의 용신법을 사용하는 격국임을 알 수가 있었다.

따라서 위 사주 주인공인 황 모씨의 운로를 파악하여 보니 1994년 甲戌년에 대단히 힘든 고난을 겪고 왔음을 판단할 수 있다. 그것은 사주원국의 일간이 신약하고 용신마져 쇠약한 중에 왕신인 土氣가 자리를 잡고 있는 것을 세운천간 甲木이 월상에 투출되어 있는 戊土 정관을 甲-戊 상충으로 가격하니 대단히 흉이 돌출 되겠지만 甲木이 용신의 기운이므로 별문제가 되지 않는다고 보아야 된다.

그러나 이렇게 일간이 신약이 극심한 중에 세운지지 戌土가 사주원국의 년지 및 월지 辰土 정관을 辰-戌 상충으로 가격하게 되니 이것은 비록 세운천간이 길이 된다 하여도 이렇게 사주상 강력한 관성 土氣를 상극하는 것은 왕신의 반발이 대단히 강력한 것이기 때문에 교통사고로 병원에서 7시간에 걸친 대수술을 받았던 것이다.

(예5). 남자. 유 모씨(부산 연산동) 1926년 음력 1월 10일 午 시

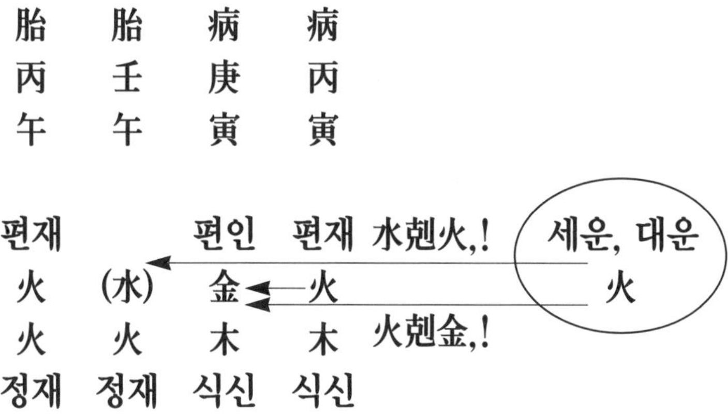

*. 일간의 왕쇠 및 용신,!

壬일간 寅월에 출생하여 실령하고 지지에 월령을 중심으로 2개의 寅木과 2개의 午火가 각각 寅-午合火하여 년, 시간에 丙火가 투출되니 화왕지국(火旺地局)이다.

일간 壬水는 오로지 월간 庚金 편인에 의존하고 있으나 문제는 편인 庚金이 지지에 뿌리를 박아 통근하여야 일간 壬水를 생조할 수 있는 능력이 있을 것이다.

그러나 이렇게 지지에 전부 寅-午合火하여 火局으로 변화되는 것은 이미 일지 및 시지 午중의 지장간에 己土는 합을 하여 완전히 사라진 상태이므로 월간 庚金 편인이 뿌리를 두지 못하는 현상이니 고립무원이다.

더하여 월간 庚金을 지지의 합의 중심세력인 년간, 시간에 투출되어 있는 丙火에 의해 丙-庚 상충으로 완전히 庚金을 火氣로서 녹아 없어지게 만들어 버리니 파극이 된 庚金 편인이 일간 壬水를 생조하는 능력을 이미 상실한 상태라는 것을 알 수가 있다.

고로 일간 壬水는 양일간이지만 일간이 의지처가 없어져 버리니 왕성한 재성 火氣를 따르는 종재격(從財格)으로 돌아 가는데 전왕용신법에 준하여 용신이 선정되는 전형적인 종격(從格)의 사주팔자이다.

따라서 용신은 강력한 火氣를 따르는 재성 "火氣"와 재성 火氣를 생조하는 식상 "木", 그리고 왕성한 火氣를 자연스럽게 누출시키는 관성 "土" 등 삼자를 용신으로 삼는 것이 타당하다.

*. 전왕용신법에 준한 판단,!

위 사주팔자를 이렇게 종격(從格)인 전왕용신법에 준해서 용신이 설정되어 있는 것을 만약 내격(內格)의 억부법이나 조후법에 판단하여 용신을 선택 한다면 완전히 운로 자체를 거꾸로 뒤집는 사주원국이 되므로 이 때에는 강력한 왕신인 火氣가 반발을 하게 되어 사주 주인공은 극도로 재화가 강력하게 발생한다.

이와 같은 현상은 보통 내격(內格)에 준한 용신법은 비록 하나의 오행 부분을 상극한다 하여도 오행인 木, 火, 土, 金, 水가 골고루 분포가 되어 서로간의 기운을 부조 및 억제를 도모하고 중화의 원칙에 부합하는 것이 되니 대흉까지는 생각하지 않는다.

그러나 위 사주원국처럼 하나의 동일적인 집단인 오행으로 구성되어 있으면 이것은 왕신(旺神)이라는 집단체를 성립하는 것이니 이러한 기운을 충격을 가하거나 발동시켰을 경우 왕신이 집단으로 반발을 하는 현상인 즉, 쇠자왕신발(衰者旺神發) 및 왕신충왕(旺神冲旺)의 법칙에 준하여 사주 주인공은 십중구사의 운명으로 치달리게 될 공산이 매우 크다.

***. 위 사주에 대한 운로판단,!**

위 사주원국을 표시하는 도표를 파악하여 볼 때 운로인 대운이나 세운에서 재성 火氣의 기운을 맞이하게 된다면 이미 사주원국에 庚金 편인이 존재하여 년간에 투출되어 있는 편재 火氣의 기운에 火尅金하여 파극이 되고 있는 것을 중첩하여 운로에서 편인 金氣를 없애버리므로 대단히 길운이 될 것이다.

하지만 위 사주팔자에 대한 용신법을 내격(內格)인 억부법이나 조후법상 일간 壬水가 월상에 투출되어 있는 庚金 편인에 구조를 받는 신약사주라고 판단할 경우 이상과 같은 운로가 들어올 때 판단의 부분을 잘못하여 대단히 흉함이 닥친다고 예상하면 운로가 완전히 정반대로 되는 것이므로 격국의 간명을 세밀하게 하여야 된다.

(5). 통관용신(通關用神)

사주팔자에 육신의 기운이 서로간에 대립되어 양자의 힘이 비슷

하게 작용할때 양쪽 오행끼리 다투게 되면 사주원국에 전극(戰剋)이 일어나게 된다.

이와 같은 현상은 비록 일간이나 타 오행에 직접적인 영향력이 미치지 않는다고 해도 힘이 강한 오행끼리 충돌함으로 인하여 사주상 전부의 오행이 막대한 소용돌이로 말미암아 대단히 그 피해가 막심하게 발생하게 될 것이다.

그렇다면 우리 일상생활에서 속담에 있는 말로 표현하자면 고래싸움에 새우등이 터진다,!라는 속담과 비교할 수가 있는 것인데 이렇게 될 때 비록 전극을 당하거나 전극을 당하지 않더라도 주위 전쟁터로 인하여 그 소용돌이의 결과로 재화가 이루말 할 수가 없게 된다.

따라서 이렇게 사주원국에 힘이 강한 양자의 전극이 형성되어 전쟁터가 되고 있다면 내격(內格)의 억부법이나 조후법에 준하여 용신을 선정하지 말고 제일 먼저 두 기운을 화해 소통시키는 기운이 용신이 되는데 이를 가르켜서 "통관용신"(通關用神)이라고 칭한다.

또한 내격(內格)에 준한 억부법이나 조후법의 용신이 채택된다 손치더라도 막강한 양대 세력이 대립되어 있다면 그것 역시 양자를 화해 소통시키는 것이 바람직한데 어떤 경우에는 억부용신과 조후용신을 같이 채택하고 더하여 통관용신도 적용되는 경우가 종종 일어나고 있다.

이와 같은 부분을 자세하게 예를 들어 설명하면 통관용신은 "사주원국의 일간이 신약한 중에 비겁과 관성, 양대 세력이 서로간에 막강하여 한치의 양보도 없이 다투고 있을 때 인성으로 양자간을 소통"시키면서 일간을 생조하는 즉, 살인상생(殺印相生) 및 관인상생(官印相生)의 이치와도 같은 것이다.

결국 통관용신법(通關用神法)은 어느 한정된 오행이 그 기운이 막강하여 서로간에 전쟁이 일어나고 있을 때 그 양자를 화해, 소통시키는 기운을 말하는 것으로서 사주원국에 중화(中和)의 원칙을 도모하는 성질을 칭하는 것이다.

***. 통관용신(通關用神)이 적용되는 원칙,!**

(가).사주팔자에 오행상 木剋土하여 木과 土가 서로 대립되어 있을때 "火"가 통관용신이 된다.

(나).사주팔자에 오행상 土剋水하여 土와 水가 서로 대립되어 있을때 "金"이 통관용신이 된다.

(다).사주팔자에 오행상 水剋火하여 水와 火가 서로 대립되어 있을때 "木"이 통관용신이 된다.

(라).사주팔자에 오행상 火剋金하여 火와 金이 서로 대립되어 있을때 "土"가 통관용신이 된다.

(마).사주팔자에 오행상 金剋木하여 金과 木이 서로 대립되어 있

을때 "水"가 통관용신이 된다.

이상과 같이 사주원국에 양자의 기운이 서로 대립되어 있다면 일간의 신강, 신약을 불문하고 서로의 기운을 화해 및 소통시키는 것이 가장 길하게 되므로 이를 가르켜서 "통관용신법"(通關用神法)이라고 말하는 것이다.

더하여 만약 외격(外格)의 용신법인 종격(從格)이나 가종격(假從格)으로 돌아가지 않는 이상 내격(內格)의 억부법이나 조후법의 용신이 선정되는 격국이 된다 하여도 양자의 오행이 서로간 대립되어 전극이 형성되고 있다면 내격(內格)의 용신법과 함께 통관용신법을 같이 사용하는 것이 통례이다.

(예1). 고서(古書)에 나오는 한 중국인의 사주,!

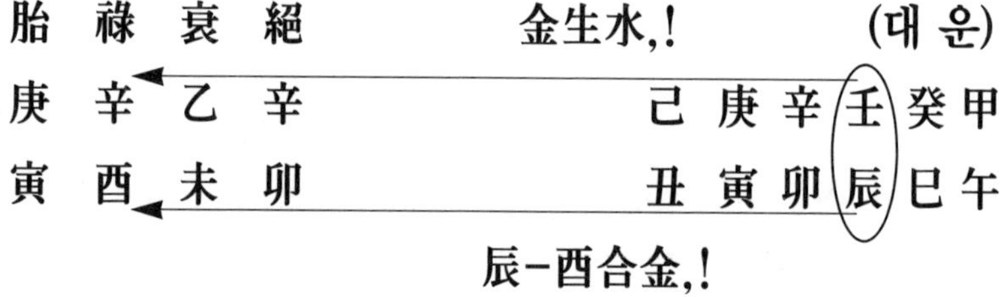

겁재　　편재비견
金 (金) 木　金
木　金　土　木
정재비견편인편재

●대운천간 壬水가 신왕한 일간을 누출시키고 또한 金-木이 상극되는 현상을 통관법상 水氣로서 연결하는 것이니 대단히 좋은데 하지만 대운지지 辰土가 일지 酉金과 辰-酉合金이 되니 조금 아쉬운 감이 없지 않다.

***. 일간의 왕쇠 및 용신,!**

辛일간 未월에 출생하여 득령하고 사주원국의 월지 未土 편인을 중심으로 하여 일지 酉金 비견에 득지(得地)한 중에 다시 그 세력의 십이운성 건록지와 제왕지에 앉은 년간 辛金비견과 시상에 庚金 겁재가 투출되어 일간 辛金을 생조하고 있으니 대단히 신왕하다.

이렇게 일간 辛金이 신왕하게 되면 이것이 종격(從格)이나 가종격(假從格)으로 가지 않는 이상 일간 辛金의 기운을 적절히 억제시킬 수 있는 오행이 필요할 것이다.

사주원국을 살펴보니 일간 辛金의 기운을 억제할 수 있는 시지 寅木 정재가 자리를 잡고 다시 년지 卯木 편재 및 월상에 투출되어 있는 乙木 편재가 일간 辛金과 유정(有情)하므로 결코 종격(從格)이나 가종격(假從格)으로 돌아가지 못한다.

***. 격국에 대한 판별,!**

따라서 내격(內格)의 억부법이나 조후법의 용신을 선택하여야 될 것인데 사주격국을 면밀히 파악하여 보니 왕성한 金氣 비겁과 재성 木氣간에 金剋木하여 서로의 오행끼리 전극(戰剋)이 형성되어 있는 중에 이것을 적절히 연결 및 화해시킬 오행이 존재하여 있지 않아 과히 전쟁터라 할만큼 사주가 극도로 불안하게 되어 있다.

그렇다면 위의 사주는 내격(內格)의 억부법이나 조후법의 용신을 제쳐두고 우선 양자간을 화해 및 연결시킬 수 있는 오행의 시급한 중재가 있어야 대길하게 될 것이다.

하지만 사주에 양자를 중재할 오행이 없으므로 부득이 운로인 세운이나 대운에서 양자를 소통시킬 기운을 기다리는 수밖에 없는 것을 알 수가 있는데 고로 용신은 왕성한 비겁 "金氣"와 재성 木氣의 기운을 연결하는 식상 "水氣"를 통관용신으로 선택하는 것을 알 수가 있다.

*. 본 장 통관용신법에 준한 판단,!

만약 위의 사주원국을 신왕한 일간 辛金을 억제할 수 있는 재성 木氣가 있다 하여 내격(內格)의 억부법이나 조후법의 용신을 채택한다면 이것은 양자의 기운을 화해 및 연결을 시키지 못하므로 사주팔자가 극도로 그 흉이 강하게 들어올 수도 있을 것이다.

또한 비록 내격(內格)의 억부법이나 조후법의 용신이 선택된다 하여도 이렇게 양자의 오행이 서로 상극이 되어 힘이 비등하게 되어 있을 경우 이것을 사주 내 양자를 소통시키는 기운이 강력하게 존재하여 있다면 별 문제가 되지 않을 것이다.

하지만 사주팔자에 양자의 기운을 소통시키는 기운이 없을 경우에는 내격(內格)의 억부법이나 조후법의 용신이 선택되고 있어도 곧 통관용신법에 적용하여 양자를 소통, 화해시키는 것이 대길하다.

*. 고서(古書)의 판단,!

중국에 한 모 갑부의 사주이다.
사주팔자가 未월에 출생 하였으므로 金, 木은 모두 왕성한 달은 아니나 4개의 金氣와 3개의 木은 년지 卯木과 삼합하여 木으로 변화 되었으니 각각 木氣와 金氣가 서로 대립이 되어 있다.

따라서 양자의 기운이 모두 왕성하여 그 힘의 강약을 불문하고 서로간 金-木의 전극이 형성되고 있다 할 것이다.

고로 용신은 통관용신법상 金, 木을 소통시키는 식상 水氣가 통관용신이 된다. 대운이 壬辰대운에 가장 사업이 번창하였으며 辛卯, 庚寅대운에는 金, 또는 木을 왕성하게 하므로 기복이 많았다며 고서는 적고 있다.

(예2).남자 강 모씨(부산시 남부민동) 1932년 음력 5월 17일 子 시

```
旺    旺    胎    生
庚    壬    丙    壬
子    子    午    申
```

편인		편재	비견	누출	세운, 대운
金 (水)		火	水 →		← 土
水	水	火	金	극(헨)	
겁재	겁재	정재	편인		

*. 일간의 왕쇠(旺衰) 및 용신,!

壬일간 午월에 출생하여 비록 실령 하였으나 사주원국의 일지 및 시지 子水겁재인 십이운성의 제왕지 양인에 생조되고 있는 중에 년주 壬申 및 시간에 편인 金과 水氣가 투출되어 일간 壬水를 생조하고 있으므로 대단히 신왕하다.

이렇게 일간 壬水가 신왕하면 이것이 외격(外格)의 종격(從格)이나 가종격(假從格)으로 가지 않는 이상 내격(內格)의 기준에 준하여 용신을 설정하여야 된다.

위 사주팔자를 살펴보니 일간 壬水의 기운을 월지 午火 정재가 자리잡고 다시 그 십이운성의 제왕지에 앉은 丙火 편재가 월상에 투출되어 있으니 일간을 억제하는 기운이 강력하므로 내격(內格)의 억부법이나 조후법의 용신이 선정되어야 마땅하다.

따라서 일간 壬水가 많은 비겁 水氣와 인성 金氣에 의하여 신왕하면 내격(內格)의 억부법상 식상, 재성, 관성이 용신이 되겠으나 위의 사주는 월령에 정재인 午火가 제왕지에 투출된 월간 丙火 편재가 존재하여 과히 그 세력이 막강한데 한편으로 지지인 양인 子水와 월령의 재성간에 水—火 상극이 벌어지고 있다.

상황은 여기에서만 끝나는 것이 아니고 비겁 水氣와 재성 火氣간에 사주천간은 丙—庚, 丙—壬 상충, 그리고 지지에는 子—午 상충까지 성립되어 그에 대한 전극(戰剋)이 과히 전쟁터라 할만큼 극도로 혼란스러운데 만약 위의 사주팔자를 내격(內格)의 억부법으로 해결하려 하면 조금 무리가 따를 것이다.

*. 본 장 통관용신법에 준한 판단,!

그러므로 양자간 상극되어 전극을 해소시키는 즉 통관용신(通關用神)이 적용되는 용신법에 준하여야 되는데 사주원국에 비겁 水氣와 재성 火氣간을 연결시키는 통관지신인 식상 木氣가 지지의 지장간조차 없으니 오로지 운로인 세운이나 대운에서 식상 "木氣"가 들어와서 양자간을 화해, 및 소통시키는 도리밖에 없다.

또한 비겁 水氣와 재성 火氣의 힘의 세력이 양자간 비등하니 관성 土氣로서 한쪽 기운인 재성 火氣를 뺏어 와서 그 기운을 받아 힘을 흡수한 뒤 다시 상대 한쪽 기운인 비겁 水氣를 되받아 치므로 해서 양쪽이 싸움을 할 수가 없게 만드는 것이므로 관성 "土氣"로도 통관지신이 되는 것이다.

결국 이것은 곧 두 사람이 싸움이 벌어 진다면 말려 주던지 아니면 기운이 센 사람이 나타나서 두 사람 다 기운으로 서로를 제압하여 기진맥진하게 하므로 해서 다시는 싸움을 하지 못하게 하는 이치와도 같은 것이다.

***. 위 사주용신에 대한 결론,!**

위 사주 주인공인 강 모씨는 이상과 같은 맥락에 비추어 볼 때 위의 사주팔자의 용신법이 내격(內格)에 준한 억부법이나 조후법의 용신이 선정되지 못하는 통관지신인 식상 木氣가 용신이 되는 것을 알 수가 있다.

그렇다면 위 사주원국이 단순히 일간이 신왕하다 하여 억부법이나 조후법상 재성 火氣를 용신으로 선택 한다면 이미 비겁 水氣와 재성 火氣가 양자간에 水헨火 상극이 벌어지고 있는 것을 운로에서 재성 火氣나 비겁 水氣를 맞이하게 되었을 경우 더욱 더 사주팔자는 불리하게 될 것이다.

(예3).고서(古書)에 나오는 통관용신법(通關用神法)의
　　　적용된 사주,!

| 旺 | 胎 | 旺 | 胎 | | 水剋火,! | | | | | (대운) |

水剋火,!

旺　胎　旺　胎　　　　　　水剋火,!　　　　　　(대운)
庚　壬　庚　丙　　←　　　　　丙　乙　甲　癸　壬　辛
子　午　子　午　　　　　　　午　巳　辰　卯　寅　丑

子－卯 형,! 水生木,!

편인　　　편인편재
金 (水) 金　火
水　火　水　火
겁재정재겁재정재

●대운천간 癸水가 비록 일간 壬水를 생조하는 것이
되고 년간 丙火를 상극하여 흉이 돌출 되겠으나
대운지지 卯木이 상관의 운로여서 완전히 통관법
상 전극을 해소시키니 대발을 하게 된다.!

***. 일간의 왕쇠(旺衰) 및 용신,!**

　壬일간 子월에 출생하여 득령하며 사주원국의 월지 子水 양인을
중심으로 하여 역시 시지 子水 겁재가 있는 중에 월상과 시상에 투
출되어 있는 庚金 편인이 일간 壬水를 생조하고 있으므로 대단히 신
왕하다.

이렇게 일간 壬水가 신왕하면 이것이 외격(外格)의 종격(從格)이나 가종격(假從格)으로 가지 않는 이상 내격(內格)의 억부법이나 조후법의 용신이 선정되어야 할 것이다.

그러나 사주팔자를 살펴보니 년지 및 일지 午火 정재가 자리를 잡고 그 십이운성의 제왕지에 앉은 년간 丙火 편재가 투출되어 있으므로 신왕한 일간 壬水의 기운을 적절히 억제하고 있으니 내격(內格)의 억부법이나 조후법의 용신이 선정되어야 타당할 것이다.

*. 격국의 판별,!

하지만 사주원국의 겁재인 양인 水氣와 재성 火氣의 기운이 서로 간 비등하여 완전히 水-火 상극이 일어나서 전극(戰剋)이 형성되고 있으므로 이것을 적절히 완화 및 화해시키는 기운이 필요하게 되고 있다.

상황은 여기에만 끝날 일이 아니고 이와 같은 현상은 사주천간에 편인 金氣와 재성 火氣간에 丙-庚 상충 및 일간 壬水와 역시 丙-壬 상충이 되고 있는 중에 지지에도 각각 양인 水氣와 재성 午火간에 子-午 상충이 이중으로 벌어져서 과히 사주원국이 전쟁터라 할만큼 극도로 혼란스러움을 금치 못하고 있는 것이 사실이다.

*. 본 장 통관용신법에 준한 판단,!

고로 통관용신이 적용되어야 마땅한 사주원국이 되고 있는데 사주팔자를 살펴보니 이렇게 편인 金氣와 재성 火氣 그리고 겁재인 양인 水氣를 연결 및 소통시키는 식상 木氣가 지지의 지장간조차 보이지 않고 있으므로 오로지 운로인 세운이나 대운에서 식상 "木氣"를 시급히 보아야 하는 단점을 지니고 있다할 것이다.

또한 사주원국이 비록 내격(內格)의 억부법이나 조후법에 준한 용신법이 채택되어 있다 하여도 이렇게 오행의 세력이 각각 상충이나 상극의 기운을 업고 양자간에 대립이 되어 있을 경우 역시 통관법상 양자를 화해 및 연결시키는 것이 대단히 좋다고 말 할 수가 있겠다.

더하여 위의 사주팔자를 신왕한 일간 壬水의 기운을 적절히 억제할 수 있는 재성 火氣가 강력하다하여 단순히 내격(內格)의 억부법이나 조후법에 준해서 재성 火氣를 용신으로 선정하면 이는 통관법에 거슬리는 현상이 도모되므로 기운의 판단을 신중히 하지 않으면 안될 것이다.

*. 일부 학자들의 의문,!

일부 학자들 중에는 위의 사주원국에 대해서 생월이 子월에 출생하여 추운겨울에 생하고 있으니 내격(內格)의 조후법상 재성 火氣로서 용신을 삼아야 하지 않겠느냐, 라고 의문을 표시하고 있다.

*. 일부 학자들의 의문에 대한 본 저자의 견해,!

이 부분에 대하여 본 저자는 약간 견해를 달리하고 있는데 그것은 위의 사주팔자를 살펴볼 때 비록 추운 겨울인 子월에 태어 났다고 하나 사주에 이미 재성인 午火의 기운 등이 3개씩이나 존재하여 조후법을 충족 시키고도 남음이 있다 하겠다.

사주원국이 오행의 균등을 도모하는 법칙에 준하여 비록 조후법을 적용해야 하는 사주가 있다 하여도 선천성인 사주에 이미 조후를 충족할 수 있는 기운이 왕성하면 다시 억부법이나 다른 차선책의 용신법에 준해서 가장 필요한 기운을 찾는 것이 타당할 것이며 이와 같은 현상은 본 저자가 약 23년 동안 실제 인물에 적용하여 운로를 파악하여 본 결과 한치라도 틀림이 없었다는 것을 감히 첨언하는 바이다.

***. 고서(古書)에 준한 위의 사주판단,!**

위의 사주팔자는 재성과 일간이 모두 강하고 서로 대립되어 있어 용신은 식신 또는 상관이다.

사주 중에는 식상이 되는 木이 없으나 대운이 일발 木운이므로 관직에 올라 그 직위가 지사(知事)에 이르렀다.라며 기술하고 있다.

(예4).남자, 정 모씨(경남 밀양) 1955년 음력 8월 12일 酉 시

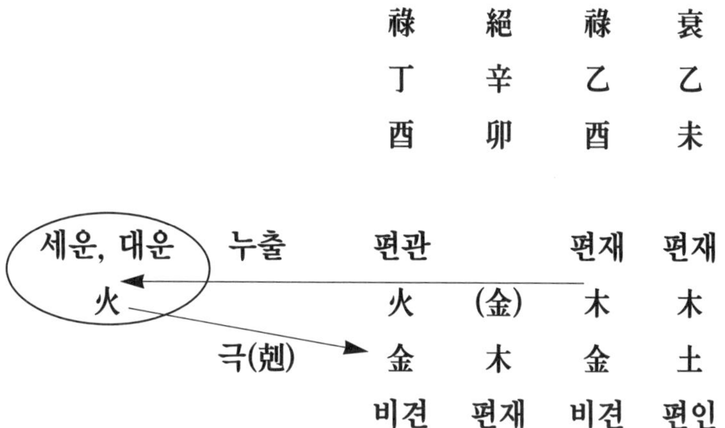

*. 일간의 왕쇠(旺衰) 및 용신,!

辛일간 酉월에 출생하여 득령하고 사주원국의 월지 酉金 비견을 중심으로 하여 역시 시지 酉金에 득세(得勢)한 중에 그 십이운성의 건록지에 앉은 일간이 통근하고 있으며 더하여 년지 未土 편인까지 일간 辛金을 생조하니 신왕하다.

이렇게 일간 辛金이 신왕하면 이것이 외격(外格)의 종격(從格)이나 가종격(假從格)으로 가지 않는 이상 내격(內格)의 억부법이나 조후법에 준하여 용신을 설정하는 것이 마땅할 것이다.

사주원국을 살펴보니 일간 辛金을 적절히 억제할 수 있는 일지 卯木 편재 그리고 그 십이운성의 건록지에 앉은 년, 월상에 乙木 편재가 있고 다시 시상에 투출 되어있는 丁火 편관이 자리를 잡아 있으므로 내격(內格)의 기준인 억부법이나 조후법의 용신이 되는 것을 알 수가 있다.

따라서 일간 辛金이 신왕하면 보통 억부법상 식상, 재성, 관성을 용신으로 선택 하겠지만 사주의 일지 卯木 편재의 십이운성의 건록지에 자리잡고 년, 월간에 乙木 편재가 투출되어 있으므로 과히 그 세력이 막강한데 그렇다면 비겁 金氣와 재성 木氣 양자간에 조금이라도 양보를 하지 못하는 현상이 벌어지고 있다.

*. 본 장 통관지신에 준한 판단!

이러한 상황은 여기에만 끝날 일이 아니고 비겁 金氣와 재성 木氣가 그렇지 않아도 金-木이 상극이 되어 극도로 혼란스러움을 면치 못하고 있는 것을 사주시상에 투출되어 있는 丁火 편관이 일간 辛金과 辛-丁 상충, 그리고 일간 辛金과 년, 월상에 투출되어 있는 乙木 편재간에 乙-辛 상충이 되어 있다.

또한 사주원국의 월지 및 시지 酉金 비견과 일지 卯木 편재간에 卯-酉 상충이 일어나고 있으니 사주 천간지지 모두 상충의 작용이 거듭되고 있는 것은 과히 사주가 전쟁터라 할만큼 전극(戰剋)이 벌어져서 시급히 金-木 양자간을 화해, 소통시키는 것이 최선의 방법이라는 것을 알 수가 있다.

고로 위의 사주팔자가 통관지신이 응용되는 사주가 되고 있는데 비견 金氣와 편재 木氣간 양자 사이에 식상 水氣가 사주의 지지 지장간에도 보이지 않고 있으니 더욱 더 맹렬하게 전극(戰剋)이 형성되므로 오로지 운로인 세운이나 대운에서 식상 "水氣"를 바라볼 수 밖에 없는 것이다.

하지만 그나마 다행스러운 것은 사주 시상에 丁火 편관이 일지 및 년지 卯木 편재 및 년지 未土 편인에 통근하여 투출되고 있는 중에 금상첨화로 사주의 년지 未土 편인과 일지 卯木 편재간에 卯-未 합이 되어 상충의 작용을 완화시키고 또한 양자간에 힘을 줄이면서 한쪽을 화해시켜 싸움을 말리고 있는 것이 되어 대단히 좋게 된다고 볼 수가 있다.

따라서 일간 辛金이 신왕하니 통관용신인 식상 水氣로서 일간 辛金의 기운을 자연스럽게 누출 시키면서 일간의 동기인 비견 金氣와 재성 木氣 사이를 소통, 화해시키는 것이 가장 바람직한 일이 될 것이다.

또한 둘째로 사주 시상에 투출되어 있는 편관 火氣가 이미 약간의 재성 木氣의 기운을 누출 시키고 또 한쪽인 비겁 金氣를 상극하여서 그 힘이 줄여지고 있는 것을 다시 운로인 세운이나 대운에서 관성 火氣를 보게 되면 완전히 양자간에 전극(戰剋)이 해극이 되니 관성 "火氣"는 차길로서 통관지신이 되는 것을 알 수가 있다.

**(예5). 여자, 신 모씨(전남 여수)1953년 음력 8월 21
   일 子시**

(대 운)

旺	胎	浴	絕	丁-壬合木,!	64	54	44	34	24	14	4
庚	壬	辛	癸			戊	丁	丙	乙	甲	癸	壬
子	午	酉	巳			辰	卯	寅	丑	子	亥	戌

卯-酉 상충,!

편인　　인수 겁재

金 (水) 金　水

水　火　金　火

겁재 정재 인수 편재

●대운천간 丁火가 일간 壬水와 丁-壬合木하여 정히 통관
　용신인 木氣가 되고 있는데 다시 대운지지 卯木이 사왕지
　지로서 일간의 기신(忌神)인 인수 酉金을 卯-酉 상충으로
　되어 파괴시키니 전극이 형성되지 못하므로 대발을 하게
　된다.!

***. 일간의 왕쇠(旺衰) 및 용신,!**

　　　壬일간 酉월에 출생하여 득령하고 사주원국의 월지 酉金 인수를
중심으로 하여 시지 子水 겁재인 양인에 득세(得勢)한 중에 다시 년
간 癸水 겁재 및 월상과 시상에 투출되어 있는 辛, 庚金이 일간 壬水
를 생조하니 대단히 신강하다.

이렇게 일간 壬水가 신강하게 되면 이것이 외격(外格)의 종격(從格)이나 가종격(假從格)으로 돌아가지 않는 이상 내격(內格)의 억부법이나 조후법에 준하여 용신을 설정하여야 될 것이다.

사주원국을 살펴보니 일간 壬水의 기운을 억제할 수 있는 일지 午火 정재가 자리를 잡고 있는 중에 년지 巳火 편재까지 있으니 일간 壬水의 기운을 적절히 억제할 수 있는 기운이 있으므로 결코 외격(外格)의 종격(從格)이나 가종격(假從格)으로 돌아가지 못한다.

따라서 내격(內格)의 기준인 억부법이나 조후법의 용신이 설정되어야 할 것인데 사주에 인성 金氣와 재성 火氣 양자간에 火剋金으로 상극이 되어 있고 더하여 또한 재성 火氣와 비겁 水氣간에 역시 水剋火하여 상극이 벌어지고 있으니 이것은 내격(內格)의 억부법이나 조후법의 용신이 선정 된다손 치더라도 통관법상 용신이 선정됨이 타당하다 할 것이다.

*. 본 장 통관지신에 준한 판단!

이와 같은 현상은 설상가상으로 사주팔자의 지지에 일지 午火 정재와 시지 子水 겁재간에 子-午 상충이 되어 서로간에 전극(戰剋)까지 형성되고 있으니 완전히 전쟁터라 할만큼 그 소용돌이가 대단히 심하게 되고 있는데 시급히 통관법상 양자간을 화해 및 연결시킬 수 있는 식상 "木氣"를 만나야 대길 할 것이다.

그러나 사주팔자 내 통관지신인 식상 木氣가 사주지지의 지장간조차 없으니 오로지 운로인 대운이나 세운에서 식상 木氣를 바라보아야 하는 단점을 지니고 있는 것을 알 수가 있다.

*. 학자들의 판단,!

일부 학자들 중에는 위의 사주팔자를 놓고 사주일지 午火 정재와 시지 子水겁재간에 子-午 상충으로 완전히 정재 午火가 파극됨이 심하고 월지 酉金 인수와 년지 巳火 편재간에 巳-酉合金하여 오히려 외격(外格)인 가종격(假從格)으로 돌아가지 않겠느냐,라고 의문을 표시하고 있다.

*. 학자들이 의문을 제기한 부분에 대해 본 저자의 판단,!

이 부분에 대해 본 저자는 두 가지의 설명으로 대답을 하여야 되겠는데 그 첫째로 사주일지 午火 정재와 시지 子水 겁재간에 子-午 상충이 되어 午火가 파극이 됨이 심하다는 부분은 사주상에 비록 子-午 상충으로 파극함은 되고 있겠으나 사주상의 지장간의 암합의 성질을 면밀히 비교 분석할 필요가 있다.

따라서 지장간의 성질을 세밀히 파악하여 보면,!

이상의 도표에서 보면 시지 子水 겁재의 지장간인 여기(餘氣)에 壬水와 일지午火 정재의 지장간인 정기(正氣) 丁火간에 丁-壬암합이 형성되어 비록 子-午 상충으로 水-火가 상극이 도모되고 있기는 하나 이렇게 지장간끼리 암합이 구성되는 것은 완전히는 파극을 당하지 않는 점을 중요시 살펴볼 필요가 있다.

그렇다면 火氣의 본모습을 상충의 작용으로 인하여 그 힘이 손상되는 것은 사실이나 완전히 火氣를 저버릴 수가 없는 것을 볼 수가 있겠으며 또한 일간 壬水와 역시 일지 午火간의 지장간 丁火와 丁-壬암합까지 구성되고 있는 것은 더욱 더 火氣가 흩어지지 않는 특성을 가지고 있으니 위의 사주가 외격(外格)의 종격(從格)이나 가종격(假從格)으로 돌아가지 못한다는 것을 알 수가 있다.

둘 째로 사주원국의 년지 巳火 편재와 월지 酉金 인수간에 巳-酉合金하여 火氣의 본래 기운이 인성 金氣로 둔갑하는 것에 대해서 본 저자는 학자들이 말한 부분에 대해서는 공감을 표시하는 바이나 그러나 巳-酉合金이 정삼합이 되지 않고 丑이 빠진 점을 감안하여 볼 때 완벽한 합의 변화는 되지 않는다는 점을 중시 볼 필요가 있다.

*. 命理秘典 上권인 지지의 합에 인용하여,!

이와 같은 부분은 본 저자의 졸저 命理秘典 上권인 지지의 삼합 및 방합편에 살펴볼 때 지지의 합의 구성여부가 사왕지지(子, 午, 卯, 酉)로 합을 결성하면 대단히 합의 결합이 강력하게 성립되는 것이기에 일면 위 사주는 그 부분에 부합하는 성질이 될 듯도 할 것이다.

*. 命理秘典 上권에 준한 판단,!

그러나 방금 말한데로 합의 성질이 준삼합이 되고 있으며 또한 월지 酉金 인수의 십이운성의 건록지에 앉은 월상 辛金 인수가 투출되어 있으니 이것은 命理秘典 上권인 합의 변화편에 준하여 그 부분을 세밀히 파악해 볼 필요가 있다.

따라서 그 부분을 인용하여 보면 "지지의 십이운성 장생, 건록, 제왕지에 뿌리를 두고 사주천간에 투출되어 있는 기운이 있을 것 같으면 합을 잘하지 않을려는 특성이 있다"라는 특성을 감안하여 볼 때 비록 사왕지지로 합을 하는 巳-酉合金은 구성이 되나 火氣의 본래 특성은 완전히 저버릴 수가 없다는 논리에 귀착하는 것이다.

또한 위의 사주팔자가 일지 午火 정재가 자리를 잡고 있는 중에 년지 巳火 편재는 일면 巳-午 준방합의 특성을 지니고 있다 하여도 과언이 아닌데 그렇다면 운로인 세운이나 대운에서 未土가 들어오게 될 때에도 완전한 巳-午-未 남방 火局이 결성되는 성질을 감안하여 본다면 이상의 인용한 부분과 합의 성질에 대해서 본 저자가 설명한 부분이 쉽게 이해가 갈 것이라고 판단한다.

*. 위 사주에 대한 대운의 판단,!

위 사주 주인공인 신 모씨는 이상과 같은 통관용신법상 식상 木氣가 용신이 되고 있음을 알 수가 있는데 대운의 흐름이 초년 14세 癸巳대운까지는 양자의 기운을 소통시키지 못하고 있으므로 대단히 기복과 번민이 많았음을 알수가 있다.

그러나 앞으로 다가오는 54세 丁卯대운이 되고 보면 대단히 길운이 되고 있음을 간파할 수가 있는데 대운천간 丁火가 비록 일간 壬水에 대한 정재의 기운이나 일간 壬水와 丁-壬合木하여 정히 식상 木氣로 둔갑을 하므로 절묘하게 구성되는 것을 알 수가 있다.

또한 대운지지 卯木이 일간 壬水에 대한 상관의 운로로서 비록 사주원국의 월지 酉金을 卯-酉 상충으로 가격은 하고 있지만 일간이 신강하고 일지를 피해서 월지를 상충으로 하는 것은 기신(忌神)을 파극하여 더 이상 재성 火氣와 인성 金氣간에 전극(戰剋)을 형성하지 못하게 힘을 줄여주는 결과가 되고 있으니 대단히 길함이 오게 될 것이다.

※참고로 이상과 같이 본 장 용신편에 준하여 모두 설명하였는데 이 중에서 중요한 부분을 학자들을 위하여 간략하게 적어 두고져 한다.

그것은 본 장 전왕용신(專旺用神)이나 통관용신(通關用神)에 적용하는 사주원국의 운명 소유자와 내격(內格)의 억부법이나 조후법의 용신을 선택하는 운명의 소유자를 비교 분석하여 볼 때 "전왕용신"(專旺用神)이나 "통관용신"(通關用神)에 적용하는 운명의 소유자는 대운의 흐름이 정히 용신의 운으로 치달리지 않는 한 "억부법과 조후법"의 용신의 소유자보다 "복록이 낮은 것으로 판단"하여야 된다.

이와 같은 현상은 실제로 사주격국을 판별하여 보면 전왕용신(專旺用神)이나 통관용신(通關用神)의 사주팔자는 대체로 오행이 편(偏)으로 치우쳐져 있으므로 용신의 운로를 1-2개 정도밖에 받을 수 없는 단점을 가지고 있는 것을 파악하게 된다.

하지만 그에 반해 억부법과 조후법의 운명의 소유자는 사주원국이 오행의 균등을 갖추고 있기 때문에 비록 운로인 세운이나 대운에서 상극하는 운로가 들어와도 서로 견제하고 부조하여 오행의 편차를 없애게 만드는 것이 되므로 억부법이나 조후법의 복록이 전왕용신(專旺用神)이나 통관용신(通關用神)보다 보편적으로 앞서는 것을 알 수가 있다.

(6). 용신으로 본 통변법(用神 通辯法)

사주원국에 격국을 구성한 뒤 용신을 설정하여 운명감정을 할 때 직업이나 이사.방위, 또는 상대방의 궁합 등을 감평 해설하여야 되는데 이와 같은 부분을 본 장 용신으로 보는 통변법에 준하여 판단하면 대단히 좋을 것이다.

(가). 갑, 을 용신(甲, 乙 用神)

*. 직 업(職 業)

출판사, 서점, 독서실, 신문사, 의상실, 매표소, 간판업, 꽃집, 분재원, 난원, 곡물업, 과자제조업, 목공예품, 제지업, 제지공장, 방직공장, 청과상, 한약방, 한의원, 목축업, 양복점, 종묘상, 기상대, 등

*. 일간이 신약하여 용신을 생조하는 희신이 "水"일 때는 水에 관한 직업도 대길하며 사주원국이 신왕하여 용신이 火가 되거나 혹은 木으로 구성된 종격(從格)이 성립되어 왕성한 木氣를 누출시키는 식상" 火"가 용신이 될 때에는 불에 관한 직업이 대길하다.

*. 방 향(方 向)

동쪽방향이 동방 木이니 가장 대길하고 일간이 신약하여 희신이 水일 때는 북쪽방향도 길하며 일간이 신왕하여 용신이 火가 될 때나 혹은 木으로 구성된 종격(從格)이 성립되어 왕성한 木을 누출시키는 식상 火가 용신이 될때에는 남쪽방향이 대길하다.

*. 사람의 인연

용신이 木이 될 때에는 상대방이 사주원국에 木氣가 많은 사람이 대길하며 일간이 신약하여 용신을 생조하는 水가 희신이 될 때에는 水氣가 많은 사람이 좋다.

또한 사주원국이 신왕하여 용신이 火가 되거나 혹은 木으로 구성된 종격(從格)이 성립되면 왕성한 木氣를 누출시키는 火가 길신이 될 때에도 상대방에 火氣가 많은 사람이 길하다.

※참고로 용신이 木이 되면 용신 木을 상극하는 金이나 土, 등을 만나면 용신을 상극하는 것이 되어 불리하게 작용하므로 직업 및 방향이나 사람의 인연등도 이에 준하여 판단하여야 될 것임을 참고 바란다.

(나). 병, 정 용신(丙, 丁 用神)

*. 직 업(職 業)

화공약품업, 전기업, 통신업, 주유소, 고무공장, 타이어, 염색공장, 염색업, 조명기구업, 전열기, 보일러공사업, 가스업, 연탄업, 용접수리업, 악기업, 총포화약업, 검사, 경찰, 의사, 선생, 침구사, 등

*. 일간이 신약하여 용신을 생조하는 희신이 木일 때는 木에 관한 직업도 대길하며 사주원국이 火氣가 많아 신왕하여 용신이 土가 되

거나 혹은 火氣로 구성된 종격(從格)이 성립되어 왕성한 火를 누출
시키는 식상 土가 길신이 된다면 土에 관한 직업도 대길하다.

*. 방 향(方 向)

남방 火라 하여 남쪽방향이 대길하고 일간이 신약하여 용신을 생
조하는 희신이 木일 때는 동쪽방향이 길하며 사주원국이 火가 많아
신왕하여 용신이 土가 되거나 혹은 火氣로 구성된 종격(從格)이 성
립되어 왕성한 火氣를 누출시키는 土가 길신이 되면 서북간 방위나
서남간 방위도 길하다

*. 사람의 인연

용신이 "火"일 때는 상대방 사람이 사주원국에 火氣가 많은 사람
이 대길하며 일간이 신약하여 용신을 생조하는 木이 희신이 될 때에
는 木氣가 많은 사람이 좋다.

또한 사주원국이 火氣가 많아 신왕하여 용신이 土가 되거나 혹은
火氣로 구성된 종격(從格)이 성립되면 왕성한 火氣를 누출시키는 土
가 길신이 될 때에도 상대방에 "土氣"가 많은 사람이 길하다.

(다). 무, 기 용신(戊, 己 用神)

*. 직 업(職 業)

부동산, 논, 밭농사, 채석장, 운동기구업, 식당, 여관, 건축업, 도자기업, 관광사업, 사찰, 교회, 성당, 과수원, 체육관, 토기공예, 변호사, 교도관, 토목기사, 등

*. 일간이 신약하여 용신인 土를 생조하는 희신이 火일 때는 火에 관한 직업도 대길하며 사주원국이 土氣가 많아 용신이 金이 되거나 혹은 土氣로 구성된 종격(從格)이 성립되어 왕성한 土氣를 누출시키는 식상 金이 용신이 될 때에는 金에 관한 직업도 대길하다.

*. 방 향(方 向)

서북간 방위나 서남간 방위가 土의 방위이므로 土가 용신이 되면 그 쪽 방향이 대길하며 희신이 火일 때는 남쪽방향도 길하다.

한편 土氣가 많아 신왕하여 용신이 金이 되거나 土氣로 구성된 종격(從格)이 되어 왕성한 土氣를 설기시키는 식상 金이 길신이 될 때에는 서쪽방위도 좋다.

*. 사람의 인연

용신이 土일 때에는 상대방의 사주원국에 土氣가 많은 사람이 대길하며 일간이 신약하여 용신을 생조하는 火가 희신이 될 때에는 火氣가 많은 사람도 좋다.

또한 사주원국이 土氣가 너무 많아 신왕하여 용신이 金이 되거나 또는 土氣로 구성된 종격(從格)이 성립되면 왕성한 土氣를 누출시키는 金이 길신이 될때에도 상대방에 金氣가 많은 사람이 길하다.

※참고로 용신이 土가 되면 용신 土를 상극하는 木이나 水氣등을 만나면 용신을 상극하는 것이 되어 불리하게 작용하므로 직업 및 방향이나 사람의 인연등도 이에 준하여 판단하여야 될 것임을 참고 바란다.

(라). 경, 신 용신(庚, 辛 用神)

*. 직 업(職 業)

조립, 금속, 철강산업, 철도청, 군인, 차량정비공장, 금, 은, 보석상, 중장비, 조선소, 비행기, 항공산업, 기능사, 경찰, 교사, 의사, 검사, 등

*. 일간이 신약하여 용신을 생조하는 희신이 土일 때에는 土에 관한 직업도 대길하며 사주원국이 金氣가 많아 신왕하여 용신이 水가 되거나 혹은 金氣로 구성된 종격(從格)이 성립되어 왕성한 金氣를 누출시키는 식상 水氣가 용신이 될 때에는 "水"에 관한 직업도 대길하다.

*. 방 향(方 向)

　서방 金이라 하여 용신이 金이 될 때에는 서쪽방향이 대길하고 용신을 생조하는 희신이 土氣일 때에는 서남간방위나 서북간방위도 길하며 金氣가 많아 일간이 신왕하거나 혹은 金氣로 구성된 종격(從格)이 왕성한 金氣를 누출시키는 식상 水가 길신이 될 때에는 북쪽 방향도 길하다.

*. 사람의 인연

　용신이 金이 될 때에는 상대방의 사주원국에 金氣가 많은 사람이 대길하며 일간이 신약하여 용신을 생조하는 土氣가 희신일 때에는 土氣가 많은 사람이 좋다.

　또한 사주원국이 金氣가 많아 신왕하여 용신이 水가 되거나 혹은 金氣로 구성된 종격(從格)이 성립되면 왕성한 金氣를 누출시키는 水가 길신이 될 때에도 상대방에 水氣가 많은 사람이 길하다.

※참고로 용신이 金이 되면 용신 金氣를 상극하는 火氣나 木氣등을 만나면 용신을 상극하는 것이 되어 불리하게 작용하므로 직업 및 방향이나 사람의 인연 등도 이에 준하여 판단하여야 될 것임을 참고 바란다.

(마). 임, 계 용신(壬, 癸 用神)

*. 직 업(職 業)

목욕탕, 양조장, 주류업, 선박사업일체, 어부, 수도사업, 술집, 다방, 식당, 고기장사, 요리업, 요리사, 수력발전소, 소방서, 양어장, 승려, 목사, 역술가, 산부인과병원, 소아과병원, 은행원, 판사, 의사, 등

*. 일간이 신약하여 용신을 생조하는 희신이 金일 때에는 金에 관한 직업도 대길하며 사주원국이 水氣가 많아 신왕하여 용신이 木氣가 되거나 혹은 水氣로 구성된 종격(從格)이 성립되어 왕성한 水氣를 누출시키는 식상 木이 용신이 될 때에도 木에 관한 직업이 대길하다.

*. 방 향(方 向)

북방 水라 하여 북쪽방향이 가장 대길하고 희신이 金일 때에는 서쪽방향도 길하다.

또한 水氣가 많아 일간이 신왕하거나 水氣로 형성된 종격(從格)이 구성된다면 그 왕성한 水氣를 누출시키는 木이 길신이 되므로 동쪽방향도 대길하다.

*. 사람의 인연

용신이 水일 때에는 상대방의 사주원국에 水氣가 많은 사람이 대길하며 일간이 신약하여 용신을 생조하는 金이 희신이 될 때에는 金氣가 사주에 많은 사람이 좋다.

또한 사주원국이 水氣가 많아 신왕하여 용신이 木이 되거나 혹은 水氣로 구성된 종격(從格)이 구성되면 왕성한 水氣를 누출시키는 木이 길신이 될 때에도 상대방에 木氣가 많은 사람이 대길하다.

※참고로 용신이 水가 되면 용신 水를 상극하는 土氣나 火氣를 만나면 용신을 상극하는 것이 되어 불리하게 작용하므로 직업 및 방향이나 사람의 인연 등도 이에 준하여 판단하여야 될 것임을 참고바란다.

命理入門

2015년 1월 5일 개정판 1판 1쇄 발행

지은이 | 雲情 秋一鎬
펴낸곳 | 도서출판 청연

주   소 | 서울시 금천구 시흥대로 484 (2F)
등록번호 | 제 18-75호
전   화 | (02)851-8643 · 팩스 | (02)851-8644
E-mail | chungyoun@naver.com